OEUVRES

DE

J. Michelet

ŒUVRES

DE

J. Michelet

HISTOIRE DE LA RÉVOLUTION

TOME SEPTIÈME

PARIS

ALPHONSE LEMERRE, ÉDITEUR

27-31 PASSAGE CHOISEUL 27-31

M DCCC LXXXVIII

PRÉFACE DE LA TERREUR

LE TYRAN

> France, guéris des individus.

Le temps porte son fruit. Regrettons moins la vie. Elle avance, mais elle profite. Les quinze années passées depuis que j'ai donné l'histoire de la Terreur me l'éclaircissent à moi-même. Les documents nombreux que l'on a publiés ne me démentent en rien. Ils confirment au contraire ce que j'avais senti dans la palpitation de ce brûlant récit. Je sentais, et je sais. Je juge aujourd'hui et je vois.

Et voici mon verdict de juré : Sous sa forme si trouble, ce temps fut une dictature.

Et je ne parle pas des quatre derniers mois où, tous les pouvoirs étant dans une même main, un homme se trouva absolu, redouté, plus que Louis XIV et plus que Bonaparte. Je parle d'un temps antérieur où l'autorité semble contestée, partagée.

C'est là surtout ce qu'il faut expliquer. C'est cette grande mystification, ce grand malentendu que nombre d'écrivains, au fond autoritaires, continuent indéfiniment. C'est le procès obscur, la ténébreuse énigme que plusieurs ont crue insoluble. Cela est difficile quand on cherche le mot de l'énigme dans la biographie, la légende d'un individu, jugé diversement, dieu pour l'un et monstre pour l'autre. Il faut l'étudier, le juger dans le milieu qui lui fut propre. Robespierre doit se prendre dans l'inquisition jacobine.

Cette tyrannie précéda la tyrannie militaire. Elles s'expliquent l'une par l'autre. Robespierre, Bonaparte, en leur destinée si diverse, eurent cela de commun, que, dans le milieu qui les fit, ils eurent tout préparés leurs instruments d'action. Ils n'eurent pas à créer. La fortune obligeante leur mit sous la main les machines (terribles machines électriques) dont ils devaient user. Robespierre trouva tout d'abord l'association jacobine des trois cents, des six cents, puis des trois mille sociétés. Grande armée de police, qui par quarante mille Comités gouverna, défendit et écrasa la France. Bonaparte reçut aguerries les armées de la République. D'elle il hérita l'épée enchantée, infaillible, qui permit toute faute, ne pouvant pas être vaincue. Il en a promené la terreur par le monde, tous les abus de la victoire, nous a fait et en Allemagne et partout des haines solides. L'Europe lui en garde rancune, comme la France à Robespierre.

Avec cela l'adoration de la force est chose si naturelle à l'homme, que le Dictateur, l'Empereur, ont pu garder des fanatiques.

Grave jugement sur Robespierre : les royalistes ont eu un certain faible pour lui. Ils injuriaient, conspuaient la Gironde, la Montagne, Danton, Chaumette. Ils se turent devant Robespierre. Ils virent qu'il aimait l'ordre, qu'il protégea l'Église, lui supposèrent l'âme d'un roi.

Son histoire est prodigieuse bien plus que celle de Bonaparte. On voit bien moins les fils et les rouages, les forces préparées. Ce qu'on voit, c'est un homme, un petit avocat, avant tout homme de lettres (et il le fut jusqu'à la mort). C'est un homme honnête et austère, mais de piètre figure, d'un talent incolore, qui se trouve un matin soulevé, emporté par je ne sais quelle trombe. Rien de tel dans les Mille et une Nuits. En un moment il va bien plus haut que le trône. Il est mis sur l'autel. Étonnante légende ! Quel triomphe de la vertu !

Beaucoup l'ont rabaissé beaucoup trop. Si l'ensemble d'un patriotisme réel et d'un certain talent, d'une suite, d'une volonté, d'un labeur soutenu, un grand instinct de conduite, de tactique des assemblées, suffisent pour faire un grand homme, ce nom est dû à Robespierre.

Il avait l'esprit peu fécond, et bien peu d'invention. Cela le servit fort. Avec plus d'idées, il aurait infiniment moins réussi. Il se trouva dans la mesure commune à un vaste public, ni au-dessus ni au-dessous.

Ce que je viens de dire est l'exacte expression du type jacobin, aux commencements. Pour juger leur esprit critique, honnête, moyen et médiocre, il ne faut pas trop regarder à Paris le brillant Club, formé de députés, de l'illustre Duport, des intrigants Lameth, du spirituel Laclos (orléaniste), etc. Il faut voir bien plutôt les sociétés de province qui se formèrent en même temps, et dont le caractère durable fut celui du vrai Jacobin. J'en ai donné (juillet 90) un très excellent spécimen dans un acte inédit de Rouen (Archives impériales).

Le premier but des Jacobins fut d'aider le Comité des Recherches, créé pour surveiller la Cour, peu après la prise de la Bastille.

Mais, outre leurs observateurs, les Jacobins avaient des lecteurs pour instruire le peuple, des consolateurs pour le soulager. Comprimer les forts, soutenir les faibles, ce fut leur première mission. J'ai montré, dans mon Louis XVI et aux premiers volumes de la Révolution, *quelle indigne terreur faisait peser sur tous la classe noble, les gens d'épée, la terreur de l'escrime, du préjugé d'honneur. Les Jacobins biffèrent et supprimèrent cet honneur-là, ils se firent respecter et terrorisèrent à leur tour.*

Contre les castes, alors si fortes encore, il fallait une caste sévère, inquiète. Il fallait une police courageuse qui marquât, signalât, qui fascinât surtout ces ennemis insolents et puissants. Les Jacobins, au bout d'une année d'existence (le 26 janvier 91), proclament leur mission d'accuser, de dénoncer; jurent de défendre de leur fortune et de leur vie quiconque dénoncera les conspirateurs.

On a vu comment Robespierre s'annonça et conquit la popularité. Au 6 Octobre, quand les femmes affamées vinrent à la barre, accu-

sant un représentant d'être *affameur du peuple*, et demandèrent enquête, un seul, Robespierre, appuya, et désigna un membre qui en avait parlé dans l'Assemblée.

Cela devait aller au cœur des Jacobins.

Peu après il demande le mariage des prêtres. Reconnaissance immense du Clergé inférieur.

Du premier coup il a les Jacobins, les prêtres, *deux grands corps, deux grandes puissances.*

L'autorité énorme des Jacobins, la frayeur qu'ils inspirent par les six cents sociétés qu'ils ont déjà en février 91, peut se mesurer par ceci : que le colosse Mirabeau périt par eux, par leur censure, leur excommunication. Quel étonnant spectacle de voir au 6 avril 91, quand Mirabeau est enterré d'hier, de voir ce Robespierre, dont on riait, parler à l'Assemblée dans une sévérité altière ! D'abord accusateur, il se dit effrayé de l'esprit qui préside aux délibérations. Et il ajoute en maître : « *Voici* l'instruction que je présente à l'As=

semblée. » Puis il dicte une loi. On obéit, on vote. Il est évident que c'est bien plus qu'un homme qui a parlé. La mesquine figure est l'organe, la redoutable voix d'un peuple menaçant qu'on voit dans les tribunes, et qu'on voit en esprit, des cent mille Jacobins qui existent déjà, dominent dans les grandes villes. Chacun songe au retour qu'il aura dans la sienne, et ne sait quel accueil il trouvera chez lui.

Robespierre n'est pas fort seulement à cette heure. Il est réellement admirable. Il pose constamment les principes. Ainsi que Duport, il attaque, il proscrit la peine de mort. Il veut (contre le vote de l'Assemblée) que tous, pauvres ou riches, soient de la Garde nationale et qu'on donne des armes à tous. Ce que feront les Girondins.

Il suit les Jacobins pas à pas, ne va pas en avant encore. On a vu que l'idée de la République, qui vint à la suite du Roi, est essentiellement girondine. C'est Bonneville, Fauchet, qui en parlent d'abord.

Mais après la fameuse pétition républicaine,

le massacre du Champ-de-Mars (*en juillet 91*), Robespierre prend la charge d'épurer les Jacobins et d'expulser les tièdes. Il fait l'armée dont il va se servir. Les provinces adhèrent. Toute la France se précipite dans les bras des Jacobins. En deux mois il se fait encore six cents nouvelles sociétés.

Cette force, dès lors, était d'un effet indicible. Robespierre, au 1er septembre, étrangle et étouffe Duport, ce créateur des Jacobins. Scène unique d'histoire naturelle. Le boa constrictor des mille sociétés exécute l'idée générale. Ce n'est pas Duport, c'est la royauté qu'il étouffe, — si coupable et si impossible.

Quelqu'un parlant de Robespierre (*à la fuite du Roi*) avait dit : « S'il faut un roi, pourquoi pas lui ? » (1791). L'année suivante, Marat, louant fort Robespierre, disait que le salut serait d'abord un chef unique, un grand Tribun. Plusieurs pensaient que la France pourrait finir par avoir un Cromwell, un Protecteur, habituaient l'esprit public à cette idée.

Visait-il à la dictature? voulait-il, à une influence si grande, à cette autorité morale, joindre le pouvoir et le titre? Je ne le crois nullement. Le titre eût affaibli l'autorité morale, la papauté, qu'il sentait valoir mieux. Il eut le cœur moins roi que prêtre. Être roi? il eût descendu!

Il avait tellement goûté la popularité et il y était si sensible, il avait tellement mordu à ce dangereux fruit, qu'il ne pouvait plus s'en passer. Lorsque la généreuse, la brillante, l'étourdie Gironde fit invasion, pour ainsi dire, dérangea tout cela, lui arracha des dents ce qu'il tenait, horrible fut sur lui l'opération. Ce qu'on n'eût vu jamais sans cela apparut: c'est que, sans désirer précisément la tyrannie, il avait au fond l'âme si naturellement tyrannique, qu'il y allait tout droit, haïssait à mort tout obstacle. Le génie de Vergniaud, la vigueur des Roland, la facilité merveilleuse des Brissot, des Guadet, la vivacité bordelaise, provençale, lui furent intolérables. Mais ce qui fut bien pis, ce fut ce mouvement merveilleux, imprévu, la France lancée dans la croisade, l'immense fabrication des piques, les armes forgées sur les places, données à tout le peuple, l'audace, la confiance juvénile de cette Gironde. Tout cela lui fut odieux.

Comment accuser la Gironde à ce moment, dire qu'elle est liée à la Cour le jour même où elle démasque la Cour dans son Comité autrichien? Qu'oppose Robespierre? Un pur roman, l'entente prétendue du Roi avec ceux qui le détrônent. Les Jacobins, si défiants, étaient donc une race bien crédule pour avaler un tel tas de sottises? leur foi en Robespierre était-elle donc si idiote? Ou bien faut-il penser qu'ils avaient intérêt à croire aveuglément? Quoique très sincères patriotes, ce n'était pas sans peine qu'en cet élan universel ils voyaient s'affaiblir l'ascendant despotique des mille sociétés jacobines.

Sur cette question de la guerre, que nos robespierristes d'aujourd'hui embrouillent autant qu'ils peuvent, nous répondrons trois choses : 1° La Cour en avait peur, une effroyable peur, loin de la désirer, comme le dit faussement Robespierre. C'est ce qui est prouvé, avoué aujourd'hui par tous les royalistes. 2° Une guerre de croisade pour la délivrance des peuples, guerre désintéressée de l'idée de conquête, guerre purement révolutionnaire, eût été reçue et aidée de ceux qu'on aurait envahis. 3° Cette guerre, il la fallait rapide et offensive, *il fallait qu'elle prît les devants sur les rois. Et alors,* dit Cambon fort sagement, *elle n'eût pas été ruineuse ; elle se fût nourrie et payée. En l'ajournant, on l'eut, mais* défensive, dit le grand financier ; *on l'eut à ses dépens.*

Robespierre traîna tant, balança, énerva tellement le parti de la guerre, qu'enfin la Prusse entra, l'ennemi vint chez nous, la guerre fut défensive. De là, l'affreuse panique, la fureur de Septembre contre l'ennemi du dedans, contre les prisonniers qui chantaient la victoire des Prussiens. Funeste événement qui nous aliéna l'Europe, rendit la guerre terrible au dehors, cruelle au dedans, où les réquisitions excessives qu'elle exigeait ne purent être levées que par la terreur jacobine.

Sous la Convention, les Jacobins déjà sont à leur troisième âge.

Aux fondateurs (Duport, Lameth) ont succédé les seconds Jacobins, des écrivains en partie Girondins, tels que Brissot. Les troisièmes succèdent, moins lettrés et de moindre étoffe, plusieurs artistes ou artisans, tels que le maître menuisier chez qui fort habilement Robespierre élut domicile.

Ce Club, vraiment de Robespierre et sa propriété, partit de la funeste idée, que son chef posa en Septembre, que le peuple pouvait, pendant la Convention même, *lui révoquer, lui biffer ses décrets, révoquer les représentants et les destituer. Pauvre Assemblée! avant d'être faite, elle était défaite d'avance, destituable, placée sous la tutelle, la police des Jacobins.*

Le grand coup de terreur fut d'abord sur Brissot et la tête de la Gironde. Ce fut une belle expérience. Celui qui le plus fortement avait miné, frappé le Roi, on le déclare agent du Roi. Acte prodigieux de la foi jacobine.

On nia le soleil à midi. Et cela fut cru. L'affirmation du moyen âge, du dogme catholique : « Ce pain n'est pas du pain : c'est Dieu, » cette affirmation n'a rien de plus fort. Nous retournons dans les vieux siècles de la crédulité barbare.

« Nulle réalité n'est réelle contre le mot de Robespierre. » *Voilà la foi robuste des nouveaux Jacobins.*

J'ai parfois admiré la férocité des lettrés. Ils arrivent à des excès de nerveuse fureur que les hommes moins cultivés n'atteignent pas.

Robespierre, le sincère philanthrope de 89, avait subi des choses atroces. D'abord la risée unanime des deux côtés de la Constituante, et des Lameth et des Maury. Lui, coq de sa province, lauréat de Louis-le-Grand et académicien d'Arras, il était très sensible. Cela lui fut un bain d'eau-forte, cruellement le sécha, le durcit. Et sa victoire de 91 ne le détendit pas. Il ne reprit jamais la figure (encore assez douce) qu'il avait en 89. De plus en plus il devint chat. Les lancettes de la Gironde, souvent aiguës, ardentes, piquaient, brûlaient. On est épouvanté de voir qu'au 2 Septembre, quand tout homme, même violent, eût ajourné ses haines, il va à la Commune, à côté de Marat, reprendre son roman, horrible en un tel jour : « qu'un parti, que certaines gens voudraient faire roi un Allemand. » Si Roland et sa femme ne périrent d'un tel mot, c'est un miracle, un pur hasard.

Mirabeau avait dit sur lui cette parole profonde : « Tout ce qu'il a dit, il le croit. » Avec cette faculté d'être si crédule à soi-même, de respecter et suivre toute ombre qui traverse l'esprit, de lui donner corps, consistance, il n'avait nul besoin de mentir et d'être hypocrite. « Il croyait tout ce qu'il disait. »

Mal très contagieux. C'est le mal jacobin. Et c'est ce qui rendit la société stérile et d'esprit négatif, moins propre à l'action. Elle n'agit guère au 10 Août, ni pour créer la République, et encore moins dans le mouvement de la guerre. Elle est toute dans l'accusation. Accuser, toujours accuser ! Rien de *plus triste. C'est ce qui, pour beaucoup, fit la Révolution de bonne heure ennuyeuse. En décembre 92, Marat et la Gironde gémissent déjà sur l'absentisme de Paris. Dans une section de 4,000 citoyens, 25 forment l'assemblée... « Et dix agitateurs font tout ; le reste se tait et vote. » C'est bien pis en 93 : aux plus grandes élections, même par menace et par terreur, on ne peut réunir plus de 5,000 votants dans cette ville de 700,000 âmes. En 94, le désert serait absolu, si l'on ne salariait les Comités de sections. Il est curieux de voir nos historiens robespierristes nous dire : « Il y eut un grand mouvement; Paris faisait ceci, cela. » Paris ne faisait rien. Paris restait chez lui.*

Le Comité d'Insurrection qui se fit contre la Gironde fut si faible, si abandonné, que rien n'eût pu se faire sans l'aide des Jacobins (31 mai, 2 juin). Ceux-ci furent obligés d'agir. Robespierre avait espéré qu'il suffirait d'une insurrection morale, ou, pour parler plus clairement, d'une certaine pression de terreur, qui, sans trop de violences, décide-

rait l'*Assemblée* à se mutiler, à voter contre elle-même. Il fallut davantage, l'enfermer, l'entourer de baïonnettes, d'un petit corps payé, quand tout Paris était pour elle. Cela fut irritant pour la Montagne même. Ce qui le fut bien plus, c'est que, les députés n'ayant pas pu passer et rentrant pleins de honte, l'homme de Robespierre, Couthon, dit : « Maintenant que vous vous êtes assurés de votre liberté, délibérons, votons. »

Insolente parole, qui rendit bien des cœurs implacables pour Robespierre. Vraie tyrannie de prêtre, qui s'impose contre l'évidence, qui contre le réel veut un acte de foi. C'est le commencement de la froide mystification que nos robespierristes continuent avec tant d'effort, répétant le mot d'ordre du 2 juin : Liberté ! Si l'on veut bien juger de cette liberté, qu'on lise la plate lettre que Le Moniteur *(prosterné toujours à chaque avènement) écrit le 18 juin au nouveau maître, s'excusant d'avoir imprimé les discours girondins, mais disant qu'il les mutilait, etc.*

Robespierre éluda toute apparence du pou-

voir, même n'entra que tard au Comité de Salut public. Mais il prit la force réelle, s'assurant de trois classes : les Jacobins, les prêtres et les propriétaires. Aux Jacobins, les places. Aux prêtres, l'Être suprême, écrit en tête de la Constitution. Quant aux propriétaires, il avait pu les alarmer, en disant avec un Girondin qu'eux seuls payeraient l'impôt, *que les pauvres ne payeraient rien.* Il rétracta expressément cette doctrine, « ne voulant pas priver les pauvres de l'honneur de contribuer. »

Comment, penchant ainsi à droite, ce faiseur de miracles ferait-il qu'on le vît à gauche? Cette duplicité lui fit la très honteuse condition de s'appuyer d'Hébert, du populacier Père Duchêne, *un journal ivre à froid, hurlant toujours le sang!* Hébert envahit à son aise les places et les fonds de la Guerre, paralysant ce ministère en présence de l'ennemi. Il arrivait. Enfin (après trois mois d'inaction), on appela Carnot. La victoire improbable, si acharnée, de Wattignies, non seulement sauva la France, mais nous fit un réveil.

Pour un moment, Paris sort du sec esprit jacobin.

Ni Robespierre ni la Gironde n'eurent le moindre sens de Paris, ne comprirent la valeur de ce creuset profond de chimie sociale où tout, hommes et idées, a sa transformation. Robespierre vivait à Paris? Non : aux Jacobins, de là à l'Assemblée. Il ne connaissait qu'une rue. Le centre de Paris, ce centre actif, ingénieux, qui produit pour le monde, lui fut tout à fait inconnu. Et encore plus les masses du faubourg Saint-Antoine. Jamais il ne se montra dans les foules. Sa correcte tenue de ci-devant l'eût fait paraître prodigieusement déplacé.

Il n'y a jamais eu un peuple moins violent que le vrai Parisien. Si Londres avait souffert le dixième de ce qu'on souffrit ici, il y eût eu pillage, incendie. Paris prit la Bastille, fit le 10 Août. En Septembre, peu d'hommes agirent, et les vieillards m'ont dit : « Force Auvergnats, de rudes bêtes, des charabiats, des charbonniers, etc. Au 5 septembre 93, où quelques milliers d'ouvriers affamés forcèrent Chaumette et la Commune d'aller à la Convention, ils ne voulaient rien que du pain » (c'est Chaumette qui le dit). L'insolence des royalistes, qui cette fois encore criaient victoire à l'approche de l'ennemi, força de faire les lois de la Terreur.

Ce pauvre peuple, au coup de Wattignies, crut tout fini, et éclata de joie. L'effet en fut très grand. Je le crois bien. La moisson était faite, le prix du pain baissait. Plus de nuit à attendre, plus de queue à la porte des boulangers. Le 20 octobre, deux nouvelles à la fois. « La victoire en chantant nous ouvre la barrière ! » D'une part, cent vingt mille Autrichiens repoussés ! de l'autre, la Vendée sortie de la Vendée : elle a désespéré, elle s'est jetée, dans un désordre immense, au delà de la Loire. Enfin ce monde de ténèbres, forcé hors de ses bois, ne fait plus de miracles. Ses prêtres charlatans, qui rôtissaient des hommes, sont convaincus, chassés. Grande joie pour Paris ! Le vin nouveau y fut aussi pour quelque chose. On punit la Vendée sur les statues de Notre-Dame, les saints de pierre. On leur cassa le nez.

Chaumette était bon homme au fond et trop heureux que l'on s'en tînt aux pierres, qu'il n'y eût de tué que les saints. Il n'y eut nul mouvement sérieux contre les prêtres. Lui-même, l'apôtre de Paris, prêcheur de bienfaisance, Chaumette, et avec lui Clootz, l'orateur du genre humain, deux prêtres en révolution, menèrent à l'Assemblée l'évêque de Paris et les prêtres de l'ancien culte. L'évêque fraternisa avec un pasteur protestant. Ce fut un acte édifiant de sagesse et de tolérance.

Dans les départements, plus d'un représentant en mission était chargé de détourner de ce côté les fureurs populaires. Les saints de bois étaient guillotinés. Leurs riches vêtements arrivaient chaque jour à la Convention. Les porteurs quelquefois s'en affublaient. Les étoles et chasubles du cardinal Collier et du saint cardinal Dubois n'étaient peut-être pas entourées du respect qu'on eût dû à de telles reliques. On en vêtit un âne. Enfances populaires qui rappellent assez bien nos vieux noëls d'église, où l'âne avait sa fête aussi.

« Paris, dit Clootz, est la vraie Rome, le Vatican de la Raison. » La Raison était dès longtemps la pensée de Paris, l'enseignement de la Commune, la prédication de Chaumette dans les quartiers du centre. Les auteurs du Calendrier, les mathématiciens de la Convention, Romme, entre autres, ce stoïque esprit, futur martyr de Prairial, organisèrent l'autel du dieu Raison.

Le vrai point grave et fort de la prédication nouvelle, le sujet que Chaumette insatiablement traitait dans ses sermons, était l'épuration des mœurs. Parmi tant de misères, la multiplication des filles, l'énervation de l'homme, était un vrai fléau. Au nom de la Raison, au nom de la Patrie, on sommait le jeune homme de rester fier et pur, entier pour le travail, pour l'énergie civique et les nobles efforts.

L'Assemblée, la Commune, s'accordaient dans le nouveau culte. L'Assemblée tout entière reçut, accueillit la Raison avec son innocent cortège de petites filles de douze ans.

Elle fit plus. Elle alla tout entière la visiter à Notre-Dame (10 novembre). Le 16, un acte grave engagea la Convention. Sur la proposition de Cambon, elle décida que les églises, devenant la propriété des communes, serviraient spécialement d'asiles aux indigents. Quelle destination plus pieuse, plus conforme en réalité aux vues charitables de ceux qui firent tant d'établissements religieux? A l'entrée de ce rude hiver, couvrir le pauvre sans asile, c'était à coup sûr œuvre sainte. Mais indirectement un tel décret finissait l'ancien culte.

L'étonnement ne fut pas petit le 21 novembre d'entendre, aux Jacobins, Robespierre dire (sans égard au décret) que la Convention ne voulait point toucher au culte catholique.

Les Jacobins furent désorientés. Ils croyaient que leur chef était pour la Montagne, et ils le virent avec la droite. Ils le croyaient à gauche, et venaient de nommer président Anacharsis Clootz.

La liberté d'un culte intolérant, qui proscrit tous les cultes, la liberté de cette Église armée qui dans le moment même menait la Vendée aux Anglais, pour leur livrer Cherbourg ! c'était une étrange thèse à soutenir. Robespierre nia l'évidence, soutint que cette Vendée (sous des généraux prêtres) n'était point une affaire de prêtres, mais chose politique, de simple royalisme.

Démenti violent pour l'Assemblée. Il rouvrait les églises fermées par le décret du 16, biffait le dix-huitième siècle, nous replongeait dans le passé.

Que font les Jacobins ? Leur président, cet Anacharsis Clootz qu'ils viennent de porter au fauteuil, ils le rayent, ils l'excluent de leur société ! On vit là à quel point ils étaient l'instrument, la machine de Robespierre.

Ils lui avaient toujours appartenu. Mais combien plus alors ! On le comprend en remontant au décret du 18 qui venait de créer la royauté des Jacobins.

Ce décret, présenté par le Comité de Salut public, trouva la Montagne en partie absente pour des missions, mais la droite présente, mais le centre complet. Dans la droite beaucoup ne croyaient vivre encore que par faveur de Robespierre. *Le centre détestait, jalousait la Montagne, et fut ravi de la voir écrasée.*

Le décret proposé se ramenait à deux articles :

1º *Les représentants que l'Assemblée envoie en mission* ne correspondent plus avec elle, *mais avec le Comité de Salut public.* (L'Assemblée est brisée dans son pouvoir exécutif, ses employés, tous Montagnards.)

2º *Les municipalités et leurs Comités révolutionnaires qui lèvent la réquisition (en hommes, argent, denrées)* ne sont comptables qu'au *district et au Comité de Sûreté générale.*

Ce simple tyran fit en France 44,000 tyrans.

Ces Comités eurent (réellement sans surveillance) *la disposition absolue des personnes et des fortunes.*

Le district ne surveilla pas. C'était alors un simple agent recevant la réquisition et la poussant vers la frontière, sans s'occuper de la manière dont elle avait été levée.

Le Comité de Sûreté ne surveilla pas. Qu'était-ce que ce Comité? M. Louis Blanc s'efforce de l'obscurcir. C'était Robespierre en deux hommes, en David et Lebas; les autres étaient des gens morts d'avance, sous la guillotine, plats valets et serfs de la peur. Ils étaient à cent lieues d'oser demander des comptes à ces Comités jacobins.

Le projet original de la réquisition, tel que Cambon l'avait présenté, obligeait ces Comités de regarder vers le centre, vers l'Assemblée, qui par ses Commissions les surveillait. Mais le projet voté le 18 novembre, n'imposant qu'une unité fausse, émancipa de l'Assemblée ces 44,000 Comités jacobins. Il créa une royauté sans contrôle du peuple jacobin, qui eut pouvoir, argent, terreur.

Les historiens robespierristes, qui parlent tant d'unité, ici sont vrais fédéralistes, admirent la division. Mais les grands hommes d'affaires, qui avaient les choses en main, disent que cette grande machine était très misérable, avait des frottements infinis, criait, grinçait dans ses ressorts. A l'opération nécessaire de la réquisition s'en mêlait une autre, celle d'un terrorisme irritant, local et personnel, entre voisins, concurrents, ennemis. Un proconsul sanguinaire (il y en eut deux ou trois en 93) terrorisait une ville, comme eût fait une inondation, sans laisser de rancune envenimée. Mais un voisin, que l'on croyait toujours poussé de vieilles querelles de classe, de métier, de familles, exaspérait bien autrement. Les Italiens du moyen âge étaient plus politiques. Souvent une ville en proie aux factions, pour rétablir l'ordre, voulait un bon tyran, un juge armé, un podestat. Mais elle le prenait au loin, elle voulait un étranger, et il n'entrait dans la ville qu'en jurant qu'il n'y avait ni parent ni ami, n'y connaissait personne. Au premier désordre, il frappait le coupable, sans savoir qui.

Cambon voulait que, pour l'argent du moins, ces Comités fissent des comptes exacts et publics.

Chaumette demandait (pour Paris du moins) que les Comités révolutionnaires des 48 sections qui accusaient et arrêtaient, motivassent ces arrestations, les expliquassent à la Commune, écartassent ainsi le soupçon d'agir par haine personnelle.

Mais ni Cambon ni Chaumette ne furent écoutés. Robespierre n'osa pas mécontenter ses Jacobins.

Le plus simple bon sens disait que la machine éclaterait. Le Comité demanda que l'Assemblée l'autorisât à séparer, dans les prisons, les suspects des vrais accusés, à élargir des prisonniers, à diminuer enfin l'horrible encombrement. Robespierre soutint que les Comités n'avaient pas le temps. A tort. Sauf deux ou trois membres, accablés de travail, les autres avaient du temps et en perdaient beaucoup (par exemple, Robespierre, dissertant sur les vices du gouvernement anglais).

Il voulait que cet examen et cet élargissement ne se fissent que par des commissaires, lesquels resteraient inconnus. Cela se comprenait. Ces inconnus eussent été des hommes à lui. Il eût eu la clef des prisons. La Convention recula. On ne fit rien du tout (26 dé-

cembre 93), et le mal augmentait de minute en minute.

Le remède, disait-il, c'était l'accélération des jugements. Il la demanda plusieurs fois. Mais quelque extension que l'on donnât aux tribunaux, les Comités entassaient aux prisons de telles masses d'hommes que les juges les plus rapides n'en pouvaient venir à bout.

On vit là ce qu'est la Terreur : un phénomène moral que la brutalité émousse, énerve, éteint. Phénomène assez délicat. Je l'ai vu dans une ville du Rhin. Quand j'y passai en 1837, il y avait eu une chose qui faisait dresser les cheveux. C'était le vieil usage qu'on appelait le Vent du glaive. Le coupable était amené, les yeux bandés, agenouillé, le bourreau derrière lui, armé de l'épée germanique, une épée à deux mains et de cinq pieds de long. Sur ce cou nu, et à peu de distance, il balançait l'épée, la lançait fort adroitement. Mais point de sang versé. C'était très efficace.

Ce qu'il fallait ici, c'était et de montrer le glaive et d'illuminer la Justice, de montrer à quel point elle était juste et sainte, de sorte qu'il n'y eût aucun doute.

Il fallait seulement quelques très grands coupables. L'un des funestes personnages qui firent la Guerre de Sept ans, nous vendirent à l'Autriche et firent périr un million d'hommes, vivait. Son châtiment légitime était attendu. Il n'eut aucun effet. Un jugement de cinq minutes, et son audace peu commune, mirent l'intérêt de son côté. Le jugement de la Du Barry eut même un effet de pitié. Fait avec soin, il eût été un pilori pour Louis XV. Elle-même, on l'eût exposée, enfermée ou chassée, pour ne pas salir l'échafaud.

Mais la guillotine, avilie, semblait devenir folle, travailler au hasard. David lui-même, l'agent si utile de Robespierre, David un jour disait, rêveur : « Resterons-nous vingt dans la Montagne ? » Il semble que Robespierre, de défiance en défiance, aurait fini par s'arrêter et se guillotiner lui-même.

Et plus que lui! Billaud-Varennes! le fantôme de la Terreur, et son véritable idéal. Il eut l'idée stupide que Billaud trahissait. Et ils se regardèrent. Billaud le comprit bien, et lui jeta Danton, royal morceau, mais de digestion difficile, qui fut mortel à Robespierre.

La situation de Carnot, de Lindet, de Prieur, de Lavicomterie, etc., dans les deux Comités, était horrible. Le dernier frémissait d'y être, et avait peur de n'y pas être. Il se trouvait mal presque en voyant Robespierre. Carnot, Lindet, hommes si nécessaires, gardés par la victoire, n'étaient pas moins forcés de signer ces pièces sanglantes qu'envoyaient Couthon et Saint-Just, et que lui-même, Robespierre, le plus souvent ne signait pas. Il est frivole, et même injurieux pour eux, de dire qu'ils ont signé sans lire des pièces si importantes. Disons les choses comme elles furent. S'ils avaient refusé, s'ils s'étaient retirés, la France eût été en péril. Sans leur mortel travail, leur sage direction, l'immense bavardage n'aurait guère servi. De plus, faut-il le dire? ils étaient liés là par une affaire de cœur. Chacun alors sauvait ce qu'il pouvait. Osselin et Bazire, excellents Montagnards, périrent pour avoir sauvé des femmes effrayées, éplorées, qui se cachaient chez eux. Carnot aussi avait bien son péché; il cachait des amis, très utiles à la République, l'illustre groupe d'officiers du Génie qui avait renouvelé et honoré cette armée. Il les avait dans son bureau, comme petits commis anonymes. Par là, il donnait prise. Lindet n'était pas moins exposé, et plus visiblement encore. Il faut lire (spécialement dans M. Boivin) la froide audace, la persévérance intrépide, la sainte hypocrisie par laquelle il sut étouffer le grand incendie de l'Ouest, calmer et rassurer, sauver la Normandie. Cette question énorme s'était posée sur un seul point, une petite municipalité. Si on la poursuivait, de proche en proche tout était poursuivi, la guillotine se remettait en route. Lindet sut profiter du renom de férocité que lui faisaient les Girondins. Il fit un acte bien hardi, arrêta la Justice, défendit à Fouquier-Tinville de procéder avant que lui, Lindet, eût fait son rapport général contre les Girondins de Normandie. Il les sauva ainsi en ajournant toujours, et il atteignit Thermidor.

Ce qui a fait haïr si terriblement Robespierre, c'est, je l'ai dit, d'avoir placé ainsi et les membres du Comité et les représentants en mission sous l'imminence d'un procès, d'avoir décliné pour lui-même la responsabilité, en l'imposant aux autres, tenant sur eux le couteau suspendu. Il n'était rien, ne faisait rien, *à en croire les robespierristes. Vraiment, c'est se moquer de nous! Qui pouvait s'y tromper? N'est-ce donc pas à lui que s'adressaient ces lettres suppliantes qu'on a trouvées? On savait bien qu'il faisait la vie ou la mort. Ne le voyait-on pas aux Jacobins le plus souvent entre Dumas et Coffinhal, etc., entre ses juges et jurés salariés? Lui-même ne vivait-il pas, ne mangeait-il pas chaque soir chez un de ces jurés, Duplay, et de son pain? Pouvait-il ignorer les grandes fournées de la journée, cette Justice rapide que lui-même voulut plus rapide? A cette table de famille, il mangeait quoi? Le salaire d'un juré, et j'allais dire: le prix du sang.*

Ce qui a fort aidé à blanchir Robespierre, c'est que son successeur, Napoléon, a accepté, placé une foule de Jacobins, gens souples et bien dressés. Ils aimaient peu à parler de ces temps. Mais si on les pressait, ils disaient finement que tout cela n'était pas éclairci, « que c'était un procès jugé, mais non plaidé. » C'est le mot que Cambacérès dit au maître lui-même, sachant très bien qu'il ne déplaisait pas.

Sous la Restauration, les gens de lettres s'en mêlèrent, exhumèrent Robespierre littérairement. C'était le temps de réhabilitations paradoxales. La faveur que de Maistre et bien des royalistes portaient à Robespierre ne nuisait pas. Sa sœur vivait encore, et la véhémente, l'intéressante Madame Lebas (Duplay), plusieurs octogénaires de mémoire fort confuse, qui disaient tout ce qu'on voulait. Buchez, secondé d'un Jésuite, fit sa grosse compilation*, mêlant tout, brouillant tout, avec sa gaucherie naturelle, sanctifiant pêle-mêle le 2 Septembre et la Saint-Barthélemy. L'immense plaidoyer de M. Louis Blanc était fini à peine, que M. Hamel fit le sien, d'effroyable longueur aussi. C'est bien plus qu'un éloge, ici. C'est une légende. Comment est-elle si ennuyeuse, malgré le mérite, le travail, les recherches de l'auteur? C'est parce que ses héros sont trop parfaits. Saint-Just devient un Télémaque, un Grandisson. Robespierre est bien plus qu'un homme. Dès son enfance, c'est un saint, il fait des petites chapelles. Il n'a qu'un amour: ses colombes. On se croit dans les bollandistes. M. Hamel, deux fois, le compare à Jésus.

Que nous sommes mauvais! Au lieu de profiter, de nous édifier, plus cet exemple est beau et ce type accompli, plus nous entrons en défiance. Cela nous paraît fort qu'il y ait eu des saints si·parfaits. Est-ce bien sûr? Songez donc que Jésus, le type de ce doux Robespierre, lui-même a eu quelque ombre en son humanité. Un jour, il a pleuré; un jour, désespéré. Non, rien au monde d'absolument parfait.

Tout était libre, disent-ils. La Convention était libre. Les juges et jurés étaient libres. La Police?... ah! grand Dieu! Robespierre n'a pas su seulement si elle existait.

Voilà, messieurs, voilà ce que nous ne pouvons avaler, c'est cette ineffable douceur: ce miel reste à la gorge et ne peut pas passer.

Je me rappelle qu'étant jeune et cherchant du travail, je fus adressé à une Revue *estimée, à un philanthrope connu, tout occupé d'éducation, du peuple, du bonheur des hommes. Je vis un homme fort petit, de mine triste, douce et fade. Nous étions à sa cheminée. Il regardait toujours le feu et jamais moi. Il parlait longuement, d'un ton didactique, monotone. J'étais mal à mon aise, écœuré; je partis aussitôt que je pus. J'appris plus tard que c'était lui, ce petit homme, qui fit la chasse aux Girondins et les guillotina, qui eut ce succès à vingt ans. Remarquons en passant l'effroyable pouvoir que devait avoir Robespierre pour envoyer cet enfant-là, on peut dire, cette petite fille, et croire que c'était assez pour faire trembler tout le Midi.*

Tel fut le doux Couthon, tel fut le philanthrope Herman. Herman d'Arras, camarade de Robespierre, qui dans ses notes secrètes le met au premier rang des hommes capables,

Herman, dès qu'il est mort, jure qu'il le connut peu. (Saint Pierre dit de Jésus : « Quel est cet homme-là ? ») Mais, vivant, il le connaissait parfaitement. Il lui fit la mort de Danton, la mort de Fabre d'Églantine, ayant la fausse pièce qui guillotina celui-ci. Tout cela, dans les formes humaines. Au moment où Danton est le plus éloquent, fait tout frémir, pleurer : « Repose-toi, Danton, lui dit Herman (lui ôtant la parole), car tu pourrais te fatiguer. »

Admirable douceur ! Pour être condamné à mort, c'est cet homme que j'aurais choisi.

Le sujet le plus tragique que l'Histoire nous offre, c'est certainement Robespierre. Mais c'est aussi le plus comique. Shakespeare n'a rien de pareil. Ce sujet est tellement fort, tentant, que, même en plein péril, des hommes déjà sous le couteau voulurent en faire la comédie. Les Girondins, dans les ténébreuses cavernes de Saint-Émilion, poursuivis, chassés, morts d'avance, d'avance ensevelis, firent un drame de Robespierre. Et ce qui étonne encore plus, c'est que Fabre d'Églantine, sous l'œil de Robespierre même et sous ses vertes lunettes qui lui regardaient dans l'âme, s'empara de ce fantôme, lui dit : « Tu seras comédie! »

Il est sûr que tout élément du vrai Tartufe politique y était. Ses moralités banales, ses appels à la vertu, ses attendrissements calculés, de fréquents retours pleureurs sur lui-même, enfin les forces bâtardes d'un faux Rousseau, prêtaient fort, surtout lorsque dans cette rhétorique discordait de façon criante tel brusque élan de fureur.

Fabre, avec grande finesse, le prenait au moment critique où les fluctuations de l'immuable éclataient, où celui qui servait de règle laissait voir ses vicissitudes, ne soutenant sa fixité que de sa roide attitude et de son affirmation. Allié des furieux, d'Hébert en juin 93, clément à Lyon en octobre, puis, effrayé de ce pas, se renfonçant dans la Terreur, il offrait à l'observateur un Robespierre vacillant, disons même : plusieurs Robespierre.

Saint-Just, si roide, n'est pas plus conséquent. C'est le comique épouvantable des grands discours meurtriers, où il croyait systématiser l'idée même de Robespierre. Impar-

tiale extermination des violents *et des* modérés, *des* exagérés *et des* indulgents, *surtout au nom de la morale, des principes. Mais quels principes? Il flotte et va de l'un à l'autre.*

Il est prodigieux que la réputation révolutionnaire de Robespierre ait survécu à la barbare exécution qu'on fit des hommes de 93, de Chaumette et de Clootz. Quelle fête pour les prêtres! comment n'y invita-t-on pas les évêques et les curés du centre et de la droite de la Convention? Déjà on avait cet égard pour eux, de défendre aux théâtres les costumes sacerdotaux. Un journal fut supprimé pour avoir pris ce titre: La Confession. *Dans l'église de Saint-Jacques, on chantait la messe si fort qu'on l'entendait de Port-Royal. Les prisonniers de là suivaient l'office.*

Robespierre eut par la mort de Danton tous les pouvoirs. Ce fut son Brumaire, son Décembre. Mais la terrible comédie l'entraînait. Elle arriva à une hauteur colossale, quand, en Prairial, il dit: « Beau et rare spectacle! une Assemblée qui va se purgeant, s'épurant elle-même! » L'Assemblée, purgée de Danton, est priée de se soumettre à une purgation nouvelle, héroïque et radicale. Elle hésite. Il est indigné. Ah! méchante Convention, qui s'obstine à ne pas vouloir se guillotiner!... J'ai noté ce point terrible où on le voit qui ne veut pas enfoncer de sa main ce fer salutaire dans le cœur de l'Assemblée, veut qu'elle se l'enfonce elle-même. Pharisaïsme intérieur de lui à lui. Il se fût dit : « Elle l'a voulu ainsi. » Il se fût innocenté au fond de sa conscience, ayant trouvé le secret, en exterminant la Loi, de la respecter.

Où est Marat, si naïf? Combien 94 est loin de 93! Dans quelles ténèbres sommes-nous? Ah! ce n'est pas impunément qu'on a éteint ces lumières : Danton, Fabre, Desmoulins, le pauvre Anacharsis Clootz, l'infortuné Chaumette, si inoffensif alors! Les apôtres de la Raison sont morts. Et nous voilà rentrés au scabreux de l'équivoque, du faux, de la Dé-Raison.

Où est Marat? où est Chalier? J'aimais mieux leurs folles fureurs. Tous deux étaient des malades, il est vrai, des étrangers de race étonnamment mêlée, où ces éléments confus avaient fait un chaos sanglant. Marat était hystérique: on le saignait à chaque instant. On fera un jour, je pense, la pathologie de la Terreur. Les situations extrêmes créent d'étranges maladies. Nos Camisards de 1700 en eurent une contagieuse, la prophétie; les enfants au berceau prophétisaient. Chez les hommes de 93 (et non de 94), une maladie éclata: la furie de la pitié.

Qu'est-ce, cela? Souvent des femmes qui voient frapper un cheval crient contre le conducteur et le frapperaient volontiers. J'ai vu des hommes aussi, sanguins, qui dans ce cas s'emportaient et rougissaient parfois jusqu'à l'apoplexie, parfois jusqu'à prendre à la gorge le charretier, l'étrangler. Cette pitié meurtrière fut dans Marat et Chalier. Dans Chalier, très éloquente. Marat eut moins de talent. Sa vanité littéraire se mêle trop à ses fureurs. Eh bien! cependant Robespierre n'eût jamais trouvé le mot attendri, qui lui échappa: « Je me suis fait anathème pour ce bon peuple de France. »

Lyon semble le cœur du cœur, comme Paris l'esprit de l'esprit. Entre la Croix-Rousse et Fourvières, dans cette vallée de travail, il y a comme un foyer profond de mysticisme social, de tendresse et de fureur. Là, après Chalier, fermentèrent le grand, l'ingénieux Fourier, le fort Proudhon, dont la main excentrique a tout remué. Chalier, négociant italien, riche, dans cette mer des pauvres, devant cette terrible misère, en devint vraiment malade, délira. Les sanglants complots qu'on lui prête ne sont pas prouvés. Ce qui l'est, c'est la barbarie avec laquelle lui et les siens furent massacrés.

Ses disciples vinrent à Paris, et trouvèrent justement Chaumette en face de cent mille pauvres, les prêchant, les consolant, surtout de la vaine idée que tant de terres, alors désertes, abandonnées, seraient à eux. Qu'en aurait fait l'ouvrier, fin, délicat, de Paris? On ne retourne pas à la terre.

Un autre prédicateur excentrique et furieux est un certain Jacques Roux, apôtre des rues Saint-Martin, des Arcis, des Gravilliers. Il *voulait des greniers publics où le fermier apporterait et où l'État seul vendrait.*

Robespierre avait été, pour précipiter la Gironde, peu favorable à la propriété. Après, il changea de style; il poursuivit Roux, et à mort, l'accusant de vol. Roux, indigné, se poignarda.

Après le siège de Lyon, quand on rapporta dans Paris la tête de Chalier, quand son meilleur ami, Gaillard, arriva, on pouvait croire que Robespierre les accueillerait. Point du tout. Il fut très froid. Gaillard fut mal reçu des Jacobins, et si mal, qu'il fit comme Roux. Il se brûla la cervelle.

Robespierre, comme je l'ai dit, fut antisocialiste. Même l'innocente idée des Banquets fraternels, où chacun, dans la disette, descendait, apportait son pain : cela même, il le proscrivit.

J'ai dit avec grande clarté, d'après les procès-verbaux des 48 sections, comment, au 9 Thermidor, ces sections du centre (Saint-Martin, Arcis, Gravilliers) dont Robespierre venait de guillotiner les apôtres, et Roux, et le pauvre Chaumette, furent terribles contre lui.

Les trois sections Saint-Antoine ne vinrent pas à son secours. Ni Saint-Marceau. Et la Cité, en lui fermant Notre-Dame, lui interdit le tocsin. A une heure, il se trouva seul, si seul, qu'un enfant, Merda, vint à lui et tira sur lui.

Par quelle obstination donc une chose tellement éclaircie est-elle toujours mise en doute? On immole la Montagne, on immole la Commune de 93, on immole les apôtres de la Raison et Paris! Quel est donc l'individu pour lequel on tue tant de choses? Un grand homme? je le veux bien. Et je l'ai nommé ainsi, mais pas avant que je ne l'eusse enseveli près de Danton. Hélas! j'ai bien abîmé Danton dans ses lâchetés. Pouvais-je ménager Robespierre?

Je ne sais combien de peuples et d'Europe et d'Amérique, Haïti, etc., parmi leurs agitations, se posent cette question:

« Quel sera le prochain tyran? »

Car c'est une maladie. Le tyran naît du tyran.

Le tyran bavard, jacobin, amène le militaire. Et le tyran militaire ramène le tyran jacobin.

Ceux qui si énergiquement nous refont l'autel jacobin sont les apôtres involontaires de la tyrannie militaire.

Beaucoup de gens disent : « Après tout, j'aime autant être fusillé. »

Heureusement le temps avance. Nous sommes un peu moins imbéciles. La manie des incarnations, inculquée soigneusement par l'éducation chrétienne, le messianisme, passe. Nous comprenons à la longue l'avis qu'Anacharsis Clootz nous a laissé en mourant : « France, guéris des individus. »

1er janvier 1869.

CHAPITRE V

LA VENDÉE

(MARS 1793)

La Vendée coïncide avec l'invasion. — Premier caractère de la Vendée, entièrement populaire. — La Vendée est une révolution, mais celle de l'isolement et de l'insociabilité. — La Vendée s'est plus tard rattachée à la France. — La propagande des prêtres. — L'homme du Clergé, Cathelineau. — Originalité de Cathelineau dans la propagande ecclésiastique. — Premiers excès à Cholet, 4 mars. — Massacre de Machecoul, commencé le 10 mars. — Tribunal des royalistes à Machecoul (mars-avril). — Explosion de Saint-Florent, 11-12 mars. — Cathelineau et Stofflet, 13 mars. — Armée d'Anjou et de Vendée. — Prise de Cholet, 14 mars 93. — Massacre de Pontivy, La Roche-Bernard, etc. — Martyre de Sauveur, 16 mars. — Suite des massacres de Machecoul. — Combien les Vendéens rencontraient peu d'obstacles. — Leur victoire dans le Marais, 19 mars. — Vaillance des républicains bordelais et bretons. — Énergie de Nantes. — La Vendée n'avait pas encore de chefs nobles.

REGARDEZ à ce moment Nantes, la Loire-Inférieure et les quatre départements qui l'entourent ; vous verrez la grande ville entourée d'un cercle de feu.

C'est le dimanche, 10 mars, que se sont ébranlées partout les grandes masses agricoles, à la sortie de la messe, pour se jeter sur les villes. Le premier acte a été, ce jour même, le massacre de Machecoul.

L'explosion de Saint-Florent eut lieu le 11 et le 12. Les massacres de Pontivy, de La Roche-Bernard et d'autres villes bretonnes, se firent le 12 et le 13. Le 13 aussi, le héros populaire de l'insurrection vendéenne, le voiturier Cathelineau, prit les armes et commença le mouvement de l'Anjou.

Les dates présentent ici une signification redoutable.

Le premier essai de la Vendée, l'essai avorté de 92, avait eu lieu le 24 août, jour de la Saint-Barthélemy, au moment même où l'on sut que les Prussiens avaient mis le pied en France.

La Vendée de 93 commença le 10 mars. Le 1er, les Autrichiens avaient forcé les lignes françaises, nos troupes reculaient en désordre. Le 10, par toute la France, fut proclamée la réquisition. Partout, l'officier municipal, au nom de la Loi, appela les populations, le tambour battit. Qui répondit au tambour? Le tocsin de la Vendée, la cloche de la Saint-Barthélemy.

Que voulait dire cette cloche? Que la Vendée, sommée par la France en péril de marcher à la frontière, ne combattrait que la France :

Que le carême, comme aux Vêpres siciliennes,

serait sanctifié par le sang, que Pâques serait fêté par des victimes humaines.

La première période de ce drame sanglant, c'est le carême de 93, du dimanche 10 à Pâques. Il y eut un entr'acte à Pâques; beaucoup de paysans rentrèrent un moment chez eux pour faire leurs travaux, pour semer, sarcler.

Ce premier acte n'eut point du tout le caractère qu'on lui a attribué, celui d'une guerre féodale et patriarcale d'un peuple qui se lève sous ses chefs de clans.

Les chefs furent, comme on va voir, un voiturier sacristain, un perruquier, un domestique, un ancien soldat.

Les nobles refusaient encore de prendre part à l'insurrection, ou du moins de s'en faire chefs. Ils ne se décidèrent généralement qu'après Pâques, lorsqu'ils virent le paysan, les travaux de mars finis, reprendre les armes et persévérer dans l'insurrection.

Ce grand mouvement, tout populaire dans ses commencements, eut même, sur plusieurs points, le caractère d'une horrible fête, où des masses du peuple, ivres et joyeusement féroces, assouvirent leur vieille haine sur *les messieurs* des villes. Là, comme ailleurs, le paysan haïssait la ville à trois titres différents : *comme autorité* d'où venaient les lois, *comme banque* et industrie qui attiraient son argent, enfin *comme supériorité*. L'ouvrier même des villes, par rapport aux masses ignorantes qui vivaient entre deux haies sans jamais parler qu'à leurs bœufs, c'était une aristocratie.

Tout cela est naturel. Est-ce à dire que dans la Vendée il n'y ait rien d'artificiel?

Le pape, dès 90, l'avait annoncée et prédite au Roi. Le Clergé d'Angers, en février 92, dans sa lettre à Louis XVI, l'annonce encore, la déclare imminente. (Voy. *plus haut.*)

La Vendée éclate deux fois, on vient de le voir, au moment précis de l'invasion.

Quelle part le Clergé et la Noblesse eurent-ils aux commencements de l'insurrection?

La Noblesse n'en eut aucune*. La Rouërie essaya inutilement d'étendre dans le Poitou l'association bretonne. Les nobles étaient abattus, terrassés, de la mort de Louis XVI. Beaucoup avaient été à Coblentz, avaient essuyé l'impertinence de l'émigration et revenaient dégoûtés. Rentrés chez eux, les pieds au feu, ils faisaient les morts, heureux que les Comités patriotiques des villes voisines voulussent bien ne pas s'informer de leur malencontreux voyage.

Le Clergé eut grande part à la Vendée, mais très inégale, grande en Anjou et dans le Bocage, moindre au Marais, variable dans les localités si diverses de la Bretagne. Ni en Vendée ni en Bretagne, il n'aurait rien fait, si la République n'était venue au foyer même du paysan pour l'en arracher, l'ôter de son champ, de ses bœufs, l'affubler de l'uniforme, l'envoyer à la frontière se battre pour ce qu'il détestait. Jamais, sans cela, les cloches, les sermons ni les miracles n'auraient armé le Vendéen.

La réquisition était l'épreuve et la pierre de touche, le vrai moment pour la Vendée. Sous l'ancien régime, on ne venait jamais à bout d'y faire tirer la Milice. Le Vendéen était enraciné dans le sol, il ne faisait qu'un avec la terre et les arbres de la terre. Plutôt que de quitter ses bœufs, sa haie, son enclos, il eût fait la guerre au Roi. Tel le Bocage, tel le Marais. L'homme du Marais, qui vit entre un fossé et une mare, à moitié dans l'eau, adore son pays de fièvres. Forcer cet homme aquatique de venir à terre, c'est risquer de le rejeter plutôt dans la mer, le donner aux contrebandiers.

Le Clergé parut donner au pays une sorte d'unité fanatique. Mais cette unité apparente tint aussi en grande partie à une passion commune qui animait ces populations diverses, à leur profond esprit local, — passion contraire à l'unité.

Si la Vendée est une révolution, c'est celle de l'insociabilité, celle de l'esprit d'isolement. Les Vendées haïssent le Centre, mais se haïssent elles-mêmes. Quelque fanatiques qu'elles soient, ce n'est pas le fanatisme qui a décidé le combat : c'est une pensée d'intérêt, c'est le refus du sacrifice. *Le trône et l'autel*, d'accord ; *le bon Dieu et nos bons prêtres*, oui, mais pour se dispenser de marcher à la frontière.

Écoutez l'aveu naïf de la *proclamation vendéenne* (fin mars) : « Point de Milice ; laissez-nous dans nos campagnes... Vous dites que l'ennemi vient, qu'il menace nos foyers... Eh bien ! c'est de nos foyers, s'il y vient jamais, que nous saurons le combattre... »

Autrement dit : Vienne l'ennemi !... que les armées autrichiennes, avec leurs Pandours, leurs Croates, ravagent la France à leur aise... Qu'importe la France à la Vendée?... La Lorraine et la Champagne seront à feu et à sang ; mais ce n'est pas la Vendée. Paris périra peut-être, l'œil du monde sera crevé... Mais qu'importe aux Vendéens ?... Meure la France, et meure le monde !... Nous aviserons au salut lorsque le cheval cosaque apparaîtra dans nos haies.

Hélas ! malheureux sauvages ! vous-mêmes vous vous condamnez. Ces mots de farouche égoïsme, c'est sur vous qu'ils vont retomber.

Car vous ne dites pas seulement : Que nous importe la France? mais : *Qu'importe la Bretagne?* — et : *Qu'importe Maine-et-Loire?* Le Vendéen ne daigne donner la main au Chouan. — Bien plus, les Vendéens entre eux, sauf les masses fanatiques qu'une propagande spéciale organisa dans le Bocage, les Vendéens se haïssent, se dédaignent et se méprisent : ceux d'en haut ne parlent qu'avec dérision *des grenouilles du Marais*; les Charette et les Stofflet se renvoient le nom de *brigands*.

Non, vous prendriez vos chefs dans un rang plus bas encore, votre révolte serait encore plus populaire, grossière, ignorante, vous n'êtes pas la Révolution. Nous aurions tort de donner ce grand nom à la Vendée.

Car la Révolution, quelles qu'aient été ses fureurs et son ivresse, fut ivre de l'Unité.

Et la Vendée, tant démocratique qu'elle ait pu être dans la forme, fut ivre de la Discorde.

Elle professa hardiment qu'elle représentait la discorde antique, les droits opposés des provinces et le vieux chaos.

Ce chaos et cette discorde, qu'auraient-ils été contre la coalition du monde? Rien que la mort de la France.

La discorde vendéenne, c'est la mort nationale. Cela dit, tout est jugé. Nous tenons d'en haut le fil; nous savons où est le Droit. Nous pouvons maintenant raconter; justement, impartialement, nous dirons ce que firent les uns et les autres, et rendrons pleine justice au grand cœur de nos ennemis... Ennemis? non : c'est la France encore. La Coalition, frappée de la bravoure républicaine, n'a pas été moins effrayée de celle des Vendéens.

Cette France égarée de l'Ouest a ouvert les yeux enfin; elle a vu, bien tard il est vrai, qu'elle s'était battue pour rien, — que dis-je? pour faire triompher ses véritables ennemis. Charette est mort désespéré, et, mourant, il a lancé le dernier cri de la Vendée, son douloureux anathème.

Combien plus, en 1815, fut-elle éclairée, quand elle vit rentrer les Bourbons avec ses prudents héros, qui ne se hasardèrent en France que derrière un million d'hommes, et qui, pour remercîment, demandèrent en rentrant leurs droits seigneuriaux aux paysans qui s'étaient fait tailler en pièces pour eux ! *La scène fut grande, à Auray, quand Madame, visitant cette terre trempée du sang des siens, trente mille hommes qui survivaient, la plupart blessés, mutilés, vinrent là, sous leurs cheveux blancs, sur leurs bâtons, leurs béquilles, au bras de leurs petits-fils, voir encore, avant de mourir, la fille de Louis XVI... Ces pauvres gens tombèrent face contre terre, les yeux pleins de larmes... A travers les larmes, ils regardent... Madame avait les yeux secs*; elle n'avait pu prendre sur elle de pardonner à la France, et pas même à la Vendée... Ils se relevèrent bien tristes, le cœur flétri et amer. La République était vengée... Depuis ce jour, la Vendée appartient à la Patrie.

Le centre politique des prêtres dans l'Ouest, le foyer principal de leurs intrigues, était la ville d'Angers. Là se trouvaient réunis tous ceux qui, dans Maine-et-Loire, avaient refusé le serment. Soumis à la surveillance d'une ville très patriote, inquiets et impatients, ils avaient besoin de la guerre civile. Elle devait avoir pour effet de précipiter sur les villes les masses ignorantes des campagnes soumises à leur influence. J'ai parlé de leur fatale lettre, qui, plus qu'aucune autre chose, dut confirmer Louis XVI dans la résistance, et par là indirectement servit à briser le trône. Ils provoquaient la guerre en haut, ils la provoquaient en bas. Leur active propagande s'étendait au nord chez les Chouans du Maine, au midi dans la Vendée.

La propagande fanatique qui travaillait les Vendéens avait son centre à Saint-Laurent-sur-Sèvre, près de Montaigu. De là, nous l'avons déjà dit, par les *sœurs de la Sagesse* et autres dévots émissaires, s'étendait par le pays cette publicité mystérieuse de fausses nouvelles et de faux miracles qui, circulant sans contrôle dans ces populations dispersées, pouvait faire activement fermenter l'imagination solitaire, préparer l'explosion.

Entre Angers et Saint-Laurent, à moitié chemin, près de Beaupréau, se trouvait, au village de Pin-en-Mauges, l'homme qui joua le premier rôle dans l'insurrection. Cathelineau était sacristain de sa paroisse; il appartenait au Clergé; et le premier usage qu'il fit de ses succès, ce fut, comme on verra, de placer l'insurrection victorieuse dans la main des prêtres, d'exiger la création d'un Conseil supérieur où les prêtres dominaient les nobles. Un mauvais prêtre, mais capable, Bernier, un curé d'Angers, gouverna bientôt ce Conseil.

Le Clergé, ce grand mineur, en poussant sous la terre ses voies ténébreuses, est attentif à effacer sa trace. Il n'a pas tenu à lui qu'on ne crût le mouvement tout spontané, inspiré et venu d'en haut. Artiste habile, il a montré l'œuvre, caché les moyens. On ne sait rien ou presque rien de ses agents, de son homme, Cathelineau. Trois mois de sa vie sont connus, du 12 mars, où il prit les armes, au 9 juin, où il fut frappé à mort à l'attaque de Nantes.

Rien n'indiquait qu'il dût jouer un rôle si important. C'était un homme d'une figure intelligente, mais sans élévation remarquable, une bonne et solide tête à cheveux noirs, un peu crépus ; beau nez, grande bouche, et voix sonore ; une bonne taille ordinaire, pas plus de cinq pieds quatre pouces ; bien sur les reins, carré d'épaules, et, en tous sens, *carré*, comme on dit populairement, c'est-à-dire réunissant les qualités diverses qui font la force de l'homme ; plein de sens, très brave et d'un froid courage, parfaitement équilibré de prudence et d'audace.

Il était d'une famille de paysans ouvriers, fils de maçon, maçon lui-même. Marié et chargé d'enfants, il avait besoin de gagner. *Nécessité l'ingénieuse* lui faisait faire plus d'un métier. Ne maçonnant que par moments, il filait dans les intervalles, lui la laine, sa femme le lin. Il allait vendre tout cela aux marchés, spécialement à Beaupréau, où se trouvaient deux marchands de serge et autres étoffes, qui se joignirent à lui dans l'insurrection. Quiconque sait la vie de province comprendra parfaitement que Cathelineau et ses amis de Beaupréau ne pouvaient faire leurs affaires que par la faveur ecclésiastique; rien sans les prêtres et les dévots, dans ces petites localités. Cathelineau était dévot et élevait dévotement ses enfants. Il parvint à devenir sacristain de sa paroisse. Un sacristain, marchand d'étoffes, vendait d'autant mieux; il acheta une voiture, fut voiturier, messager, colporteur. Un tel homme, très discret, très sûr, ferme d'ailleurs et l'air ouvert, devait porter mieux que personne les messages secrets du Clergé.

Une chose montre assez combien cet homme remarquable était supérieur à ses maîtres.

Le Clergé, depuis quatre ans, malgré sa violence et sa rage, n'entraînait pas encore les masses. Plus furieux que convaincu, il ne trouvait pas les machines simples et fortes qu'il fallait pour atteindre, remuer la fibre populaire. Les bulles proclamées, commentées, n'y suffisaient pas; le pape *qui est à Rome* semblait loin de la Vendée. Les miracles agissaient peu. Tant simple que fût ce peuple, il y a à parier que plusieurs avaient des doutes. Ces fourberies troublaient les uns, refroidissaient les autres. Cathelineau imagina une chose naïve et loyale, qui fit plus d'impression que tous ces mensonges. C'était qu'aux processions où l'on portait la croix, les paroisses dont les curés avaient prêté le serment ne portassent leur Christ qu'enveloppé de crêpes noirs.

L'effet fut immense. Il n'y avait pas de bonne femme qui ne fondît en larmes, en voyant le Christ, ainsi humilié, qui souffrait la passion une seconde fois !... Quel reproche à la dureté, à l'insensibilité des hommes qui pouvaient endurer cette captivité de Notre-Seigneur !... Et les hommes s'accusaient aussi. Ils se renvoyaient les reproches. C'était entre les villages une occasion de rivalité et de jalousie. Ceux qui avaient cette honte de n'oser montrer leur Christ à visage découvert étaient conspués par les autres comme des villages de lâches qui souffraient la tyrannie.

On ne voit pas que Cathelineau ait remué dans l'insurrection vendéenne de 92. Elle n'eut pas un caractère suffisant de généralité. Les campagnes n'agirent pas d'ensemble, mais les villes agirent d'ensemble et elles étouffèrent tout. Cholet, entre autres, montra beaucoup d'ardeur et de zèle. C'était une ville de manufactures, grande fabrique de mouchoirs surtout ; les Cambon et autres industriels de Montpellier qui s'y étaient établis occupaient beaucoup d'ouvriers. Au 24 août 92, quand la Vendée répondit au signal des émigrés, des Prussiens, qui entraient en France, les ouvriers de Cholet, armés la plupart de piques, coururent à Bressuire, et punirent cruellement les amis de l'ennemi.

Il y eut, dit-on, des barbaries, des mutilations ; chose toutefois non prouvée. Ce qui l'est, c'est qu'il y eut fort peu de morts, et que les tribunaux renvoyèrent magnanimement tous les paysans prisonniers, comme gens simples, ignorants, des enfants non responsables, que l'on avait égarés.

Les paysans n'en gardèrent pas moins rancune à la ville de Cholet. Le sang y coula le 4 mars. Une foule immense s'y était portée. Un commandant de la Garde nationale entre amicalement dans les groupes, veut causer; la foule se ferme sur lui, on le terrasse, on le désarme ; de son sabre, on lui scie le gras de la jambe.

La loi de la réquisition avait singulièrement irrité encore la haine du paysan contre Cholet, contre les villes en général, les municipalités. Par cette loi, la Convention imposait aux officiers municipaux la charge terrible d'improviser une armée, personnel et matériel, tout compris, les hommes et les choses. Elle leur donnait droit de *requérir* non les recrues seulement, mais l'habillement, l'équipement, les transports. Rien n'était plus propre à effaroucher les Vendéens. On disait que la République allait *requérir* les bestiaux... Toucher à leurs bœufs! grand Dieu!... C'était pour prendre les armes.

La loi de la réquisition autorisait les communes à s'arranger en famille pour former le contingent. S'il y avait un garçon trop nécessaire à ses parents, la municipalité le laissait, et elle en prenait un autre. C'est justement cet arbitraire qui multipliait les disputes. Par cette loi imprudente, la Convention se trouva avoir appelé tout un peuple à discuter. Les municipaux ne savaient à qui entendre. Républicains ou royalistes, ils étaient presque également injuriés, menacés. Un municipal royaliste, que les paysans voulaient assommer, leur disait : « Y songez-vous ?... mais jamais vous n'en trouverez qui soit plus aristocrate. »

Ces haines atroces éclatèrent le 10 à Machecoul. Au bruit du tocsin qui sonnait, une énorme masse rurale fond sur la petite ville. Les patriotes sortirent intrépidement, deux cents hommes contre plusieurs mille. La masse leur passa sur le corps. Elle entra d'un flot, remplit tout. C'était dimanche: on venait se venger et s'amuser. Pour amusement, on crucifia de cent façons le curé *constitutionnel*. On le tua à petits coups, ne le frappant qu'au visage. Cela fait, on organisa la chasse des patriotes. En tête des masses joyeuses, marchait un sonneur de cor. Ceux qui entraient dans les maisons pour faire sortir le gibier, de temps à autre, jetaient dans la rue un malheureux patriote; le sonneur sonnait *la vue*, et l'on courait sus. La victime abattue par terre, on sonnait *l'hallali*. En l'assommant, on donnait le signal de la *curée*. Les femmes alors accouraient avec leurs ciseaux, leurs ongles; les enfants achevaient à coups de pierres.

Ceci ne fut qu'une avant-scène. Sur cette hauteur de Machecoul, entre deux départements, les royalistes dressèrent leur Tribunal de vengeance, qui fit venir de partout des masses de patriotes et continua de massacrer, du 10 mars au 22 avril.

Tout cela avait commencé depuis vingt-quatre heures sans que rien ne se déclarât dans la Haute-Vendée. Elle ne se décida que par l'affaire de Saint-Florent.

La foule des jeunes gens s'y mit en pleine révolte. On essaya d'arrêter un jeune homme, nommé Forest, ex-domestique d'un émigré, qui revenait de l'émigration et prêchait la résistance. Il tire, il tue un gendarme. Ce coup de pistolet retentit dans quatre départements.

On amena le canon. La foule n'en eut pas peur. Elle se jeta dessus, tua les canonniers à coups de bâtons.

Saint-Florent est sans importance. Mais il faut remarquer sa situation. De son coteau élevé, il voit devant lui le fleuve, avec deux départements; et il en a deux derrière : ceux-ci, sombres et muets, sans route alors, sans fleuve navigable, regardaient toujours vers la Loire, la lumière et le grand passage. Saint-Florent, avec Ancenis, est comme une petite fenêtre par où l'aveugle Vendée regardait au carrefour des départements de l'Ouest.

Au canon de Saint-Florent, s'éveillèrent peu à peu les cloches de l'Anjou et du Poitou. Déjà, dans la Basse-Vendée, autour de Machecoul, le tocsin sonnait, depuis dimanche, dans six cents paroisses. En montant vers le Bocage, à Montaigu, à Mortagne, il sonnait dans tous les villages qui couronnent les collines. Il sonnait autour de Cholet et remplissait la ville de terreur. Les communications étaient interrompues; les courriers ne passaient plus. Toute la masse des paysans, cent mille hommes déjà peut-être, avaient quitté les travaux. Outre la réquisition, il y avait, pour monter les têtes, les solennités du carême. Pâques approchait. Les femmes remplissaient les églises. Les hommes s'amassaient au parvis, muets... Les cloches assourdissantes ne permettaient pas de parler; elles enivraient la foule, elles remplissaient les airs d'une électricité d'orage.

Que faisait Cathelineau? Il avait très bien entendu le combat de Saint-Florent, les décharges du canon. Il ne pouvait ignorer (le 12) l'affreux massacre qui (le 10) avait compromis sans retour dans la révolte le littoral vendéen. N'eût-il rien su, le tocsin se faisait assez entendre. Tout le pays semblait en mouvement, et la terre tremblait. Il commença à croire que l'affaire était sérieuse. Soit prévoyance de père pour la famille qu'il allait laisser, soit prudence militaire et pour emporter des vivres, il se mit à chauffer son four et à faire du pain.

Son neveu arrive d'abord, lui conte l'affaire de Saint-Florent. Cathelineau continuait de brasser sa pâte. Les voisins arrivent ensuite, un tailleur, un tisserand, un sabotier, un charpentier : « Eh! voisin, que ferons-nous? » Il en vint jusqu'à vingt-sept, qui tous étaient là à l'attendre, décidés à faire tout comme il ferait. Il avisa alors que la chose était au point; le levain était bien pris, la fermentation suffisante; il n'enfourna pas, essuya ses bras et prit son fusil.

Ils sortirent vingt-sept; au bout du village, ils étaient cinq cents. C'était toute la population. Tous bons hommes, bien solides, une population honnête, et brave immuablement, noyau des armées vendéennes, qui presque toujours fit le centre, l'intrépide vis-à-vis du canon républicain.

Ils marchèrent gaillardement vers le château de Jallais, où il y avait un peu de Garde nationale commandée par un médecin. L'officier novice avait une petite pièce de canon qu'il ne savait pas pointer. Il vint à bout cependant d'en tirer un coup, un boulet, qui ne toucha rien. Avant le second, Cathelineau et les siens se mirent à la course, enlevèrent le retranchement et saisirent la pièce. Grande joie. Ils n'avaient jamais vu ni entendu de canon. Ils emmenèrent celui-ci, le baptisant du nom de *Missionnaire*, ayant foi dans ses vertus, et convaincus qu'à lui seul il convertirait les républicains et leur ferait faire leurs pâques.

Une belle coulevrine, qu'ils prirent peu après par la même audace, tint compagnie au *Missionnaire* sous le nom de *Marie-Jeanne*. Toute l'armée en raffolait. On la perdit, on la reprit, avec un deuil, une joie qui ne se peut dire.

Sur la route, ils entraînaient tous les paysans de gré ou de force. Des prêtres se joignirent à eux, et leur dirent la messe. Le 14, une grosse bande leur vint de Maulevrier. Le chef était Stofflet, un ancien soldat, fils d'un meunier de Lorraine, qui avait servi sous M. de Maulevrier et était son garde-chasse. C'était, comme Cathelineau, un homme d'environ quarante ans, intrépide, mais rude et féroce.

L'armée, grossie jusqu'au nombre d'environ quinze mille hommes, se présenta devant Cholet. Elle poussait devant elle trente malheureux jeunes gens, faits prisonniers à Chemillé, pour essuyer les premiers coups. Un homme se détacha seul, et pénétra dans la ville. Il avait la tête et les pieds nus, tenant un crucifix avec une couronne d'épines, d'où pendait un long chapelet. Il tournait les yeux vers le ciel, et criait d'un ton lamentable : « Rendez-vous, mes bons amis! ou tout sera mis à feu et à sang. »

Deux messagers suivirent de près, avec une sommation signée : *le commandant* Stofflet et *l'aumônier* Barbotin.

Les patriotes ne s'étonnèrent pas. Ils étaient trois cents armés de fusils et cinq cents armés de piques, plus cent dragons de nouvelle levée *. M. de Beauvau, procureur-syndic, un noble très républicain, était à leur tête. La pluie tombait. La vue des trente prisonniers qu'il fallait fusiller d'abord pour arriver à l'ennemi refroidissait les patriotes. Dans ce moment d'hésitation, les tirailleurs vendéens commencent. On sut plus tard quels étaient ces tireurs terribles, légers autant qu'intrépides, qui, s'éparpillant aux ailes, au front des colonnes, étonnaient les républicains par la précision meurtrière des premiers coups. Ce n'étaient nullement, le bon sens suffirait pour l'indiquer, de lourds paysans; c'étaient généralement des contrebandiers, de véritables *brigands*, dignes du nom que l'on étendit à tort à tous les Vendéens. L'élite des paysans, moins leste, mais très brave et très ferme, formait un noyau derrière ces coureurs, mais ne couraient pas eux-mêmes, et pour une raison bien simple : la plupart étaient en sabots.

Aux premiers coups, M. de Beauvau tombe, plusieurs grenadiers avec lui. La cavalerie qui chargeait s'effraye, revient, renverse tout. Les patriotes en retraite se jetèrent dans un pavillon du château et tirèrent de là sur la place, où arrivaient les Vendéens. On vit alors avec étonnement ce que c'était que cette guerre. Sur cette place était un calvaire; pas un paysan n'y passa sans s'agenouiller : les mains jointes, chapeau sous le bras, ils faisaient paisiblement leur prière à vingt pas du pavillon, sous le feu le plus meurtrier.

Ce qui faisait leur sécurité, c'est qu'ils étaient bien en règle, confessés, absous. De plus, la plupart, sous leurs vêtements, étaient cousus et cuirassés de petits *sacrés cœurs* en laine que leur faisaient porter leurs femmes, qui devaient leur porter bonheur, et « les faire réussir dans toutes leurs entreprises. »

Cette dévotion extrême avait des effets contraires, fort bizarres à observer. D'abord, ils ne volaient pas ; ils tuaient plutôt. Ils ne firent pas de désordre dans les maisons. Ils demandaient peu ou rien, se contentaient des vivres qu'on leur donnait. Il n'y en eut qu'un petit nombre, non paysans, mais voleurs ou contrebandiers mêlés aux paysans, par exemple leur canonnier, un drôle nommé *Six-Sous*, qui fouillèrent les prisonniers et vidèrent leurs poches.

Dès qu'un prisonnier était bien confessé, les paysans n'hésitaient pas à le tuer, bien sûrs qu'il était sauvé. Plusieurs évitèrent la mort en refusant la confession, et disant qu'ils n'étaient pas encore en état de grâce. L'un d'eux fut épargné parce qu'il était protestant, et ne pouvait se confesser. Ils craignirent de le damner.

L'Histoire a été bien dure pour les malheureux patriotes qu'égorgeaient les Vendéens. Beaucoup d'entre eux montrèrent une foi héroïque et moururent martyrs. On compte par centaines ceux qui se firent tailler en pièces. Je citerai, entre autres, un garçon de seize ans qui, sur le corps de son père mort, cria : « Vive la nation ! » jusqu'à ce qu'il eût été percé de vingt baïonnettes. De ces martyrs, le plus célèbre est Sauveur, officier municipal de La Roche-Bernard, disons mieux, La Roche-*Sauveur*. Elle eût dû conserver ce nom.

Cette ville, qui est le passage entre Nantes et Vannes, fut attaquée le 16 par un rassemblement immense d'environ six mille paysans. Elle avait à peine quelques hommes armés ; il fallut se rendre, et les furieux, sous prétexte d'un fusil parti en l'air, égorgèrent tout d'abord vingt-deux personnes sur la place. Ils fondent sur la Maison de Ville, et trouvent le procureur-syndic, Sauveur, *magistrat intrépide*, qui n'avait pas quitté son poste. On le saisit, on le traîne. Mis au cachot, il en est tiré le lendemain pour être barbarement massacré. Il essuya je ne sais combien de coups d'armes de toute espèce, surtout de coups de pistolet ; on tirait à petits plombs. On voulait lui faire crier : « Vive le Roi ! » Il criait : « Vive la République ! » De fureur, on lui tirait des coups à poudre dans la bouche. On le traîna au calvaire pour faire amende honorable. Il leva les yeux au ciel, adora, mais en même temps cria : « Vive la nation ! » Alors, on lui fit sauter l'œil gauche d'un coup de pistolet. On le poussa un peu plus loin. Mutilé, sanglant, il restait debout, les mains jointes, regardant le ciel. « Recommande ton âme ! » crient les assassins. On l'abat d'un coup de feu. Il tombe, mais se relève, serrant et baisant encore sa médaille de magistrat. Nouveau coup de feu ; il tombe sur un genou, se traîne jusqu'au bord d'un fossé, dans une tranquillité stoïque ;

pas une plainte, pas un cri de colère ni de désespoir. C'est ce qui portait au comble la rage de ces furieux. Il ne disait que ces mots : « Mes amis, achevez-moi!... » et « Vive la République!... Ne me faites pas languir, mes amis... Vive la nation! » Il confessa sa foi jusqu'au bout; on ne lui imposa silence qu'en l'assommant et l'écrasant à coups de crosse de fusil.

Sauveur n'a pas un article dans les biographies. La Convention avait donné son nom à sa ville. Bonaparte l'a ôté. Les préfets de Bonaparte ont écrit des livres à la gloire des Vendéens... France ingrate, France oublieuse, qui n'honores que ceux qui t'écrasent, et n'as pas un souvenir pour ceux qui moururent pour toi!

Une différence essentielle que nous avons signalée entre la violence révolutionnaire et celle de ces fanatiques animés des fureurs des prêtres, c'est que la première, en tuant, ne voulait rien autre chose qu'être quitte de l'ennemi. L'autre, fidèle à l'esprit de la férocité sacrée des temps de l'Inquisition, voulait moins tuer que faire souffrir, faire expier, tirer de l'homme (pauvre créature finie) d'infinies douleurs, de quoi venger Dieu!

Lisez les doucereuses idylles des écrivains royalistes, vous serez tentés de croire que les insurgés ont été des saints, qu'à la longue seulement, forcés par les barbaries des républicains, ils ont exercé des vengeances et tiré des représailles. Qu'ils nous disent quelles représailles on avait à exercer sur les gens de Pontivy, lorsque, au 12 ou 13 mars, les paysans, conduits par un curé réfractaire, martyrisèrent sur la place dix-sept Gardes nationaux. Étaient-ce des représailles qu'on exerçait à Machecoul, pendant six semaines, sous l'autorité régulière du Comité royaliste ? Un receveur des gabelles, Souchu, qui le présidait, remplit et vida quatre fois les prisons de la ville. La foule avait, on l'a vu, tué par jeu d'abord, dans sa brutalité joyeuse. Souchu mit ordre à cela ; il eut soin que les exécutions fussent longues et douloureuses. Comme bourreaux, il aimait surtout les enfants, parce que leurs mains maladroites faisaient plus longtemps souffrir. Des hommes très durs, marins, militaires, ne purent voir ces choses sans indignation et voulurent y mettre obstacle. Le Comité royaliste fit alors ses coups de nuit ; on ne fusillait plus, on assommait, et l'on recouvrait à la hâte les mourants de terre.

Selon les rapports authentiques faits à la Convention, cinq cent quarante-deux personnes périrent en un mois, et de quelle mort !... Ne trouvant presque plus d'hommes à tuer, on allait passer aux femmes. Beaucoup étaient républicaines, peu dociles aux prêtres, qui leur en gardaient rancune. Un miracle affreux se fit. Il y avait dans une église la tombe de je ne sais quelle sainte en réputation. On la consulta. Un prêtre dit la messe sur la tombe, y posa les mains... Voilà que la pierre remue... « Je la sens, criait le prêtre, je la sens qui se soulève... » Et pourquoi se levait-elle ? Pour demander un sacrifice agréable à Dieu, qu'on ne ménageât plus les femmes, qu'on les égorgeât... Fort heureusement, les républicains arrivèrent, la Garde nationale de Nantes. « Hélas ! leur disaient les gens de la ville qui venaient à eux en pleurant et qui leur serraient les mains, hélas ! vous venez trop tard ! Vous venez sauver les murailles... La ville est exterminée... » Et ils leur montraient la place des hommes enterrés vifs. On voyait avec horreur sortir une main crispée qui, dans l'effroyable angoisse de l'étouffement, avait saisi et tordait des herbes flétries.

« Tout cela, répondent-ils, est de la Bretagne ou du Marais vendéen. Mais les hommes du Bocage..., quelle piété ! quelle pureté !... » Nous regrettons que les actes et les pièces authentiques dérangent la belle économie d'une si poétique légende. Le témoignage positif qu'on en tire, dès le premier jour, c'est que la dévotion même des gens du Bocage les rendit faciles à verser le sang. Ces braves gens étaient si sûrs de la vie à venir, que la mort leur semblait chose indifférente ; ils la recevaient sans terreur, la prodiguaient sans scrupule. Confessés, absous, repentants, mis en bon état de conscience, les patriotes leur semblaient pouvoir sans difficulté sortir de cette vallée de larmes pour aller en paradis.

Les curés constitutionnels, qui sans doute avaient

à expier davantage, ne passaient à l'autre monde qu'à travers d'affreuses tortures. Les colonnes de Cathelineau, le 16 et le 17 mars, en poussaient deux devant elles en les lardant de coups de piques; on ne sait combien d'heures (ou de jours) dura ce supplice.

Il fallut les plus grands efforts pour empêcher les paysans d'égorger indistinctement les prisonniers de Montaigu. Les nobles s'y employèrent avec beaucoup d'humanité et de courage. Pour les prisonniers de Cholet, il n'y eut aucun moyen de les sauver. Ils furent immolés, littéralement, en sacrifice, dans la semaine de Pâques, en partie le jeudi saint. Ce jour-là, on en tua six, jeunes gens de Montpellier, qui tenaient des maisons de commerce à Cholet. On les lia un à un à l'arbre de la Liberté, pour fusiller l'arbre avec eux.

Ces paysans, sans nul doute, étaient braves autant que fanatiques. Leur audace, la décision vigoureuse avec laquelle des masses si mal armées se jetèrent sur les canons, est chose acquise à l'Histoire. C'est une glorieuse légende pour la France, et l'on n'y doit pas toucher. Ce n'est pas nous qui, par de vaines chicanes, essayerons de diminuer ce qui peut faire honneur à la valeur nationale. Il faut convenir, toutefois, que, depuis qu'on a publié dans les *histoires militaires* le chiffre exact des troupes qui furent opposées aux Vendéens, le miracle surprend moins. Il reste de quoi admirer, toutefois dans les limites du raisonnable et du possible.

Des hommes d'un froid courage comme était Cathelineau, d'un sens militaire très vif et très juste comme était Charette, ne se seraient nullement lancés dans la gigantesque entreprise de faire la guerre à la France, si la chose n'eût été vraiment possible en ce moment, si l'on n'eût pu compter que sur des hasards, des miracles, de merveilleux coups d'en haut.

Toute la Basse-Vendée, toute la côte de Nantes à La Rochelle, *étaient gardées par deux mille hommes,* divisés entre neuf petites villes. Ces deux mille hommes étaient cinq bataillons de Ligne, très incomplets, des dépôts composés des hommes les moins valides, que l'on n'avait pas trouvés en état de marcher à la frontière.

Qui gardait la Haute-Vendée ? *Personne, exactement personne.*

Il n'y avait point de troupes à Saumur, point à Angers, sauf un corps de jeunes gens qu'on formait à la cavalerie et qui devait faire le service de dragons. On en envoya une centaine à Cholet, quand elle fut menacée par les insurgés.

Le pays se gardait lui-même. Les villes avaient aux frontières l'élite de leur jeunesse. Leurs meilleurs hommes étaient à Mayence ou en Belgique. Elles n'avaient ni troupes, ni armes, ni munitions.

On pourrait soutenir, d'ailleurs, que dans ce

pays il n'est point de ville. Sauf Cholet, Luçon, Fontenay, Les Sables-d'Olonne, qui sont de bien petites villes, tout le reste ne peut s'appeler ainsi. Toute la population est dans la campagne. D'énormes masses rurales furent lancées sur des bourgades sans défense.

On forma à la hâte des bataillons de Gardes nationales, et chaque bataillon prit le nom d'armée. Il y eut l'armée de Saint-Lambert, l'armée de Doué, celles de Bressuire, de Parthenay, Niort, Fontenay, Luçon, etc., je ne sais combien d'armées, et point de soldats.

Tout le monde était général ou officier supérieur. Les militaires émérites, sexagénaires, septuagénaires, qui restaient dans le pays, furent les généraux : le vieux Verteuil, le vieux Marcé, le vieux Wittinghof. Tous les autres officiers (négociants, rentiers, médecins) n'avaient jamais vu la guerre, jamais touché d'armes.

Les municipalités mettaient *en réquisition* quelques Gardes nationales, population citadine de petits marchands, épiciers, bonnetiers, etc., qui ne savaient point charger un fusil. Le paysan, au contraire, était grand chasseur, appelé souvent aux chasses par les seigneurs mêmes (dit madame de La Rochejaquelein); depuis 89, d'ailleurs, il chassait tout seul, sans autorisation, et fort librement.

Les Gardes nationaux, pères de famille, quittant à regret leurs boutiques, leurs enfants, leurs femmes éplorées, regardaient sans cesse vers la maison et l'heureux moment du retour. Devant l'ennemi surtout, la nostalgie leur venait. Au feu, ils se trouvaient avoir bien moins de bras que de jambes.

Les retenir quinze jours loin de leurs maisons, c'était tout ce qu'on pouvait faire. Les municipalités n'osaient leur demander davantage. Ainsi, ils changeaient sans cesse. A peine commençaient-ils à savoir manier une arme, qu'ils partaient; d'autres venaient tremblants et novices.

Voilà ce que nous lisons dans les aveux désespérés que faisaient les militaires aux autorités, et qui, heureusement pour l'Histoire, nous ont été conservés. On ne comprendrait pas autrement comment les mêmes pays se sont trouvés tout à la fois les plus vaillants et les plus lâches de la République. N'est-ce pas des mêmes contrées qui fournissaient ces fuyards, invariablement battus, que sortirent tant d'admirables légions républicaines, spécialement celle de Beaurepaire, l'immortel Bataillon de Maine-et-Loire?

En réalité, les premières forces organisées qui parurent dans la Vendée n'arrivèrent qu'à la fin de mai. Le pays était insurgé depuis à peu près trois mois.

Le seul combat sérieux qu'il y eut en mars eut lieu le 19, dans la Basse-Vendée, entre Chantonay et Saint-Vincent.

Un certain Gaston Bourdic, perruquier breton

(les perruquiers, on l'a vu, étaient la fleur du royalisme), avait entraîné une cinquantaine de jeunes gens qui ne voulaient pas partir. Ils traversèrent la Basse-Vendée, et sur la route toute la foule des campagnes se mit avec eux. La masse, grossissant toujours, enleva un poste. L'officier fut tué ; Gaston endossa son habit, et, sans autre formalité, se fit général. Le 15 mars, il attaqua Chantonay et s'en empara.

Au premier moment, on crut, et les représentants Carra et Niou écrivirent, que le généralissime de la Vendée était le perruquier Gaston. On le crut à la Convention, on le répéta dans toute l'Europe. Tant cette guerre et ce pays étaient peu connus ! Dans la réalité, il y avait vingt chefs, tous indépendants. Les plus considérables toutefois dans ces parages étaient MM. de Royrand et Sapinaud, deux officiers nobles que les paysans avaient forcés de prendre le commandement. Gaston, très probablement, se rallia à eux, et leurs forces combinées se trouvèrent le 19 en face du vieux général Marcé, qui, sans consulter son âge, était parti de La Rochelle avec cinq cents hommes de Ligne, auxquels se joignirent sur la route beaucoup de Gardes nationaux. Marcé eut son cheval blessé, ses habits et ceux de ses fils tout percés de balles. Mais il resta presque seul. Une partie de sa troupe s'enfuit et entraîna tout.

Qui empêchait l'insurrection d'être maîtresse

absolue du pays? Rien dans la Haute-Vendée, absolument rien. Dans la Basse, un brave officier, le général Boulard, se maintint toujours avec peu de forces, appuyé tantôt de vaillantes Gardes nationales du Finistère, tantôt de celles de Bordeaux. Celles-ci avaient montré un patriotisme héroïque. Partis de Bordeaux, à la première nouvelle de l'insurrection, sans se reposer d'un si long trajet, les bataillons de la Gironde attaquèrent partout les Vendéens à la baïonnette, et rien jamais ne tint devant eux. C'étaient pourtant, la plupart, des négociants que rappelaient leurs affaires; ils étaient partis pour quinze jours et restèrent trois mois. Il fallut bien, à la longue, les laisser partir, comme ceux du Finistère, que d'autres dangers rappelaient chez eux.

Toutes les administrations, en détresse, criaient au secours. De Nantes, d'Angers, des Sables, de toutes les villes, le ministre de la Guerre recevait lettres sur lettres, les prières du désespoir. A peine répondait-il. Le général Labourdonnaie, qui avait le commandement général des côtes, alla jusqu'à accuser le ministre auprès de la Convention. Celui-ci, forcé de répondre, écrivait au général : « Mais que voulez-vous que je fasse? Comment vous envoyer des troupes? Comment puis-je ôter un homme à Custine qui bat en retraite? Comment affaiblir Dumouriez?... Je vous enverrai cinq cents hommes, les Vainqueurs de la Bastille. »

Triste aveu, secours dérisoire. Les patriotes de l'Ouest étaient perdus certainement, s'ils ne se sauvaient eux-mêmes. Leur élan fut admirable (spécialement dans plusieurs villes de Bretagne), au niveau du fanatisme des Chouans, des Vendéens. Elles donnaient toutes au delà de leur contingent. Dol devait 16 hommes, et elle en fournit 34; les autres, à proportion. Les sacrifices de Nantes furent illimités. Coupée de toutes parts et sans communications, devenue une île au milieu d'une mer de troubles, d'incendies, d'assassinats, voyant les feux s'élever de quatre départements, elle prit dans son péril même une vigueur prodigieuse. Elle s'organisa un gouvernement, leva des armées, lança ses vaillantes colonnes par toute la Loire-Inférieure, parfois au delà.

Le 13 mars, tous les corps constitués de la Ville s'unirent en un seul, formèrent un corps souverain. Ils mirent les caisses publiques au château de Nantes, créèrent des Cours martiales pour suivre les colonnes armées et juger sur les lieux les rebelles pris les armes à la main; ils organisèrent dans la ville un Tribunal extraordinaire, sans *appel*, et, pour avertir les royalistes que le moindre mouvement dans les villes serait puni de mort, ils ordonnèrent que d'avance on dressât une guillotine.

Ce qui remplissait Nantes et toutes les villes de l'Ouest d'une mystérieuse terreur, c'est que l'insurrection était anonyme ; elle n'avait pour chef aucun homme connu. On ne savait rien d'abord, ni les hommes, ni les faits, ni les causes.

Sauf MM. de Sapinaud et de Royrand, sur un point de la Vendée centrale, il n'y avait encore aucun général noble. Sapinaud lui-même arma malgré lui, forcé par les gens du pays. « Mes amis, leur disait-il, vous allez être écrasés. Un département contre quatre-vingt-deux, c'est le pot de terre contre le pot de fer... Croyez-moi, rentrez chez vous. » Charette et M. de Bonchamp firent aussi cette réponse. Ils prirent les armes pourtant, ainsi que M. d'Elbée, et furent malgré eux commandants de petites bandes du voisinage, mais nullement généraux.

Le perruquier Gaston était le seul général connu dans la Basse-Vendée, Cathelineau et Stofflet dans la Haute.

Nous avons là-dessus un témoignage authentique : l'interrogatoire que subit, le 27 mars, le frère de Cathelineau, qu'on avait fait prisonnier. On lui demanda : « *Quels étaient les chefs ?* » et il répondit : « Stofflet et Cathelineau. » — Puis : « *S'il y avait* des nobles dans l'armée ? » Il répondit : « *Il y a* M. d'Elbée, et un autre dont je ne sais pas le nom. »

On lui demanda encore s'il y avait d'autres personnes connues : « Oui, » dit-il, et il nomma des *sergers* et marchands d'étoffes de Jallais et de Beaupréau.

Caractère vraiment formidable de cette guerre intérieure ! La France, attaquée de l'Europe, trouvait en elle un ennemi qu'elle ne pouvait définir. *C'était personne et tout le monde,* un monstre informe et sans nom.

CHAPITRE VI

TRAHISON DE DUMOURIEZ

(MARS-AVRIL 93)

Unanimité de la Convention contre la Vendée. — Grandes mesures sociales. — Dumouriez était mal avec tous les partis. — Il n'avait de rapport intime qu'avec les orléanistes. — Lettre insolente de Dumouriez à la Convention, 12 mars. — Danton demande que l'on cache la lettre. — Dumouriez hasarde la bataille de Neerwinde, 18 mars. — Ses dispositions au profit des orléanistes. — Miranda est écrasé. — Dumouriez rejette la défaite sur Miranda. — Arrangement de Dumouriez avec les Autrichiens. — Danger de Danton. — Danton suspect de complicité avec Dumouriez. — Danton accusé par la Gironde, 1ᵉʳ avril 93. — Sa furieuse récrimination. — La Convention abdique son inviolabilité. — Dumouriez arrête les commissaires de la Convention. — Il passe à l'ennemi.

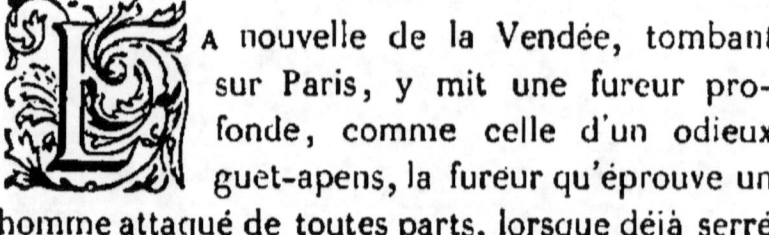

A nouvelle de la Vendée, tombant sur Paris, y mit une fureur profonde, comme celle d'un odieux guet-apens, la fureur qu'éprouve un homme attaqué de toutes parts, lorsque déjà serré à la gorge par deux autres, il sent derrière un troisième qui lui plonge le couteau.

C'était pour la seconde fois qu'au moment de l'invasion des ennemis, au jour même où la nouvelle pouvait arriver dans l'Ouest, éclatait à l'intérieur l'invasion des brigands.

Nos lignes forcées sur la Meuse, notre armée du Rhin en pleine retraite, Custine laissant la moitié de son armée dans Mayence et venant se réfugier sous le canon de Landau! Voilà ce qu'on savait de l'Est. Nous reculions de toutes parts. Par l'Est comme par le Nord, elle pesait sur nous maintenant, cette grande et lourde Allemagne; elle semblait nous retomber de la masse irrésistible de ses quarante millions d'hommes. La France, succombant sous le poids, appuyait sur le Centre, à l'Ouest, sur quoi? Sur la guerre civile, sur la ruine et sur la mort.

Il ne faut pas s'étonner si, dans de telles circonstances, personne ne songea à poursuivre sérieusement les auteurs du mouvement du 10 mars. On ne voulut voir en eux que de violents patriotes, qui avaient suivi trop aveuglément une fureur, après tout, légitime, contre les endormeurs coupables de la Presse girondine. Tout ce que celle-ci avait atténué, nié, était trop réel et se vérifiait jour par jour. Comment d'ailleurs la Convention eût-elle pu rendre justice à la Gironde? Celle-ci, au lieu de préciser ses accusations, de nommer tel individu, y englobait des corps entiers, et la

Montagne, et la Commune, et les Jacobins, tout le monde.

La nouvelle de l'Ouest sembla un moment réconcilier la Convention. Elle fut unanime contre les assassins de la France.

La Gironde demanda que les insurgés bretons fussent envoyés au Tribunal révolutionnaire. Le breton Lanjuinais, dans sa loyale indignation contre les traîtres, voulait de plus que l'on confisquât les biens de ceux qui auraient été tués.

L'incendie de la Vendée, qui gagnait si vite, demandait des remèdes encore plus rapides. Cambacérès proposa la Justice militaire. On donnait huit jours aux nobles et aux prêtres pour sortir du territoire, après quoi ceux que l'on prendrait seraient (comme les meurtriers, incendiaires, instigateurs de révolte) mis à mort dans les vingt-quatre heures, les biens des morts confisqués, toutefois en pourvoyant à la subsistance des familles (19 mars).

Parmi ces nécessités de Justice révolutionnaire, la Convention sanctionna de grandes mesures sociales, pour rassurer la nation, calmer les craintes des propriétaires, donner bon espoir aux pauvres. Ce fut le Comité de Défense qui les proposa; nulle défense plus sûre en effet que d'intéresser toutes les classes au salut de la patrie. 1° *La propriété fut garantie*, la mort décrétée pour qui proposerait des lois agraires; 2° mais la propriété (territoriale ou industrielle) *devait supporter l'impôt progressif*.

Pour d'autres lois populaires, la Convention demanda un *rapport*, par exemple, pour le partage des biens communaux.

Un espoir restait à la France dans sa situation terrible, c'était que le général heureux, l'homme de Valmy et de Jemmapes, Dumouriez, viendrait la sauver. — Il revint, mais ennemi !...

Le jour même où l'on apprend l'explosion de la Vendée, une lettre de Dumouriez arrive, lettre insolente et méprisante, qui défie la Convention, et que l'on aurait crue de Brunswick ou de Cobourg.

Il était parti ennemi en janvier, et la trahison dans le cœur. Lui-même il dit que dès lors il était décidé à émigrer. De là, son intrigue avec les agents hollandais, anglais, son audacieuse tentative de se porter médiateur, de régler avec l'étranger les affaires de la France, intrigue déjouée fort à propos par la mesure sage et forte de la Gironde de faire déclarer la guerre à l'Angleterre, sans faire la moindre attention aux beaux discours de Dumouriez.

La coalition vit alors ce qui était vrai, c'est qu'il n'avait aucun crédit en France, que personne ne se fiait à lui. On l'acceptait, on le soutenait, comme un aventurier habile et heureux ; voilà tout. Il l'avoue dans ses *Mémoires :* « Je n'avais, dit-il, personne pour moi dans la Convention. »

Il était brouillé avec tous les partis :

Mal avec les Girondins, qui lui donnaient ce soufflet de la déclaration de guerre à l'Angleterre ;

Mal avec les Jacobins, qui le croyaient royaliste, et avec raison ;

Mal avec les royalistes, à qui il avait fait croire qu'il pourrait sauver le Roi ;

Il n'était même pas bien avec Danton et ses amis, qui par deux fois proposèrent *la réunion de la Belgique à la France*, la mesure qui renversait tous les plans de Dumouriez.

Il ne lui restait nulle liaison sérieuse qu'avec les orléanistes.

Leur fortune était justement la même. Ils avaient cela de commun, qu'eux et lui, ils étaient perdus, s'ils ne faisaient quelque tentative audacieuse et désespérée.

Libre aux orléanistes de nier l'évidence. Libre à Dumouriez de mentir dans ses Mémoires, écrits pour l'émigration, et de dire qu'il ne songeait qu'au rétablissement de la branche aînée.

Dumouriez avait trop d'esprit pour croire que les émigrés eussent jamais pardonné leur retraite de Valmy. Il voulait un roi, sans nul doute, mais non de la branche aînée.

Les Orléans se sentaient délaissés de la Montagne.

Elle haïssait Égalité, qui lui nuisait par sa présence, donnait prise aux Girondins. Ce buste mort d'un Bourbon qu'elle voyait sur ses bancs, cette muette effigie qui n'avait desserré les dents que pour la mort de Louis XVI, lui était odieuse, importune. Un pressentiment de haine disait aux loyaux Montagnards qu'il y avait là, contre la République, un *en-cas* royal, une royauté possible, et la pire : la royauté de l'argent.

« Dumouriez ne pensait pas au jeune duc d'Orléans. » Sans doute ; sans y penser, il s'arrangea, dans chacune de ses batailles, pour le faire valoir, lui donner le plus beau rôle.

« Il ne pensait point à la maison d'Orléans. » Et on le voit entouré de généraux orléanistes ; son bras droit était Valence, gendre de madame de Genlis, quasi frère du jeune Orléans.

Qui proposa-t-il à Charette, après Quiberon, lorsque le comte d'Artois, déshonoré, semblait rendre la branche aînée décidément impossible ? Orléans. — On sait la réponse énergique et méprisante que lui fit le Vendéen. Il aima mieux la République et deux balles dans la tête.

Nous croyons d'après tout ceci que, dès janvier 93, Orléans et Dumouriez, c'étaient la même personne. Compromis sans retour avec les royalistes, suspects à la Révolution, ils n'avaient qu'un salut possible et qu'une chance : se faire rois eux-mêmes.

Cela était difficile. Était-ce impossible ? Dumouriez ne le croyait pas.

L'armée aimait Dumouriez ; les troupes de

Ligne, du moins, lui étaient fort attachées. Elles avaient de l'estime et de la sympathie pour leur jeune compagnon d'armes, *le général Égalité*, qui se faisait comme des leurs, était moins leur chef que leur protégé. Sa royauté eût été celle de l'armée elle-même.

Les puissances auraient-elles vu cet arrangement avec peine? Elles n'avaient pas montré grande sensibilité pour le sort de la branche aînée. L'Angleterre se fût reconnue, eût retrouvé sa propre Histoire et ses enseignements dans l'élévation d'une branche cadette. N'a-t-elle pas professé le grand axiome : « Le meilleur roi est celui qui a le plus mauvais titre ? »

Et la France, qu'aurait-elle dit? Elle était déjà bien lasse. Bien des classes, les riches surtout, eussent accepté, les yeux fermés, un compromis, quel qu'il fût. Le prétendant eût montré les deux faces de Janus : *un roi* à droite, mais à gauche un roi *de sang régicide.*

Il fût arrivé, ce jeune homme, au nom de l'humanité, au nom de l'ordre et des Lois. « Assez de sang ! » eût-il dit. Mot magique, mot infaillible, qu'on lui eût payé en bénédictions. A chaque âge de la Révolution, quelqu'un essaya de le dire. Qui l'aurait dit, sans en mourir, était bien sûr de régner. Danton l'essaya, périt. Robespierre y pensait, sans doute, avant le 9 Thermidor ; la chance qu'il attendait pour être maître absolu, c'était de pouvoir un matin guillotiner la guillotine.

Dans son séjour de janvier à Paris, Dumouriez vit le duc d'Orléans. Quels furent leurs arrangements, leurs projets? On ne le sait, et l'on n'a aucun besoin de le savoir.

Il suffit d'avoir prouvé que l'un et l'autre étaient perdus, qu'ils ne pouvaient se sauver que par cette voie très étroite, sans avoir la moindre échappée ni à droite ni à gauche.

Seulement, pour négocier, pour trahir, pour faire un roi, il fallait d'abord constater sa force. Il fallait imposer et à la Coalition et à la France par quelque heureux coup. De là, les tentatives hasardeuses, presque insensées, que Dumouriez risqua, d'abord d'enlever la Hollande, puis, l'ennemi lui venant derrière, de se retourner, de hasarder la bataille de Neerwinde.

Suspendu ainsi entre la Coalition et la France, n'ayant en main que la Belgique, qui lui était disputée par l'influence révolutionnaire, Dumouriez se fit Belge, en quelque sorte, prit les intérêts des Belges; il écrivit pour eux un violent manifeste, sous forme de lettre à la Convention. Il écrivit, le 12, à Louvain, et il eut soin d'en faire courir des copies.

C'était l'acte d'accusation de la Convention et de la France. Tout ce que disait l'ennemi contre nous était proclamé ici par une bouche française, par notre général même. Comme l'Autrichien, il disait que la demande de *la réunion à la France* n'avait été obtenue des Belges, arrachée, qu'à coups de fusil. Comme la Banque, il disait que Cambon n'avait voulu que ruiner la Belgique, absorber son or, pour des assignats. Comme les prêtres, il se lamentait sur l'argenterie des églises, enlevée pour les frais de la guerre, la violation des tabernacles, l'effusion des hosties répandues à terre... Dans ce pieux *manifeste*, fort bien combiné pour les Belges, le roué montrait dans nos revers une punition de nos crimes : « De tout temps, il y a eu une récompense des vertus et une punition des vices, » etc., etc. A ce compte, il ne fallait pas se battre; c'était tenter la Providence. Le bâton du caporal autrichien était la verge de Dieu.

Cette perfide capucinade arriva le 14 au soir. Le girondin Gensonné, qui présidait la Convention, fut terrifié, et crut d'abord devoir montrer la lettre au Comité de Défense générale. Bréard, président de ce Comité, Barère, le parleur ordinaire, dirent qu'on ne pouvait garder une lettre adressée à l'Assemblée, qu'il fallait la lui porter, lui demander l'accusation, l'arrestation de Dumouriez. C'était l'audace de la peur : cette mesure violente eût eu l'effet de rallier l'armée à son général; elle ne se doutait nullement de sa perfidie; elle l'aurait cru victime des factions, et très probablement elle l'aurait défendu. Cette armée loyale et reconnaissante, qui croyait lui devoir les victoires qu'elle avait gagnées, eut besoin, pour s'arracher de Dumouriez, de le voir

voir en rapport avec l'ennemi, que dis-je? de le voir entouré, escorté des Autrichiens, dans leurs rangs, au milieu des détestés manteaux blancs... Jusque-là, on ne pouvait rien. Ou, si les Volontaires obéissaient au décret et mettaient la main sur lui, la Ligne l'aurait défendu; on eût eu l'affreux spectacle d'une bataille entre l'armée et l'armée, sous les yeux des Autrichiens, qui eussent tombé sur les deux partis.

Un seul membre s'opposa à l'arrestation de Dumouriez, et ce fut Danton : « Que faites-vous? dit-il au Comité. Savez-vous bien que cet homme est l'idole de l'armée? Vous n'avez pas vu, comme moi, aux revues, ses soldats fanatiques lui baiser les mains, les bottes!... Au moins faudrait-il attendre qu'il eût opéré la retraite. Comment la ferait-on sans lui?... Il a perdu la tête, comme politique, mais non comme militaire... » Les Girondins du Comité avouèrent que Danton avait raison, que Dumouriez, après tout, était encore, dans cette crise, le seul général possible.

Danton voulait qu'avant tout on essayât de lui faire rétracter la lettre, qu'une Commission mixte des deux partis allât le trouver, dans laquelle il reconnût l'unanimité de la Convention : qu'on envoyât, par exemple, lui, Danton, pour la Montagne; et, pour la Gironde, Guadet, Gensonné. Ceux-ci déclinèrent la commission. Ils consentirent à garder quelques jours la lettre au Comité, responsabilité déjà assez grande. Mais pour la démarche hasardeuse d'aller conférer en Belgique avec un homme si suspect et si près de la révolte, ils la laissèrent à Danton, qui n'hésita pas et partit au moment même*.

La lettre de Dumouriez, terrible le 12, fut ridicule le 18. Dans sa précipitation, il perdit une grande bataille.

Il n'avait que trente-cinq mille hommes en ligne, et déjà désorganisés. L'ennemi en avait cinquante-deux mille, une armée réformée avec soin pendant l'hiver, tous d'anciens soldats, tandis qu'une bonne moitié de ceux de Dumouriez n'étaient que des volontaires. Miranda voulait qu'on *couvrît seulement Louvain, dans une position très forte.* Là, l'armée se serait raffermie un moment, recrutée de ce qu'elle eût tiré de France. Il est vrai que dès lors Dumouriez eût dépendu de la Convention, au lieu de lui faire la loi.

Il avança jusqu'à Neerwinde, et trouva les Autrichiens dans une position dominante, analogue à celle de Jemmapes, moins concentrée toutefois. Leur front s'étendait sur près de deux lieues. Dumouriez s'étendit de même ; mais, pour une armée plus faible, c'était s'éparpiller, laisser de vastes ouvertures ; les corps ne pouvaient guère manquer d'être isolés les uns des autres. Comme à Jemmapes, Dumouriez avait donné le centre à son pupille, le jeune Égalité ; son homme, le général Valence, avait la droite ; Miranda, la gauche.

De grandes difficultés naturelles séparaient

celui-ci de l'ennemi ; il lui fallait traverser un terrain coupé qui lui permettait peu de mouvoir librement ses troupes ; une artillerie formidable de batteries croisées le foudroyait des hauteurs. Ce qui suffirait pour faire croire que Miranda avait en tête la grande force de l'ennemi, c'est que cette droite autrichienne était commandée par le jeune prince Charles, fils de l'empereur Léopold, qui faisait la guerre pour la première fois. Quand on connaît l'histoire des guerres monarchiques, on peut affirmer hardiment qu'on mit le jeune prince au poste où une écrasante supériorité assurait d'avance que de ce côté les Français n'auraient jamais l'avantage.

Dumouriez fut-il instruit de la présence du prince en face de Miranda ? Nous l'ignorons. S'il la connut, son plan fut simple, le même à peu près qu'à Jemmapes. Miranda eut à Neerwinde le rôle de Dampierre à Jemmapes, le rôle d'être écrasé. L'affaire était arrangée pour la gloire des orléanistes ; Dumouriez ménageait à Valence l'honneur de frapper le grand coup. De même qu'à Jemmapes, Thouvenot, vainqueur, vint fortifier Égalité, et sauver enfin Dampierre, — Valence, vainqueur à Neerwinde, fût revenu au centre sur Égalité, et tous deux auraient sauvé ce qui restait de Miranda, s'il en restait quelque chose. Cette fois encore, le prétendant eût apparu vers la fin, comme un dieu sauveur, et

Dumouriez eût écrit que pour la seconde fois ce jeune homme avait sauvé la France.

Dans les deux camps, si nous ne nous trompons, l'idée fut justement la même : *assurer la gloire à un prince*. Dumouriez arrangeait la chose pour le duc d'Orléans ; Cobourg, pour le prince Charles. Celui-ci eut en effet l'honneur de l'affaire, et commença à vingt ans sa réputation de premier général de l'Empire.

Le récit de Dumouriez, parfaitement calculé pour obscurcir tout ceci, a été accepté sans débat par Jomini ; tous ont copié Jomini. Il n'en a pas moins été démenti, ce récit, détruit et pulvérisé : 1° par les ordres écrits que Dumouriez donna lui-même ; 2° par Miranda, un honnête homme, dont la parole vaut beaucoup mieux que la sienne ; 3° par un témoin à coup sûr impartial, le général des Autrichiens, Cobourg, qui dans son récit s'accorde avec Miranda. C'est avec raison que Servan et Grimoard, les meilleurs juges des guerres de ce temps, ont préféré le récit conséquent de Miranda à celui de Dumouriez, insoutenable et contradictoire, qui se trompe (volontairement) sur les nombres, les heures, les lieux, les choses et les personnes.

Dumouriez prétend que sa droite garda l'avantage, que Neerwinde, pris et repris, lui resta le soir. Cobourg affirme le contraire. Ce qui est sûr, c'est qu'à la gauche Miranda fut écrasé. Il perdit près de deux mille hommes dans des attaques obstinées qui durèrent sept heures. Le prince Charles eut enfin l'avantage définitif; ses grenadiers avancèrent, et, par une chaussée, firent mine de couper nos volontaires, qui reculèrent en désordre. Il n'y eut plus moyen de les retenir.

Ici s'ouvre un débat entre Dumouriez et Miranda. « Miranda devait m'avertir, » dit le premier. Miranda affirme qu'il l'a averti. Il a prouvé, par témoins, au Tribunal révolutionnaire, qu'il a envoyé en effet un exprès au général. Ce message peut-être n'est pas arrivé. Mais fallait-il un message? Dumouriez entendait fort bien que le feu avait cessé. S'il eût été, comme il le dit, maître de Neerwinde et vainqueur à droite, il aurait pu se porter au secours de cette gauche dont les feux éteints ne s'entendaient plus. Mais il n'avait pas Neerwinde. Il fut trop heureux de trouver Miranda pour rejeter sur lui la perte de la bataille. Elle était perdue à gauche, mais n'était point gagnée à droite.

Miranda, que Dumouriez accuse « d'avoir perdu l'esprit, » couvrit vaillamment la retraite, et le 22, à Pellenberg, soutint tout un jour l'effort d'un ennemi énormément supérieur.

Dumouriez, dans cette retraite, rencontra Danton, qui venait lui demander la rétractation de sa lettre. Il ne la rétracta pas; seulement il écrivit en deux lignes : « Qu'il priait la Convention d'attendre qu'il pût expliquer sa lettre. » Danton repartait à peine, que Dumouriez fit un arrangement avec le colonel Mack, envoyé des Autrichiens. Lui-même, sous prétexte d'échanger des prisonniers, l'avait fait venir. On convint que la retraite des Français ne serait point troublée, qu'ils reculeraient à leur aise sans se battre, et qu'ainsi l'Autriche recouvrerait, sans coup férir, tous les Pays-Bas (22 mars).

Il faut l'entendre lui-même exposer sa turpitude. On voit que les Autrichiens ne daignèrent lui donner aucun écrit. Il ne traita qu'avec Mack, et verbalement. De cette façon, il s'engageait, et n'engageait pas Cobourg. Les Autrichiens ont avoué (à La Fayette) qu'on amusa Dumouriez de quelque espoir de permettre un roi constitutionnel, mais que, n'ayant rien écrit, l'on n'eût rien tenu.

Mack et Dumouriez, réunis en conférence avec le duc d'Orléans et les orléanistes Valence, Thouvenot et Montjoie, convinrent : *Que les Impériaux agiraient comme auxiliaires de Dumouriez; qu'il marcherait vers Paris;* que s'il n'y pouvait rétablir la royauté constitutionnelle, *il les appellerait à lui et deviendrait leur général;* que, non content d'évacuer la Belgique sans combat, *il leur donnerait en France une place de garantie, Condé;* une place pour commencer; *les autres places,* que les Impériaux pourraient occuper plus tard, dans leur croisade pour nos libertés constitutionnelles, *recevraient des garnisons mixtes* d'Autrichiens et de Français.

Un point manque dans ce traité : Quel serait ce roi constitutionnel? — L'enfant prisonnier au Temple, ou le duc d'Orléans, qui menait si obligeamment les Autrichiens à Paris?

Danton était parti le 16; il revint à Paris le 29, à huit heures du soir. Dans ce temps si court, tout avait changé. Personne ou presque personne n'osait plus révoquer en doute la trahison de Dumouriez. Nulle preuve cependant n'était survenue; sa *convention* du 22 avec Mack n'était pas connue encore. Et néanmoins le bon sens public, je ne sais quelle voix intérieure, disait à tous : « Il trahit. »

Danton se donna une nuit pour bien savoir l'opinion, n'alla ni à la Convention ni au Comité. Son rôle de messager auprès d'un homme si suspect était un péril immense. Il avait conseillé le message, il l'avait porté. Danton avait conseillé d'envoyer Danton. Il avait fait prévaloir dans le Comité l'avis hasardeux de céler une lettre si importante, adressée à l'Assemblée. N'était-ce pas là un cas de *haute trahison?* Il avait joué sa tête. Il était fort à craindre que ses complices eux-mêmes, les membres du Comité, compromis par lui, ne la demandassent pour sauver la leur.

Danton serait-il, en ce danger, ménagé par la Gironde? Cela était fort douteux. On ne pouvait faire aucun fond sur le parti de la Gironde, parce que ce n'était pas un parti. Le même jour, 1er avril, on louait encore Dumouriez dans le journal de Brissot ; et dans l'Assemblée, un autre Girondin, Lasource, dénonçait violemment Dumouriez et son complice Danton.

Les amis de Roland arrivaient exaspérés à la Convention, le 1ᵉʳ avril, au matin. Le Comité de Surveillance avait, pendant la nuit, en lançant des mandats d'arrêt contre Égalité père et fils, ordonné qu'on mît les scellés sur les papiers de Roland. Les amis de celui-ci crurent reconnaître en ceci la main de Danton, l'effort perfide d'un homme qui, se sentant enfoncer, appuyait sur eux, les noyait.

Se trompaient-ils? On ne le sait. Ce qui est sûr, c'est qu'au matin, Lasource salua Danton d'une foudroyante invective, d'une attaque à bout portant, dont, étourdi, effarouché, et terrassé presque, il n'eut d'autre défense que d'étrangler qui l'étranglait.

Lasource était un Cévenol, nature âpre, violente, amère. Le Languedoc protestant avait envoyé à la Convention plusieurs de ses pasteurs d'un tel caractère. Qui pouvait dire si Lasource était moins amer à la droite que Jean-Bon Saint-André n'était violent à la gauche? La contrée les faisait tels, l'Histoire aussi, les malheurs, les persécutions: Ils prêchaient à la Convention comme ils auraient fait dans la guerre des Cévennes, *au désert*, sous un rocher.

Lasource était très convaincu. Dans sa sombre imagination méridionale, il avait, comme Salles,

Louvet et autres esprits malades et romanesques, arrangé tout un poème des trahisons communes d'Orléans, Dumouriez, Danton, des Cordeliers, des Jacobins. Il le lança, ce poème, très habilement arrangé, entouré de vraisemblances qui pouvaient faire illusion. Il demanda une enquête sur le *complot tramé pour rétablir la royauté*, se plaignit de l'inaction du Tribunal révolutionnaire ; enfin, ne se fiant pas au Tribunal, il somma la Convention de faire jurer à ses membres l'engagement de poignarder quiconque essayerait de se faire dictateur ou roi... Le serment fut prêté à l'instant, aux applaudissements des tribunes .. Tout le monde regardait Danton.

Un Girondin ajouta qu'au Comité de Défense, Fabre, l'ami de Danton, avait dit qu'on ne pouvait sauver la France qu'en faisant un roi...

« Scélérats, s'écrie Danton, vous avez défendu le Roi, et vous nous imputez vos crimes ! »

« Au nom du *salut public*, dit Delmas, n'allons pas plus loin. L'explication qu'on provoque peut perdre la République. Il faut attendre l'enquête. »

Toute la Convention vota le silence. Danton semblait protégé, épargné ; il était perdu...

Il s'élance à la tribune, obtient de parler. Et tout d'abord, répondant à l'attaque qu'on n'avait pas faite, il adjura Cambon de témoigner de l'emploi des cent mille écus qu'on lui avait confiés dans ses missions de Belgique. Cambon témoigna que cet argent avait été strictement nécessaire, et couvrit Danton de sa probité.

Celui-ci, fortifié, reprit l'ascendant. Il reprocha à Lasource (qui, comme membre du Comité, savait parfaitement les choses) de n'avoir pas dit qu'en offrant d'aller trouver Dumouriez, lui Danton, il aurait voulu que Guadet et Gensonné y fussent envoyés aussi. Il montra que le système de Dumouriez était opposé au sien, Dumouriez voulant l'indépendance de la Belgique, et Danton ayant demandé qu'elle fût réunie à la France. Quant à la conduite à tenir avec Dumouriez, il insista habilement sur l'accord parfait de son *rapport* avec celui de Camus, dont la probité janséniste était connue et respectée.

Couvert de deux honnêtes gens, Camus et Cambon, Danton se jeta dans une récrimination furieuse contre la Gironde, paraissant s'associer aux haines de la Montagne, flattant son orgueil, avouant qu'elle avait mieux jugé que lui, et s'accusant de faiblesse... Un tel aveu d'un tel homme jeta les Montagnards dans une véritable ivresse, leur arracha les applaudissements les plus frénétiques... Danton, comme soulevé de terre, porté en triomphe, au moment même où il s'était cru perdu, oublia toute mesure : « Plus de trêve, s'écria-t-il, entre les patriotes qui ont voulu la mort du tyran, et les lâches qui, pour le sauver, nous ont calomniés dans la France ! » Parole étrange ! imprudente, quand tout le monde se souvenait de son insidieuse *proposition* du 9 janvier, qui eût fait le salut du Roi, *proposition* si mal reçue qu'elle n'eut qu'une voix dans l'Assemblée, celle du prudent Cambacérès !

« Je demande, dit-il en finissant, qu'on examine la conduite de ceux qui ont voulu sauver le tyran, de ceux qui ont machiné contre l'unité de la République... (Applaudissements.) Je me suis retranché dans la citadelle de la Raison, j'en sortirai avec le canon de la vérité, je pulvériserai les scélérats qui ont voulu m'accuser. »

La burlesque violence de ces dernières métaphores, parfaitement calculée pour le goût du temps, porta le succès au comble. Il descendit dans les bras des Montagnards hors d'eux-mêmes. Beaucoup l'embrassaient en pleurant.

« Oui, dit Marat, profitant de l'émotion commune, hâtons-nous d'examiner la conduite des membres de la Convention, des généraux, des ministres... »

Assentiment de la Gironde. « Marat a raison, s'écrie le girondin Biroteau, *plus d'inviolabilité.* »

La chose fut à l'instant votée. La Convention décida que, *sans égard à l'inviolabilité*, elle décréterait d'accusation ceux de ses membres qui seraient présumés complices des ennemis de la Liberté.

Déplorable résultat des fureurs des deux partis, du triste succès de Danton. Il avait cruellement dépassé sa politique ordinaire, sa pensée, ses sentiments.

« Plus de trêve ! plus de paix ! » dit-il au 1er avril. — Et dans la séance du 5, il va dire : « Rapprochons-nous... Rentrons dans la Fraternité. »

La tempête ne rentrera pas aux outres d'Éole ; elles sont crevées pour jamais. Danton emporté à l'orage, tout est emporté. Le même jour, au soir du 1er avril, le *Comité d'Insurrection* (les Varlet et les Fournier) avait entraîné la Commune ; ils demandaient, obtenaient que les armes fussent partagées entre les sections, et l'artillerie elle-même. Ainsi, la dernière autorité qui subsistât à Paris aurait désarmé, et livré les armes, à qui ? à tous, à personne, au hasard, au changement même... Les sections changeaient à chaque heure et de chefs et d'opinion.

Les Jacobins rendirent un service essentiel. Ils improuvèrent hautement ce Comité de l'anarchie. Marat, alors président des Jacobins, voyant entrer dans la salle un des hommes du Comité, demandait qu'on l'arrêtât.

Cela rendit courage à tous. Plusieurs sections se déclarèrent ; le corps électoral somma la Commune de désavouer le Comité insurrectionnel. Barère demanda à la Convention qu'on l'amenât à la barre. La Commune elle-même y vint renier, accuser, par la voix de Chaumette, les anarchistes auxquels elle avait cédé la veille.

Dans la même séance (3 avril), tout change, la foudre tombe... Dumouriez a arrêté les commissaires que lui avait envoyés la Convention. La chose est constatée, avouée par lui-même dans une lettre aux administrateurs du département du Nord. Et il voulait en effet les gagner et s'emparer de Lille!

Tout semblait perdu. Que faire, si l'armée suivait Dumouriez au crime comme à la victoire, si elle avait pu mettre la main sur les représentants du peuple? On le croyait, et en cela on faisait tort à l'armée. Divisée en corps isolés, elle ignorait généralement le crime du général. Pour l'arrestation des représentants, il avait suffi de quelques hussards.

Lille heureusement était en sûreté, sur ses gardes et en défense. Trois émissaires du ministre Lebrun, envoyés par lui pour connaître les intentions de Dumouriez, avaient averti au retour toutes les autorités de la frontière. Ces émissaires étaient des Jacobins connus, le premier surtout, Proly, ami de Dumouriez, fils naturel du prince de Kaunitz. Ils le virent deux ou trois fois à Tournai, chez le jeune Égalité, ou, pour parler exactement, chez madame de Genlis. Il n'était pas difficile de le faire parler.

Il était dans un désordre d'esprit singulier, étrange; non qu'il fût troublé de son crime; il l'était en réalité de voir qu'engagé aux Autrichiens, et leur cédant tout sans combat, il n'avait d'eux nul engagement, nulle parole écrite. Il appartenait déjà à l'étranger, à l'ennemi, et ne savait pas ce que ses maîtres feraient ou lui feraient faire.

Les trois envoyés du ministre ne purent en rien tirer de net, sinon de vaines bravades : qu'il allait marcher sur Paris, qu'il était assez fort pour se battre devant et derrière. Entre autres folies pareilles, il leur dit qu'il fallait un roi : « Peu importe qu'il s'appelle *Louis* ou *Jacobus*... » — « Ou *Philippus*, » dit Proly. Dumouriez s'emporta fort d'être indiscrètement deviné.

La Convention, pour sommer Dumouriez de comparaître à sa barre, avait choisi des hommes qui pouvaient le rassurer : le vieux constituant Camus; deux députés de la droite, Bancal et Quinette ; un seul Montagnard, Lamarque. Ils furent accompagnés du ministre de la Guerre, Beurnonville, ami personnel du général et qu'il nommait son élève. Ils avaient ordre de l'arrêter s'il refusait de venir. Commission périlleuse. Dumouriez était aimé. Certains corps lui restaient aveuglément dévoués. Ils commençaient cependant à s'étonner fort, le voyant si bien avec l'ennemi, jusqu'à mettre dans la main des Autrichiens (pour les mieux garder) des Français qu'il accusait de déclamer contre lui ou de vouloir l'assassiner.

Dumouriez ne refusa pas positivement d'obéir. Il voulait gagner du temps. Il lui en fallait pour s'assurer de Condé, et, s'il pouvait, de Lille. Les envoyés insistèrent. Camus, qui portait le décret, ne s'étonna nullement de l'aspect sombre et sinistre, des murmures menaçants par lesquels les traîneurs de sabre espéraient l'intimider. Le vieux janséniste, qu'on croyait à la Convention peu républicain, se montra dans cette grave circonstance très digne de la République qu'il représentait. Dumouriez énonçant un refus définitif : « Je vous suspends, lui dit Camus, je vous arrête, et je vais mettre le scellé sur vos papiers. » Il y avait là Égalité, Valence, quelques officiers, et les demoiselles Ferning dans leur habit de hussard. « Qui sont ces jeunes gens-là ? dit l'intrépide vieillard, jetant un regard sévère sur l'équivoque assemblée ; donnez, vous autres, tous vos portefeuilles. »

« C'est trop fort, dit Dumouriez ; mettons fin à tant d'impudence. » Et il dit en allemand : « Arrêtez ces hommes. » Il ne se fiait plus aux Français, et il avait fait venir une trentaine de hussards qui n'entendaient que l'allemand.

Cette démarche donnait sans retour Dumouriez aux Autrichiens. Il était à leur merci. Il n'avait que des paroles, des mots de Mack, rien de plus ; il n'avait pas vu Cobourg. Mais en eût-il été sûr, ce n'eût été rien encore. Cobourg dépendait du *congrès* de la Coalition qui se tenait à Anvers, occupé là à démembrer la France sur le papier. Il y envoya Valence, lequel toutefois n'alla pas plus loin que Bruxelles ; le *congrès* probablement lui fit dire d'attendre, ne voulant donner à Dumouriez rien de positif, mais seulement s'en servir, exploiter sa trahison.

Dumouriez avait promis plus qu'il ne pouvait tenir. Il voulait, le 4 au matin, prendre Cobourg et le mettre dans Condé. Il était à une demi-lieue, avec le duc d'Orléans ; il voit passer sur la route trois bataillons de volontaires, qui, sans ordre de leurs chefs, couraient se jeter dans la place, la fermer aux Autrichiens. Ainsi la France, trahie, se défendait elle-même. Il ordonna de rétrograder. Il est assailli par des cris, bientôt par des coups de fusil. Il échappe à travers champs ; on lui tue cinq ou six hommes ; à grand'peine, il trouve un bac ; il se jette aux Autrichiens.

Leur mannequin ordinaire, le colonel Mack, qu'on faisait parler toujours (pouvant le désavouer), écrivit la nuit avec Dumouriez une *proclamation* trompeuse où l'on faisait dire à Cobourg « qu'il ne venait pas en France pour faire des conquêtes, qu'il ne prendrait aucune place qu'en dépôt, et pour la restituer. » Dumouriez, qui n'était plus en situation de rien disputer, sacrifia dans cet acte son jeune prétendant ; il laissa les Autrichiens écrire autrement qu'ils n'avaient dit. Ils avaient dit, le 22 mars : « *Rétablissement d'une monarchie constitutionnelle,* » ce qui pouvait s'entendre du jeune d'Orléans aussi bien que du fils de Louis XVI. Mais, le 4 avril, ayant là Dumouriez rendu à discrétion, fugitif et sans ressources, ils écrivirent dans la proclamation : « *Rendre à la France son roi* constitutionnel. » Ceci ne pouvait s'entendre que du prétendant de la branche aînée.

Dumouriez, déterminé à périr s'il le fallait pour se relever, étonna fort son ami Mack, en lui disant le matin qu'il allait retourner au camp français, voir encore ce qu'il avait à attendre de l'armée. Mack pâlit de tant d'audace, et ne le laissa pas partir sans lui donner pour escorte quelques dragons autrichiens. C'est ce qui perdit Dumouriez. Quelques hommes ne servaient de rien pour le protéger; ils servaient à l'accuser, à rendre sa trahison visible et palpable.

Il aurait eu, sans cela, beaucoup de chances pour lui. L'armée avait été émue, indignée, de la tentative des volontaires contre Dumouriez; elle l'appelait un guet-apens. Quand elle le vit reparaître, elle fut toute joyeuse de le voir en vie. La sensibilité gagnait. Quoique l'aspect des volontaires fût toujours menaçant et sombre, quoique l'artillerie restât dans la plus fière attitude de réserve, la Ligne s'attendrissait. Dumouriez, passant au front de bandière, criait d'une voix frémissante et très enrouée : « Mes amis, j'ai fait la paix ! Nous nous en allons à Paris arrêter le sang qui coule... »

Cela faisait impression. Dumouriez était en face du Régiment de la Couronne, qui s'était signalé à la bataille de Neerwinde; il embrassait un officier. Un jeune homme sort des rangs, un simple fourrier, nommé Fichet, de Givet : « Qu'est-ce que c'est que ces gens-là ? dit-il hardiment à Dumouriez, en montrant les Autrichiens. Et qu'est-ce que ces lauriers qu'ils portent... Ils viennent nous insulter ? »

Les Allemands, vainqueurs ou non, aiment à porter, dans le temps des premières feuilles, quelque verdure au chapeau.

« Ces messieurs, dit Dumouriez, sont devenus nos amis... Ils seront notre arrière-garde... » — « Eh quoi ! s'écria Fichet en frappant du pied, ils vont donc entrer en France ! ils fouleront la terre de France !... Nous sommes bien assez de monde pour faire la police chez nous... C'est une honte, une trahison !... Vous allez leur livrer Lille et Valenciennes ?... » Il répétait, furieux : « Honte et trahison ! »

Ces mots coururent toute la ligne. Dumouriez fut ajusté. L'arme, détournée, fit long feu. Mais un bataillon tout entier eût tiré sur le général. Il tourna bride, voulut aller vers Orchies, c'était trop tard ; — à Saint-Amand, trop tard encore. Dampierre était contre lui, et Lamarlière, peu à peu tous les généraux. Au moment où il quitta le camp, l'artillerie avait attelé ; elle partait pour Valenciennes. Et tout le reste suivit, un peu à la débandade, laissant le trésor de l'armée, tous les équipages. Un seul régiment ne voulut pas quitter Dumouriez ; c'étaient des hussards, la plupart Allemands. Trois régiments restèrent en arrière, ne sachant à quoi se décider.

Le jeune duc d'Orléans n'avait pas suivi Dumouriez à sa dangereuse revue. Sacrifié par lui dans la *proclamation* autrichienne, il ne savait plus lui-même ce qu'il devait faire, s'il trahirait Dumouriez, ou bien la Convention. Il vint, la nuit, tâter les trois régiments arriérés. Quel pouvait être le but de cette mystérieuse visite ? Le caractère bien connu du personnage le fera deviner sans peine. Selon les dispositions qu'il leur eût trouvées, il eût essayé de se mettre à leur tête et se fût donné le mérite de les avoir amenés ou d'un côté ou de l'autre. S'il les ramenait en France, un tel acte effaçait d'un coup ses rapports avec Dumouriez, portait sa popularité au comble. Tous auraient dit : « Pendant que la Convention le mettait hors la Loi, il rendait l'armée à la France. » Il fût rentré, non pas absous, mais glorieux et par un arc de triomphe, comme le héros du patriotisme et de la fidélité.

L'attitude morne et défiante des trois régiments rendit la démarche inutile. La mise hors la Loi sous laquelle était le jeune Égalité les intimida sans doute ; assez inquiets pour eux-mêmes, ils n'eurent garde de prendre un chef si suspect. Il ne lui restait que l'exil ; il passa aux Autrichiens, non pour suivre Dumouriez ni s'attacher à la fortune d'un homme perdu sans retour, mais seulement pour prendre un passeport, emmener sa sœur et madame de Genlis, les conduire en Suisse, et, lui, s'isoler, se faire oublier pendant quelque temps, se refaire en quelque sorte par l'oubli complet.

Sa meilleure chance était d'attendre les événements, de dénouer peu à peu tous les liens qui l'attachaient à la Révolution, d'opérer tout doucement sa transition, et de faire agréer, estimer son repentir. Libre d'abord de Dumouriez, il ne tarda pas à rompre avec madame de Genlis; il la sacrifie à sa mère, avec qui il avait hâte de se réconcilier à tout prix. Par elle, il se trouvait encore héritier d'une fortune immense. Elle conservait les biens de son père, le duc de Penthièvre, que la Révolution respecta; elle en recouvra l'usage dès 94, la jouissance d'un revenu de plus de quatre millions. Pour les biens du duc d'Orléans, confisqués, mais non vendus, ils attendirent 1814 et le retour de son fils.

Le jeune homme, caché en Suisse dans son profond incognito, n'en reste pas moins le plus riche propriétaire de l'Europe en expectative. Dans le siècle de l'argent, un jour, la Liberté usée, et la Gloire usée, sur les ruines de toutes choses, la propriété suffira pour donner la royauté.

CHAPITRE VII

COMITÉ DE SALUT PUBLIC

(AVRIL 93)

Création du Comité de Salut public, 6 avril. — La Convention en exclut les Girondins et les Jacobins. — Les Jacobins machinent contre la Convention. — La machine à pétitions. — Les Jacobins neutralisent les dantonistes. — L'Histoire des Brissotins, par Camille Desmoulins. — Réquisitoire de Robespierre contre la Gironde. — Réponse de Vergniaud, 10 avril. — La Révolution par l'amour. — La Gironde obtient la mise en accusation de Marat, 12 avril. — La Montagne défend Marat. — Adresse de la Commune pour la proscription des Girondins, 15 avril. — Fonfrède en déduit l'appel au peuple. — La Montagne désavoue l'Adresse. — Danton à la suite de Robespierre. — Il abandonne ses principes. — Dévouement de Vergniaud, 30 avril. — Il prouve que l'appel au peuple sauverait la Gironde, mais perdrait la France. — La Convention condamne la pétition de la Commune contre la Gironde.

N devine quelle terreur se répandit dans la Convention, dans Paris, quand on apprit que Dumouriez avait arrêté, livré les commissaires

de la Convention. Tout le monde crut qu'il n'avait point hasardé un tel coup sans bien prendre ses mesures : qu'il était maître de l'armée, qu'il avait de grandes intelligences dans les places fortes, dans Paris, dans la Convention même.

Marat, Robespierre, pour grande mesure de défense, voulaient qu'on arrêtât Brissot.

Le Comité de Défense, qu'ils appelaient outrageusement *un Conseil de Dumouriez*, n'en sauva pas moins la patrie. Les Girondins, les dantonistes, y furent parfaitement d'accord, et agirent unanimement.

Ce Comité, par Isnard, proposa et fit décréter la création du *Comité d'Exécution* ou *Comité de Salut public*. Il se composait de neuf membres, délibérait en secret, surveillait, accélérait l'action du ministère, pouvait aussi, au besoin, en suspendre les arrêtés. En cas d'urgence, il donnait ses ordres aux ministres. C'était un roi, en réalité, mais renouvelé de mois en mois, et qui devait, chaque semaine, compte à la Convention.

Celle-ci ne gardait qu'une chose hors des mains de ce Comité : les clefs de la Caisse publique ; la Trésorerie restait seule indépendante, la dictature de l'assignat, la royauté de Cambon.

Cette grande institution révolutionnaire effrayait beaucoup d'esprits. Danton les calma, demanda que, dans une si grande circonstance, « on se rapprochât fraternellement. »

La Montagne suivit cette impulsion avec un véritable patriotisme, désavouant expressément les paroles d'injurieuse défiance que lançait Marat. Elle abandonna sans difficulté Orléans aux Girondins, permit son arrestation.

Toutes les mesures urgentes de la situation furent proposées, obtenues, par des membres quelconques du Comité de Défense, dantonistes ou Girondins.

Lasource : « Qu'on garde pour otages les familles de ceux qui suivent Dumouriez. »

Fabre : « Envoyons de nouveaux commissaires aux armées. » — Le premier nommé fut Carnot.

Danton : « La Justice accélérée, et le pain à bon marché. Que le Tribunal révolutionnaire puisse poursuivre sans attendre les décrets de la Convention. Que le pain (aux dépens des riches) soit maintenu à bas prix. »

Barère : « Une armée à Péronne, et une armée à Paris. Pour général en chef, Dampierre ; ministre, Bouchotte. »

Ce fut aussi Barère qui, par un discours admirable prononcé le 7, enleva le centre, effaça les défiances, obtint l'indispensable dictature que demandait le danger.

Les neuf membres furent choisis dans un sens fort remarquable, tous républicains très sûrs, ayant voté *la mort du Roi*. La moitié à peu près était du *centre* ou de la *droite*, mais non *girondins*, des députés impartiaux qui souvent votaient à gauche : Barère, Jean Debry, Bréard et Treilhard. D'autre part, des *Montagnards*, dont plusieurs votaient quelquefois avec la Gironde, Cambon, Danton, Lacroix, Delmas, Guyton-Morveau.

La Montagne, en minorité dans la Convention, n'avait pas la majorité dans le Comité dictateur, mais elle en avait les grandes forces, les hommes d'initiative, Danton et Cambon. Un Comité mené par eux n'eût rien laissé à désirer comme énergie révolutionnaire. Ils contenaient toute la Convention, moins l'esprit de dispute, moins la Gironde, moins les Jacobins.

Cambon, maître à la Trésorerie, dans la seule administration qu'on eût soustraite à l'action du Comité de Salut public, partageait en outre la toute-puissance de ce Comité. Cette double part au pouvoir indiquait que plus qu'aucun autre il était l'homme de l'Assemblée. De la gauche où il siégeait, il agissait sur le centre (à peu près comme Barère), sans hostilité pour la droite : par quoi il représentait l'unité de la Convention, et non pas une unité molle et flottante, mais très énergique.

Le caractère remarquable du Comité de Salut public, c'est que, bien que plusieurs membres fussent Jacobins de titre et de nom, l'esprit jacobin y était à peine représenté. Les amis de Robespierre en étaient exclus. Un seul y entra, et encore par la démission de Jean Debry, un vrai Jacobin, Lindet.

La Convention, dans sa composition du Comité dictateur, ne s'était montrée nullement girondine, mais contraire aux Jacobins.

Elle avait paru saisie d'un mot éloquent de Barère, qui, voulant la rassurer sur la dictature proposée, lui dit : « On craint la dictature... mais nous en subissons une, *la dictature de la calomnie.* »

Les Jacobins, percés de cette flèche pénétrante, avaient été mis à l'écart. Et pourtant, en bonne foi, pouvait-on se passer d'eux? Contre tant d'ennemis coalisés, la Révolution ne devait-elle pas employer la coalition jacobine?

La société, justement parce qu'elle se répandait, entrait dans les places, dans l'administration, devenait faible à son centre. Elle n'avait plus au même degré l'initiative révolutionnaire. Elle essaya de faire de la vigueur à tout prix, frappa en différents sens. Le 1er, elle prend pour président l'apôtre de l'anarchie, Marat. Le 3, par Marat, elle improuve l'anarchie de l'Évêché. Exclue, le 6, du Comité de Salut public, elle emploie, du 7 au 15, ces mêmes anarchistes qu'elle vient de réprimer; elle s'en sert pour faire rédiger des pétitions furieuses; elle ne veut plus s'arrêter qu'à la ruine de ses ennemis.

On sait comment se montait cette machine de pétitions. Les délégués des Jacobins, les meneurs des sections, assuraient dans chacune d'elles que la pétition était déjà approuvée de toutes les autres. Si l'on refusait de signer, ils revenaient aux heures avancées de la nuit, où peu de gens s'y trouvaient, fatigués et endormis. Ils en avaient bon marché, leur faisaient décider que la section signerait. Refusait-on le lendemain ? « Signez, mauvais citoyens, autrement vous n'aurez point de *certificat de civisme*, point de *carte* pour circuler dans Paris, point de *laissez-passer* pour aller à vos affaires. » Pour établir cette Terreur, ils avaient eu la précaution de faire décider qu'on changerait les *cartes civiques*. Avec cette seule mesure, on pouvait tirer des bourgeois terrifiés toutes les signatures qu'on voulait, les résolutions les plus violentes. Les plus timides se trouvaient (au moins pour les résultats) transformés en terroristes.

La machine à pétitions joua d'abord par Bonconseil, le quartier des Halles et des cuirs, que gouvernait un cordonnier, devenu homme de Loi, Lhuillier, ami de Robespierre, et son candidat pour la mairie. Dans les grandes crises (on le voit par les procès-verbaux), la section ne faisait rien *sans consulter M. Lhuillier*. La pétition, dressée très probablement par Lhuillier, contre les *complices de Dumouriez, Brissot, Guadet*, etc., ne fut pas bien reçue par la Convention. L'ami même de Danton, Lacroix, somma les pétitionnaires de préciser leurs vagues accusations, de donner leurs preuves.

Les Jacobins avaient un moyen de pousser les dantonistes, de les entraîner. Ils déclarèrent qu'ils voulaient sauver la société. Ils firent éprouver à Lacroix une mortification publique. Ils parlèrent de chasser Fabre d'Églantine, homme de plaisir et de luxe, comme Lacroix, suspect, comme lui, d'affaires d'argent. On ajourna la décision ; on le tint sous la menace, non chassé, mais près de l'être.

Danton, nous l'avons déjà dit, avait deux bras, en quelque sorte, deux mains, deux plumes brillantes : Fabre d'Églantine et Camille Desmoulins. Celui-ci, léger, colère, autant que Fabre était corruptible et corrompu. La colère perdit Camille. Censuré justement par Brissot, pour l'assistance étourdie qu'il prêtait à des gens indignes, des intrigants, des joueurs, Camille tourna tout à fait à Robespierre, écrivit pour lui le pamphlet terrible qui plus qu'aucune chose a mené les Girondins à la mort, son *Histoire des Brissotins*. Libelle affreux, roman cruel, où l'enfant colère joue sans voir qu'il joue avec la guillotine... Camille l'a pleuré, ce libelle, en octobre 93, avec des larmes de sang... En vain. C'est la vertu du style : de tels crimes du génie, une fois commis, sont immortels ; l'auteur même n'y peut plus rien ; ils le poursuivent à jamais de leur implacable durée. Qu'il pleure tant qu'il voudra, il ne les effacera point.

L'*Histoire des Brissotins*, bien lue et suivie, n'est que la traduction ardente, inspirée, comique, des discours de Robespierre contre la Gironde.

Pour le lien des idées, le fil logique, la recherche ingénieuse des plus faux rapprochements, l'œuvre bouffonne est calquée de très près sur l'œuvre sérieuse, et parfois servilement.

C'est ainsi que les Jacobins, exclus du Comité de Salut public, écartèrent momentanément Fabre et Camille de l'influence de Danton, et fixèrent celui-ci dans les voies de la violence où l'imprudente attaque du girondin Lasource l'avait jeté le 1ᵉʳ avril, et d'où, le 5 et depuis, il aurait voulu sortir.

Une seconde pétition, celle de la Halle-au-Blé, mit tout ceci en lumière. Menaçante et furieuse, elle mettait en cause, non plus la Gironde, mais la Convention même, disant *que la majorité était corrompue*, qu'elle était ennemie du peuple, qu'en elle siégeait une ligue *qui voulait vendre la France*. Robespierre avait prévu qu'elle serait accusée, cette pétition monstrueuse, et il avait apporté, pour l'appuyer, tout un volume. Danton devança Robespierre, et, déguisant sa lâcheté sous une apparence d'audace, demanda pour l'œuvre sanglante une mention honorable (10 avril).

On lira, si l'on veut, au *Moniteur*, la prolixe diatribe de Robespierre. Elle est telle que ses partisans les plus aveugles n'ont pas eu le cœur de la rapporter. On se demande en la lisant : Comment la haine peut-elle déformer le cœur à ce point, fausser tellement l'esprit? Fut-il vraiment assez haineux pour croire tout cela? pour faire accepter de sa conscience tant d'absurdités palpables? On ne sait vraiment qu'en penser.

Il accuse spécialement la Gironde de ce qui la glorifie à jamais. Premièrement, *d'avoir voulu la guerre*, c'est-à-dire d'avoir pensé ce que pensait la France : qu'elle devait étendre au monde le bienfait de la Révolution. Deuxièmement, *de n'avoir pas voulu les massacres* de Septembre, les pillages de Février. Il appelle ces massacres « la Justice réactionnaire. »

Ce qui n'étonne pas moins que cette absence de cœur, c'est l'ignorance absolue des réalités. Il va accusant au hasard, et comme à tâtons, saisissant dans l'obscurité un homme quelconque; il empoigne, par exemple, Miranda pour Dumouriez, les confond, accuse ensemble le calomniateur et la victime. Il met sur la même ligne l'infortuné Miranda avec celui qui le fit presque écraser à Neerwinde, et qui, rejetant sur lui la défaite, l'envoya au Tribunal révolutionnaire, le mit à deux doigts de la mort!

●

La conclusion de ce plaidoyer contre la Gironde, c'est qu'il fallait juger la Reine (ceci était inattendu), juger tous les Orléans, les complices de Dumouriez. — Il entendait : les Girondins. Arrivé là, l'émotion de sa haine fut si forte, qu'il lui échappa une chose non préparée certainement. Il rit de ce rire contracté qui était si cruel à voir. Son visage exprima son nom, le nom terrible qui fut lancé un jour : « *L'éternel dénonciateur*... La Nature l'y a condamné ! »

Il croyait bien tenir sa proie, et qu'elle n'échapperait pas. De là, cette ironie froide : « Oserais-je nommer ici des patriotes aussi distingués que *messieurs* Vergniaud, Guadet et autres ? Je n'ose dire qu'un homme qui correspondait avec Dumouriez, que *monsieur* Gensonné doive être accusé... Ce serait un sacrilège... »

A ce réquisitoire immense, laborieusement écrit, Vergniaud répondit avec une facilité, une grandeur admirable, qui témoigne moins encore de son éloquence que de la pureté de son cœur. Partout l'accent de la vertu. Il accepte sans difficulté le reproche que méritait la France, celui d'avoir voulu la guerre, et de n'avoir pas voulu Septembre. Il écrase d'un seul mot l'accusation insensée qui représentait la Gironde comme *complice de Dumouriez dans son projet de placer les Orléans sur le trône*, lorsque tout le monde avait vu les Girondins, au contraire, demander obstinément l'expulsion, *le bannissement des Orléans*, que défendaient alors Robespierre et la Montagne.

Dans cette mémorable improvisation, Vergniaud constata d'une manière solide et durable son grand titre devant l'avenir, — plus que la gloire du génie, — la gloire de l'esprit de concorde, — éternel piédestal où l'Histoire le voit encore.

« Vous nous reprochez d'être *modérés*. Rendez-nous-en grâce... Lorsque avec autant de fureur que d'imprudence on s'est écrié : *Plus de trêve ! plus de paix !* si nous eussions accepté ce cartel contre-révolutionnaire, vous auriez vu accourir des départements, contre les hommes de Septembre, des hommes également ennemis de l'anarchie et des tyrans... Vous et nous, nous périssions, consumés de la guerre civile... Nous avons, par notre silence, bien mérité de la patrie... »

Ceci était pour Danton. Pour Robespierre, Vergniaud rappela qu'au Comité de défense, chargé avec Condorcet de la rédaction, il avait prié Robespierre de s'adjoindre à eux.

« Nous sommes des *modérés*, » dit-on. Au profit de qui ? Des émigrés ? Nous avons voté contre eux les mesures de rigueur que commandait la Justice. Au profit des conspirateurs ? Nous avons appelé sur eux le glaive des Lois. On parlait sans cesse de mesures terribles. Moi aussi, je les voulais, mais contre les seuls ennemis de la patrie. Je voulais des punitions, et non des proscriptions. Quelques hommes font consister le patriotisme à tourmenter, à faire couler des larmes. Je voulais qu'il fît des heureux. Je n'ai pas pensé que, semblables aux prêtres, aux inquisiteurs, qui ne parlent de leur Dieu de miséricorde qu'au milieu des bûchers, nous dussions parler de liberté au milieu des poignards et des bourreaux... La Convention, ce centre de ralliement où regardent sans cesse tous les citoyens, et peut-être avec effroi, j'aurais voulu qu'elle fût le centre des affections et des espérances! On croit consommer la Révolution par la terreur, j'aurais voulu la consommer par l'amour... »

Ces admirables paroles, si loin de la situation, émurent toute l'Assemblée, l'emportèrent dans l'avenir, l'idéal et l'impossible. C'était comme un chant du ciel parmi les cris discordants de ce misérable monde. Il n'y eut plus de séance, l'Assemblée se dispersa, chacun s'en allait en silence, plein de rêve et de douleur.

La Convention, sous cette profonde impression, était de cœur à la Gironde. Celle-ci essaya sa force. Guadet lut une Adresse incendiaire signée de Marat, demanda, obtint son arrestation (12 avril).

Acte grave, en plusieurs sens. L'Adresse n'était point de Marat même; il ne l'avait signée que comme président des Jacobins. C'était ce grand corps qu'on frappait, c'était son meneur, directeur, inspirateur ordinaire : on allait droit à Robespierre à travers Marat.

L'Adresse contenait une chose : *La Convention trahit;* et une autre chose : *Il faut exterminer les traîtres.* C'était, en réalité, un appel aux armes contre la Convention, un appel au bras du peuple. Il indiquait un revirement subit dans la politique des Jacobins, un progrès singulier dans la violence. Toutefois, était-ce un simple projet, ou un acte sérieux qu'on dût répandre, envoyer aux sociétés affiliées? C'est ce que nous ignorons.

La Convention, le 1er avril, avait abdiqué, en principe, son inviolabilité. Le 4, elle l'avait, en pratique, foulée aux pieds et détruite, en ordonnant l'arrestation de Philippe-Égalité. Marat fut le second de ses membres en qui elle se frappa elle-même.

Le 13, au soir, l'appel de Marat, des Jacobins, à la guerre civile, fut avoué, revendiqué de la Montagne furieuse, avec un aveugle emportement. Les séances du soir offraient souvent de telles scènes. De l'escrime des discours on n'était pas loin de passer aux armes, au plus honteux pugilat. On avait vu, deux jours avant, ce spectacle impie, un Montagnard, un Girondin, se menaçant l'un l'autre de l'épée et du pistolet.

« Eh bien! leur dit Gensonné, en réponse à votre *appel au peuple,* nous aussi, nous nous adressons à lui. Que l'on convoque les *assemblées primaires!* »

Un mot déplorable échappa alors à Camille Desmoulins : « Voyez! dit-il; ils voient leur vaisseau submergé, et ils mettent le feu à la saintebarbe, *parce qu'ils vont périr!* »

De telles prophéties sont très propres à amener l'événement. Celle-ci fut saluée par les hurlements des tribunes. La Convention, indignée, ordonna qu'on envoyât à toute la France le *rapport* contre Marat. Elle eût voté certainement la convocation des assemblées primaires, si la Gironde elle-même, croyant gagner encore en force, n'avait demandé, par Buzot, que la discussion fût remise au lundi suivant.

La Convention, en décrétant l'envoi aux départements, avait pris la France à témoin. Le soir même, la société jacobine, d'accord avec la Commune, travailla fortement Paris. Une Adresse fut rédigée, sous le nom de la Commune, non vaguement incendiaire contre la Convention, mais précise et dirigée contre les seuls Girondins; pièce vraiment jacobine, très artificieuse et très calculée, d'une majorité meurtrière, où la violence contenue ne reculait que pour frapper.

Elle reculait, je veux dire, retirait les paroles imprudentes qui avaient fait condamner Marat, déclarant tout au contraire « *Que la majorité de la Convention était pure,* » assurant « qu'on ne voulait nullement suspendre l'action de la machine politique, » déclinant enfin toute idée d'anarchie.

« Mais *la révocabilité des mandataires* infidèles, n'est-ce pas pour le peuple un imprescriptible Droit?... Le temple de la Liberté serait-il comme ces *asiles* d'Italie où les scélérats trouvent l'impunité dès qu'ils y mettent le pied? »

Les scélérats étaient vingt-deux représentants nommés dans l'Adresse. L'énumération de leurs crimes était un abrégé fidèle du long réquisitoire prononcé par Robespierre dans la séance du 10 :

Fédéralisme, appel à la guerre civile, calomnies contre Paris, connivence avec Dumouriez.

On évitait le reproche d'imposer à la Convention la loi de Paris : on demandait que l'Assemblée elle-même envoyât l'Adresse et la liste des représentants accusés aux départements, « afin qu'aussitôt que *la majorité des départements* aurait manifesté son adhésion, ils se retirassent. »

Cet appel aux départements semble bien audacieux. Nul doute que la Gironde n'eût et la majorité des départements et même la majorité dans chaque département. Qu'eût-on fait? On eût pris dans chacun les signatures jacobines. Combien de signatures? N'importe. On eût dit : *La France le veut;* de même que l'Adresse signée de quelques membres de chaque section de Paris prétendait exprimer la pensée *de toutes* les sections, et disait : *Paris le veut.*

Le maire de Paris, le cauteleux Pache, qui jusque-là, en passant aux Jacobins, avait gardé quelque dehors avec ses maîtres et patrons les Girondins, premiers auteurs de sa fortune, Pache fut forcé, cette fois, de se déclarer, de s'associer au coup que frappaient les Jacobins. Le président, rappelant que les pétitionnaires devaient, aux termes de la Loi, signer leur pétition, il balbutia d'abord qu'il était seulement chargé *d'accompagner* la pétition. On insistait. Il signa.

Une sorte de stupeur avait saisi l'Assemblée. Fonfrède prit la parole : « Citoyens, dit-il, si la modestie n'était le devoir d'un homme public, je m'offenserais de ce que mon nom n'a pas été inscrit dans cette liste honorable. »

A cette généreuse parole du jeune représentant, l'Assemblée émue se lève, et les trois quarts crient : « Nous aussi ! nous tous ! nous tous ! » Et ils demandaient l'appel nominal, personne ne voulant se cacher dans l'ombre du vote commun, tous offrant leurs noms, leurs vies...

Fonfrède reprit l'Adresse avec un à-propos, une vigueur singulière. Il loua les pétitionnaires de leur attachement aux principes, de leur respect pour la volonté des *départements*. « Qu'entendent-ils par ce mot : *les départements ?* S'ils étaient aristocrates, ils entendraient par là telles administrations, *telles sociétés* des départements ; mais ils sont républicains, ils entendent les *assemblées primaires ;* ils savent que là, et là seulement, réside la souveraineté... Je convertis cette pétition en motion, je demande que l'Assemblée l'adopte. »

Grand silence à la Montagne.

Un Montagnard, cependant, hasardant je ne sais quelle vague explication, Fonfrède ajouta ces paroles :

« Qu'arrivera-t-il, citoyens, si vous ne légalisez la mesure que ces pétitionnaires patriotes vous ont ravi la faculté d'improuver ? Dans d'autres départements, dans la Gironde, par exemple, on se rassemblera aussi, on vous demandera, de même, de rappeler d'autres députés... Par ces différents rappels, par ces listes fatales, la confiance sera perdue, l'Assemblée sera désorganisée. A l'union, si nécessaire pour repousser l'ennemi, va succéder la discorde... On dira que ces idées sont fédéralistes? Mais qui les a présentées? Ce sont les pétitionnaires. *On dira que je demande la guerre civile?* Je ne fais que développer la pétition parisienne. »

Oui, c'était *la guerre civile*. L'héroïque et brillant Fonfrède s'était répondu à lui-même. La Convention ne l'en suivait pas moins; elle allait voter pour lui. La Montagne recula; elle abandonna la Commune et l'Adresse jacobine, déclara (par un membre obscur, il est vrai) que l'Adresse *lui semblait mauvaise*, du moins superflue, « le procès étant jugé, décidé d'avance contre ceux qui avaient voulu sauver le tyran. »

C'était tout à la fois reculer et avancer. La Commune, le soir même, saisit ce mot, déclara accepter comme sens de la pétition cette sanguinaire absurdité: *Qu'elle ne demandait pas les assemblées primaires, mais la punition des traîtres;* c'est-à-dire point de jugement, seulement l'exécution d'un jugement non rendu.

Voilà la situation qui se dévoile toute dans un jour vraiment funèbre. Des deux côtés, *l'appel au peuple*, et demain la guerre civile. L'appel des Girondins, par le jugement des assemblées primaires, aurait très probablement chassé de la

Convention Marat, Robespierre, Danton même, les députés de Paris. Et l'appel de la Commune, ne voulant pas de jugement, mais punition sans jugement, était la mort de la Gironde. Guerre civile des deux côtés, pour sauver les uns ou venger les autres.

Il n'y avait pas un homme vraiment homme (sinon Français) qui ne pleurât des pleurs de sang... Quoi! ce grand, ce malheureux peuple allait s'égorger! La glorieuse Révolution où le monde avait son espoir, née d'hier, mourrait demain d'un effroyable suicide! L'Europe n'y eût rien pu, la Vendée n'y eût rien pu... La Révolution seule était assez forte pour s'étrangler elle-même.

Les hommes qui ne prenaient point part aux déplorables luttes de vaniteuse éloquence qui perdaient la République sentaient tout cela. Un membre obscur de la droite, Vernier, laissa échapper un cri de douleur : « Eh! citoyens, si vous en êtes à ce point de défiance que désormais vous ne puissiez plus servir ici la patrie, partons plutôt, soyons généreux les uns et les autres... Partons ; que les plus violents dans l'un et l'autre parti s'en aillent, simples soldats, qu'ils donnent à l'armée l'exemple d'une soumission courageuse, et marchent à l'ennemi! »

C'était le 12 avril, le jour où la Montagne signa, dans sa fureur étourdie, la folle Adresse de Marat. Plusieurs Montagnards furent saisis du mouvement de Vernier, et silencieusement allèrent effacer leurs signatures.

Quelle était dans tout ceci l'attitude de Danton ? Déplorable, il faut le dire.

Cette grande force de Danton, que tous les partis auraient dû tant ménager, comme la seule peut-être qui eût sauvé la République, ils l'avaient détruite à l'envi.

Les Girondins l'avaient détruite, en le rendant suspect de connivence avec Dumouriez, l'abaissant aux apologies, le jetant aux Jacobins.

Les Jacobins, de leur côté, l'avaient détruite, cette force, d'une manière indirecte, n'attaquant point Danton, mais les amis de Danton, par exemple, Fabre d'Églantine.

Danton allait entraîné au mouvement des Jacobins. Il lui donna, le 13 avril, un triste gage de dépendance, lorsque à la suite d'une motion de Robespierre il accepta le principe que les Jacobins, champions de la guerre défensive, avaient toujours soutenu : « *Que la Convention ne s'immiscerait point dans le gouvernement des autres puissances*, et ne souffrirait pas qu'une puissance s'immisçât dans le régime intérieur de la République. » Ce n'était pas moins qu'abdiquer le décret du 15 décembre, le décret de la croisade révolutionnaire, avoué si haut de Danton ! La Révolution promet de ne plus se mêler des affaires des autres, d'être isolée, égoïste ! ridicule hypocrisie qui ne pouvait tromper l'Europe ! Comment lui faire croire, en 93, que la France adoptait déjà le grand principe bourgeois : « Chacun chez soi, chacun pour soi. »

L'Adresse jacobine du 15, contre la Gironde, fut lue par un dantoniste, un jeune ami de Danton. Misérable servitude d'un homme qui, le 5 avril, réclamait encore l'union dans la Convention, le rapprochement des partis, la Fraternité !

Aussitôt que la Montagne parut improuver l'Adresse, les dantonistes prirent courage, l'improuvèrent aussi. Le 16, l'un d'eux, Philippeaux, dans un discours visiblement inspiré du maître, demanda, obtint qu'on passerait à l'ordre du jour sur la pétition de la Commune. Il répéta avec chaleur ce que Danton avait dit le 10 mars, que les chefs des deux partis étaient l'obstacle de la situation, et les destructeurs de la République : « L'autre jour, dit Philippeaux, j'entendais dire : « *Si Brissot et trois autres s'accordaient avec Robes-* « *pierre, tout serait sauvé.* » Il n'y a donc plus de République !... Si leur discorde la détruit, leur union la perdrait de même ; unis, ils seraient nos maîtres... Nous n'avons pas encore la loi salutaire de l'ostracisme ; mais eux-mêmes, s'ils sont généreux, qu'ils se l'imposent, qu'ils se chassent, puisqu'ils sont l'éternel tourment et la calamité de la patrie ! »

La Gironde mise hors de cause et l'accusation écartée, persisterait-elle dans la demande des assemblées primaires ? Ici, elle se divisa. Le mot net et franc de Fonfrède *(N'est-ce pas la guerre civile?)* avait fait impression sur la Gironde elle-même.

La demande, reproduite le 20 par Gensonné, fut, au grand étonnement de la Convention, combattue par Vergniaud. Il mit en lumière ces deux choses : Que la convocation des assemblées primaires pourrait sauver la Gironde, mais qu'elle perdrait la France ; qu'il valait mieux, après tout, que la Gironde pérît.

Grandeur immortelle de 93 ! temps antique, qui peut, de haut, regarder l'antiquité !

Les belles lois humaines de 89, les attendrissantes fédérations de 90, avaient promis l'héroïsme. Mais au moment de l'épreuve, les héros seraient-ils là ? On avait donné des mots, des lois, des larmes faciles ; mais au jour du calice amer, au jour où la France serait appelée à boire son sang elle-même....., que ferait-elle ? On l'ignorait.

Un grand souffle était, il est vrai, dans les cœurs, une flamme dans les poitrines. Hélas ! de quoi périssions-nous ? Consumés de cette flamme.

Des villes entières, des foules, donnaient leurs enfants, leur cœur. Bordeaux, sans appel de la Convention, d'elle-même, vole à la Vendée. Marseille a déjà donné des armées ; on veut dix mille hommes encore : le lendemain, dix mille hommes étaient rangés sur les quais, prêts et le sac sur le dos.

La foi nouvelle commençait à donner des hommes au monde. Un héros, un saint, un simple, La Tour-d'Auvergne, partait à cinquante ans, se faisait conscrit pour former nos bataillons, nos grenadiers d'Espagne, qui devinrent l'armée d'Italie.

Irréprochable lumière de la sainteté moderne ! aurore de la grande Légende ! actes héroïques de nos premiers saints... Nous pouvons baiser ici le seuil sanglant du nouveau monde.

L'attendrissante lueur de la religion de Justice qui commençait à poindre au ciel avait paru dans la fête où la France glorifia la pauvre ville de Liège. Nous n'avions rien à leur donner, dans cette extrême misère, à ces Liégeois fugitifs qui s'étaient perdus pour nous. Nous leur donnâmes *l'honneur*... Ils rentrèrent reconnaissants, le soir, les larmes aux yeux. Toute la terre sut combien la France ruinée était riche et comment elle payait.

Tout cela élevait les cœurs, les montait au sacrifice : qui eût encore pensé à soi ? La Gironde aussi s'immola ; elle périt résignée, et de la main de Vergniaud.

Elle ne réclama pas quand il dit ces simples paroles : « Fonfrède n'a demandé les assemblées primaires que pour montrer le danger de la pétition de la Commune. Gensonné n'a appuyé la demande que pour prouver que les membres dénoncés n'ont rien à redouter d'un jugement national. »

La Gironde baissa la tête, personne ne contredit. La Montagne elle-même frissonna d'admiration.

La Gironde, au 20 avril, était maîtresse de son sort. L'Assemblée, au milieu de toutes ses jalousies, ne lui donnait pas moins des preuves d'une confiance invariable, prenant toujours des Girondins pour présidents, secrétaires (et jusqu'au 31 mai). Elle venait, le 12 avril, se rallier solennellement à eux, en leur accordant l'accusation de Marat, avouant le *rapport* contre lui et l'envoyant aux départements, comme au jugement du peuple. L'appel aux départements contre la Gironde, fait le 15 par la Commune, avait été saisi vivement par l'Assemblée, indignée, en faveur des Girondins. Ceux-ci pouvaient le faire voter. Ils le pouvaient le 20 encore, en déclarant que l'opinion de Vergniaud était celle d'un seul homme, non la leur en général; que la Convention, ébranlée, ne pouvait se raffermir qu'en se soumettant d'elle-même au jugement des assemblées primaires, en déclarant qu'elle voulait être épurée par le peuple, reprendre au grand creuset la force et la vie. Cette thèse pouvait se soutenir. Seulement, dans la circonstance, cet immense ébranlement eût été d'un grand péril. Les Girondins hésitèrent dans leur conscience, se disant, comme Fonfrède : « N'est-ce pas la guerre civile? » Ils se turent, n'objectèrent rien, s'associèrent, par leur silence, au dévouement de Vergniaud.

« On vous accuse, dit-il, on demande un scrutin épuratoire... Ce n'est point par l'appel au peuple, c'est par le développement d'une grande énergie qu'il faut vous justifier.

« L'incendie va s'allumer. La convocation des assemblées primaires en sera l'explosion... C'est une mesure désastreuse. Elle peut perdre la Convention, la République et la Liberté. S'il faut ou décréter cette convocation, ou nous livrer aux vengeances de nos ennemis, citoyens, n'hésitez pas entre quelques hommes et la chose publique... *Jetez-nous dans le gouffre et sauvez la patrie !*

« Si notre réponse ne vous a pas paru suffisante, je vous somme, au nom de la patrie, de nous envoyer devant le Tribunal révolutionnaire... Si nous sommes coupables et que vous ne nous envoyiez pas au Tribunal, vous trahissez le peuple; si nous sommes calomniés et que vous ne le déclariez pas, vous trahissez la Justice. »

Le silence fut absolu. La Gironde ne réclama pas; elle accepta, en échange de la vie, cette déclaration de l'honneur.

La Convention déclara calomnieuse la pétition jacobine.

Mais, en même temps, Vergniaud avait, pour la seconde fois, ouvert pontificalement le gouffre de Curtius, le gouffre où la patrie en péril précipite, pour son salut, tout ce qu'elle a de meilleur.

Les Girondins s'y précipitèrent, dans cette journée solennelle, pour éviter la guerre civile. Serfs de la Loi, liés par elle et peu propres à l'action, ils auraient tué la République. La Convention, pénétrée de douleur, les laissa tomber, périr.

CHAPITRE VIII

TRIBUNAL RÉVOLUTIONNAIRE
MAXIMUM — RÉQUISITION

(AVRIL-MAI 93)

Les victoires de la Vendée donnent la France aux Jacobins. — Le Tribunal révolutionnaire dominé par Robespierre. — Fanatisme patriotique de ce Tribunal. — Il absout Miranda, Marat. — Le triomphe de Marat, 24 avril. — Robespierre présente une théorie restreinte du droit de propriété, 24 avril. — L'enchérissement des denrées oblige la Convention de décréter le maximum (avril-mai). — Cambon présente la proposition du département de l'Hérault, pour rendre la réquisition efficace, 27 avril 93. — Ce projet est adopté, mais dans un sens tout contraire, par la Commune de Paris. — Pétition menaçante, au nom du faubourg Saint-Antoine. — Il la dément, et s'offre à la Convention, 1ᵉʳ mai 93.

LA Vendée pouvait rire à l'aise des malheurs de la patrie. C'est elle qui tuait la France.

Ses succès, appris coup sur coup, furent l'arrêt de mort des *modérés*. On leur reprocha, on leur imputa les victoires des Vendéens. On crut poignarder en eux la Vendée et le royalisme, et par leur mort on souleva soixante départements.

Les succès des Vendéens sur des armées sans soldats, leurs victoires sur le néant, n'avaient rien qui pût surprendre. On les trouva inexplicables. La Révolution ne voulut jamais croire qu'elle pût être vaincue, sinon par la trahison. Elle tomba dans une maladie effroyable, celle de tout suspecter, de ne voir plus que des traîtres, de se croire traître elle-même. Une sombre nuit commence, où la France, de sa main droite, va saisir, blesser la gauche, et croit blesser l'ennemi.

Voici, en deux mots d'abord, tout le mois d'avril :

La Vendée n'est plus une jacquerie, une vague insurrection. Elle prend corps, devient une armée. Elle n'a plus dans son sein un seul soldat républicain ; elle se ferme, elle est chez elle ;

Et la France, au contraire, est ouverte à l'ennemi. Les Autrichiens, les Anglais, marchent sur Dampierre.

Celui-ci, au camp de Famars, devant Valenciennes, n'a plus que vingt-quatre mille hommes... Voilà ce qui couvre la France.

La France, elle, se contracte, elle s'impose et subit la plus terrible dictature qui fut jamais, celle de l'arbitraire local ; cinquante mille petits Comités révolutionnaires de sections se saisissent du droit absolu *d'inquisition*, de *réquisition*, un droit de requérir tout homme, tout argent, toute chose.

L'immense majorité voulait la Révolution, mais ne voulait pas assez.

Pour la faire vouloir vraiment, et persévérer, il fallut organiser, en pleine anarchie, un gouvernement violent de minorité.

C'est le fond de 93. Plût au ciel que nous pussions en rester là, sans dire les moyens qu'employa la minorité !

Elle agit par une combinaison violente d'intérêt et de fanatisme. Elle commença par prendre toutes les places pour elle-même.

La société des Jacobins tout entière entra dans l'Administration. En avril, elle avait occupé environ dix mille emplois, par elle-même ou ses créatures.

Cela commença par le ministère de la Guerre. Pache y fut mis par la Gironde, et y mit les Jacobins.

Quelques-uns de ces nouveaux venus, qui entrèrent au gouvernement, Monge, par exemple, Meunier, de l'Académie des sciences, en étaient dignes par leurs lumières autant que par leur énergie. C'étaient de rares exceptions. Tous les autres n'avaient pour eux que leur âpre patriotisme ; ils étaient parfaitement étrangers aux choses administratives. Tels savaient à peine écrire.

La force d'ascension qui porta invinciblement la société jacobine à toutes les places effaça en un moment l'influence girondine. Les Girondins étaient toujours forts à la Convention, honorés d'elle, présidents, secrétaires, membres de tous les Comités. Ils n'avaient plus d'agents en bas. Ils restaient en haut, isolés; ils étaient comme une tête, qu'on pouvait couper d'un coup.

De tous les pouvoirs publics, celui que les Jacobins saisirent le plus avidement, ce fut la Justice.

Les fonctions périlleuses, terribles, du Tribunal révolutionnaire, qu'on frémissait d'accepter, les Jacobins les sollicitèrent. Comme juges et comme jurés, ils furent tout le Tribunal. La nomination dépendant de la Convention, la Gironde eût pu partager, si elle l'avait voulu. Elle s'abstint entièrement et par là livra d'avance sa vie à ses ennemis.

Ce Tribunal ressemblait à la chambre de Robespierre, où son portrait, reproduit sous vingt formes, se voyait partout. Le président, c'était lui, dans le doux Herman d'Arras, son ami, à qui il confia les prisons de la Terreur. Le vice-président, c'était lui, dans le franc-comtois Dumas, qu'il avait fait venir ici, et qui devint par lui la colonne des Jacobins. Ceux dont il refit la Commune, quand il la purgea plus tard, étaient là déjà (Payan, Coffinhal). Son fanatique admirateur, le peintre Topino-Lebrun, idolâtre de

Robespierre (jusqu'à lui tuer Danton!), siégeait pour lui au Tribunal. Sa maison, pour parler ainsi, ses familiers, ses ombres, qui l'escortaient, qu'on voyait toujours avec lui, son imprimeur Nicolas, son hôte Duplay, étaient jurés révolutionnaires.

On voit ici combien Robespierre (avec si peu de courage physique) eut le courage d'esprit. Le poste du plus grand danger, dans toute la République, c'était le Tribunal révolutionnaire, et il s'y mit tout entier; il en accepta, par la présence de ses amis, la responsabilité complète, se livrant, lui et eux, d'avance, aux échafauds, aux poignards, aux menaces du destin. Qui d'entre eux, partant le matin pour le Palais de Justice, ayant embrassé sa famille, était sûr de la revoir? Le sang de Lepelletier, de Basville, fumait encore.

Et c'est justement ce qui jeta au Tribunal plusieurs des plus enthousiastes amants de la République. Ils demandèrent, recherchèrent, ce qui faisait reculer tout le monde, ce pontificat de Tauride. Nommons en tête de ceux-ci le tribun d'Arles, Antonelle, ancien militaire, noble et riche, qui vivait heureux, retiré, en 89, livré à la philosophie, aux paisibles études grecques, lorsque les révolutions du Midi l'appelèrent à l'improviste à renouveler la violence et les dévouements de la terrible antiquité.

L'*accusateur public* fut un parent éloigné de Camille Desmoulins, le trop célèbre Fouquier-

Tinville. Le 20 août 92, il écrivait à Camille :
« Je suis pauvre, chargé d'enfants; nous mourons de faim. » Camille, selon toute apparence, le fit accepter de Robespierre, qui ne pouvait aimer cet homme faible et violent, emporté hors de mesure, mais qui sans doute ne refusait rien à Camille, quand celui-ci écrivait son *Histoire des Brissotins*. Fouquier entra aveuglément dans son rôle meurtrier, et devint de plus en plus exécré et exécrable.

Je ne distingue dans la liste qu'un des hommes de Septembre, Jourdeuil, devenu adjoint du ministre de la Guerre.

Le Comité insurrectionnel de l'Évêché, qui va décimer la Convention, a pris poste au Tribunal par l'un de ses chefs, Dobsent.

La plupart des noms appartiennent à la petite bourgeoisie, aux professions intelligentes; plus d'artistes que d'artisans. Il y a trois chirurgiens ou médecins, un Gascon entre autres, chirurgien-dentiste, l'âpre et rusé Souberbielle, qui a vécu jusqu'à nous et n'a pas peu contribué à défigurer l'Histoire par ses récits intéressés. Il y a trois ou quatre peintres, autant d'*artistes* (comédiens). Nombre de menuisiers et charpentiers, métiers aimés de Robespierre, sans doute en l'honneur de l'*Émile*. Ce ne sont pas des compagnons, mais visiblement, comme Duplay, des maîtres ou entrepreneurs.

Le premier condamné à mort fut un émigré

rentré; jugé le matin, il fut exécuté le soir aux flambeaux. Il avouait. La sentence n'étonna personne. Ce qui commença à surprendre, ce fut de voir le Tribunal frapper de mort des gens du peuple pour de simples propos, des bavardages royalistes : l'un d'eux en état d'ivresse; l'autre, une femme, une cuisinière, qui avait, dans un café, déblatéré contre la Révolution et la République. Cet emportement de femmes fut considéré comme appel à la révolte. Il devint visible que le Tribunal, par cette sévérité terrible, voulait décidément faire taire la population de Paris, opposer aux divisions de la France l'apparente unanimité de la capitale, une au moins dans le silence.

Les jurés votant à haute voix, plusieurs faisaient devant le public une apologie de leurs votes, protestaient qu'ils n'avaient accepté leur odieuse mission que pour le salut de la patrie.

Ce qui porterait à croire au patriotisme fanatique, mais très réel et parfois impartial de ces hommes, c'est que s'ils ont absous Marat qu'ils aimaient, ils n'ont pas moins absous le général Miranda, qui n'avait de patrons, de défenseurs que les Girondins, en ce moment perdus eux-mêmes. Ils accueillirent, innocentèrent, honorèrent l'homme même de leurs ennemis, le client de Brissot et de Pétion. Ils dédommagèrent l'infortuné patriote, qui s'était donné à la France, des calomnies de Dumouriez.

Marat n'avait pas même daigné se laisser arrêter, ne voulant pas, disait-il, donner à ses ennemis la facilité de se débarrasser par le poison ou autrement d'une tête sur laquelle reposait le salut du peuple. L'affaire resta là douze jours. Ce fut lui qui pétitionna pour être jugé. Il l'obtint, et, pour la forme, passa une nuit en prison ; plusieurs membres de la Commune s'y étaient enfermés avec lui pour veiller à sa sûreté. Ils avaient apporté de l'eau dans des carafes cachetées, et goûtaient les plats.

Le 24 avril, jour du mouvement, toute la foule des faubourgs se mit en mouvement, émue et pleine de craintes pour ce pauvre *Ami du peuple*, cruellement poursuivi par les intrigants, *les hommes d'État*. Tous criaient : « On veut sa vie, on veut le faire périr... Nous ne le souffrirons pas. »

Marat nageait dans les roses ; une vanité délirante était épanouie sur sa large face jaune. « Vous voyez, dit-il modestement au Tribunal, le martyr, l'apôtre de la Liberté. » Il profita de l'accusation pour débiter une histoire de son héroïque vie, des services qu'il avait rendus au genre humain, depuis l'époque où, pratiquant la médecine à Londres, il avait publié *Les Chaînes de l'esclavage*. Rien ne manqua à la comédie. On suivit toutes les formes. Le jury se retira, délibéra, puis, rentré, prononça l'acquittement.

A ce moment, il fut près d'être étouffé. Toute la foule voulait l'embrasser. Les soldats se mirent devant et le protégèrent. On lui jeta sur la tête je ne sais combien de couronnes. Il était petit, on le voyait peu. Plusieurs s'élancèrent, le prirent sur leurs bras, le juchèrent sur un fauteuil, le montrèrent un moment du haut du grand escalier. C'était un objet étrange. Son costume, à la fois recherché et sale, était moins d'un homme de lettres que d'un charlatan de place, d'un vendeur d'orviétan, comme il l'avait été en effet. C'était une lévite jadis verte, somptueusement relevée d'un collet d'hermine jaunie, qui sentait son vieux docteur. Heureux choix de couleurs qui s'assortissait à merveille au ton cuivré de la peau, et pouvait faire prendre de loin le docteur pour un lézard.

« Il est sauvé! Vive Marat! » Toute la foule déguenillée l'emportait avec violence, heureuse de sa victoire. C'était une fête d'avril; échappés au long hiver, ces pauvres gens croyaient leurs maux finis par le triomphe du grand empirique qui jurait de tout guérir. Quand il eut passé le pont Neuf, par la rue de la Monnaie, par la rue Saint-Honoré, ce fut comme une pluie de fleurs, de couronnes et de rubans. Les femmes des Halles surtout, dans l'effusion de leur cœur, noyaient de bouquets l'homme et le fauteuil, les enchaînaient de guirlandes. Marat se voyait à peine, hâve, étrange, égaré, sous ces fraîches verdures printanières; la crasse reluisait sous les fleurs. Retardé à chaque instant par des députés de métiers, des harangueurs de sections, il allait, agitant la tête d'un mouvement automatique, répondant à tout d'un fixe sourire qui semblait d'un fou. Il ouvrait les bras sans cesse comme pour embrasser le peuple. Il était fort touchant, ce peuple (quelque peu digne que fût l'objet de sa gratitude), touchant et par son bon cœur, et par l'excès de ses maux. Nul doute que cette bonté n'ait atteint Marat lui-même, qu'un éclair de sensibilité n'ait traversé cette âme, plus vaniteuse encore et furieuse que perverse. C'est à ce moment, ou jamais, qu'il trouva la belle parole qu'il a répétée souvent. « Je me suis fait *anathème* pour ce bon peuple de France. »

Tout le monde, dès le matin, prévoyait, savait le triomphe. Les chefs de la Montagne attendaient la foule et Marat, pleins de tristesse et de dégoût. Robespierre en jaunissait. Dès le matin, à l'ouverture même de la Convention, et sans à-propos, il avait lancé en hâte une théorie de la propriété, qui remontait sa popularité au moins au niveau de Marat. A l'encontre de la définition de la propriété qu'avait donnée Condorcet dans son Plan de Constitution *(Un droit qui consiste en ce que tout homme est maître de disposer à son gré de ses biens)*, Robespierre proposait celle-ci : Le droit qu'a le citoyen de *disposer de la portion des biens qui lui est garantie par la Loi.*

On a vu, le 21 septembre, à l'ouverture de la Convention, l'opposition du girondin Lasource et du montagnard Cambon, précisément sur ce sujet. Lasource, imbu du Droit romain et des vieilles superstitions juridiques du Midi, faisait de la propriété un Droit antérieur, supérieur à la Loi, à la société, de sorte que la société en péril périrait sans pouvoir toucher à cette propriété sacro-sainte. Étrange respect pour les choses, qui leur immolerait les personnes ! Par excès de ménagement pour la propriété, les propriétaires eux-mêmes périraient avec tout le reste dans le naufrage commun.

La doctrine de la Montagne, celle de Cambon et de Robespierre, n'était pas seulement recommandée par la nécessité et le danger public, elle était la plus juste en soi, la plus haute et la plus vraie, considérant la propriété comme l'accessoire de l'homme et de la société, non comme le principal, subordonnant la chose aux besoins de la personne, ne la prenant pas pour un but, cette propriété, pour un instrument exclusif de jouissances individuelles, mais pour un moyen de salut commun.

Cette théorie, juste en soi, allait recevoir toutefois une triste application, celle que Robespierre proposa aux Jacobins. Il s'agissait de salarier tout un peuple sans travail, soit en le payant pour assister aux assemblées de sections, soit en créant à Paris une armée révolutionnaire. Dans la lutte des partis, celui des deux qui prenait une telle initiative entraînait nécessairement cette foule si misérable, n'avait plus aucun besoin de discuter ni de convaincre. Des estomacs affamés, d'avance étaient convaincus.

Robespierre finit en deux mots, craignant d'être interrompu par la grande scène populaire. Saint-Just vint traîner ensuite un long discours ténébreux que personne n'écouta. Après, on jasa de l'Ouest. Cependant, une grande clameur avait commencé du dehors et dominait tout. Un homme entre, à longue barbe, une caricature de sapeur connue. Toujours ce même épouvantail qui avait frappé de la hache les portes du Roi le 20 Juin, qui depuis (secrètement payé par les Girondins) garda Louis XVI au temple. Dénoncé, il s'était donné à la Montagne, à Legendre, qu'il accompagna à Lyon pour le protéger de sa hache et de sa barbe terrible. Aujourd'hui, 24 avril, le même sapeur, Rocher, s'était fait bénévolement garde du corps de Marat. Il demande d'un ton menaçant que la foule puisse défiler devant la Convention.

Elle entre, et sur ses bras Marat couronné de lauriers. Toute la salle est envahie; le peuple se mêle aux députés. Marat est à la tribune; les applaudissements l'empêchent longtemps de parler. Il ne dit que deux mots de reconnaissance et de sensibilité pour le peuple. Mais, retournant à sa place et se retrouvant en face de ses ennemis de la Gironde, sa férocité lui revint : « Je les tiens maintenant, dit-il; ils iront aussi en triomphe, mais ce sera à la guillotine. »

L'effervescence était telle, que tous (la Montagne même) étaient dans l'inquiétude. Heureusement, la foule ne tenait point Marat quitte ; elle le ressaisit et le remporta pour le promener dans Paris. Beaucoup néanmoins restaient dans la salle, ne défilaient point ; on craignait qu'ils n'eussent des desseins sinistres. Danton, avec beaucoup d'adresse et de présence d'esprit, les fit écouler, saisissant un mot qu'avait dit Marat lui-même, s'en servant pour rappeler l'inviolabilité de la Convention : « Beau spectacle pour tout Français ! de voir les citoyens de Paris respecter tellement la Convention, que c'est pour eux un jour de fête le jour où un député inculpé est rétabli dans son sein ! »

La prophétie de Marat ne pouvait manquer de s'accomplir ; la Gironde, d'elle-même, courait à la mort. Elle se mettait en face du torrent révolutionnaire ; elle allait être emportée.

Les jours suivants, elle opposa une opiniâtre résistance à la mesure que le peuple réclamait le plus ardemment : le *maximum* sur les denrées. La multiplication effroyable de l'assignat avait porté les choses les plus nécessaires à la vie à un prix inaccessible. Dans une grande partie de la France, le pain valait dix sous la livre.

D'autre part, imposer un *maximum*, forcer le marchand de donner à bas prix ce qui lui avait coûté cher, et de le donner pour cette monnaie de papier qui descendait d'heure en heure, c'était lui faire fermer boutique. Qui voudrait être marchand à de telles conditions! Le fermier allait entasser ses grains sans les vendre, et ne plus semer peut-être. Il fallait, à l'appui de cette mesure tyrannique, d'autres plus violentes encore, une police impitoyable sur le commerce des grains, etc., etc. Les Girondins mirent tout ceci dans une admirable lumière. Ils firent valoir surtout que le *maximum* devait profiter aux riches, qui achèteraient tout à vil prix; la Loi forçant tout le monde de prendre l'assignat pour sa valeur nominale, les débiteurs de mauvaise foi allaient se libérer pour rien, en ruinant leurs créanciers, etc.

Objections très fondées, auxquelles on ne répondit rien.

La réponse eût été celle-ci, personne n'osa la faire :

Le grand acheteur, c'est l'État; le grand débiteur, c'est l'État, au moment où il lui faut créer tout à coup, organiser, nourrir des armées.

La France se ruine sans doute, et elle ne peut se sauver qu'en se ruinant.

La Convention, au 1er février, a voté un milliard d'assignats; au 7 mai, elle en vote un autre. Tout cela, fondé sur la vente des biens d'émigrés, qu'on ne parvient pas à vendre.

Le *maximum* est sans nul doute une mesure détestable. Mais, sans lui, comment arrêter l'enchérissement des denrées, que nous faisons monter toujours en multipliant l'assignat?

Voilà ce que la Montagne pouvait répondre à la Gironde, ce que Cambon aurait dit, s'il eût osé ouvrir l'abîme de la ruine publique. Dans la terrible anxiété où le mettait son impuissance de satisfaire aux besoins de la situation, Cambon était l'associé naturel des sauvages exigences de la multitude. Elle criait le *maximum* parce qu'elle avait faim. Il criait le *maximum* pour donner force à l'assignat.

Misérable gardien de la fortune publique, ou plutôt de la ruine, ministre de la banqueroute, il lui fallait chaque jour inventer quelque nouveau moyen révolutionnaire de faire face aux nécessités.

Le 27 avril, il apporta à la tribune une *proposition* de son département (l'Hérault), pour rendre efficace la réquisition, atteindre les hommes, atteindre l'argent.

« Les patriotes de l'Hérault remarquent, disait cette *note*, que la plupart des recrues que vient d'enlever la réquisition ne sont point des volontaires, mais des remplaçants, des hommes salariés. Il faut s'adresser au patriotisme. On ne peut s'en remettre au hasard aveugle. Il faut employer la voie de l'indication, adresser des réquisitions terribles et personnelles *aux plus ardents patriotes*, aux hommes braves, aux hommes forts, en afficher la liste dans les sociétés populaires.

« Qui désignera? Un Comité de Salut public, tiré des corps administratifs du *chef-lieu de département*, — Comité *choisi par les commissaires de la Convention*. Ce Comité, pour éclairer son choix, consultera les députés des sociétés populaires et des membres de chaque compagnie de vétérans.

« Pour lever ainsi cinq mille hommes par département, on formerait un fonds de cinq millions par emprunt forcé, c'est-à-dire que si l'emprunt n'était pas fourni en deux jours par soumissions libres des capitalistes, il le serait par des réquisitions impératives adressées aux riches. Ces fonds seraient affectés aux dépenses militaires et aux secours que réclame l'indigence. »

Ce *plan* généralisait, systématisait les mesures que la nécessité avait imposées, dans le Nord et dans l'Ouest, sans l'aveu du gouvernement. Marseille et Bordeaux, on l'a vu, par l'élan d'un patriotisme admirable, avaient pris d'elles-mêmes des mesures analogues.

La sagesse de ce *plan*, c'est qu'il était à la fois, si l'on peut parler ainsi, très local et très central. Il fouillait profondément la localité, la perçait à jour pour en saisir les ressources; il voyait de l'œil local, le seul qui puisse bien voir. Mais la décision ne venait pas de l'autorité locale; elle eût semblé passionnée, faussée par les jalousies, les rancunes, les petites haines. La décision se faisait au centre départemental, et sous l'influence du centre national, je veux dire : sous l'influence des commissaires de la Convention.

La réquisition, l'appel de la Patrie en péril qui saisit l'homme au foyer et lui dit : « Viens mourir pour moi, » pouvait-elle être obéie, si elle avait pour organe une petite municipalité, laquelle souvent n'est qu'un individu, un procureur de village, un homme mésestimé, un voisin jaloux, un ennemi? Non; c'est d'en haut qu'elle devait parler, commander, agir. Et plus elle tombait de haut, plus elle tombait avec poids. Nul n'avait de résistance, nul d'indignation, s'il était frappé d'une autorité qu'il croyait impartiale.

La sagesse et la noblesse du *projet* était encore en ceci, qu'on devait adresser la réquisition aux meilleurs citoyens, *aux plus ardents patriotes*, c'est-à-dire à ceux dont la volonté et le dévouement étaient prêts au sacrifice. Beaucoup voulaient, et ne faisaient rien, se donnaient de cœur, et pourtant restaient. A ceux-là la Loi venait dire, par l'organe d'une haute autorité : « Tu es le meilleur, donc tu es à moi. Tu voulais partir, tu serais parti, sans ta mère ou ta maîtresse... Eh bien! pars; je viens t'affranchir, te venir en aide, trancher de mon commandement ces liens, trop chers, que tu ne peux délier... Grâce à moi, tu seras libre, tu voudras ta volonté! »

Ce mélange de nécessité et de volonté était la sagesse même, plus sage que la Gironde, qui ne s'adressait qu'à la volonté, plus sage que la Montagne, qui imposait tout par nécessité.

Ceux qui présentèrent le *projet* n'étaient point

des égoïstes qui voulussent imposer aux autres les charges qu'ils ne partageaient pas. Ce qu'ils proposaient réellement, c'était de partir eux-mêmes. La réquisition qu'ils adressaient comme autorité, ils y répondaient comme soldats. Le département de l'Hérault s'appliqua ce beau principe qu'il posait, d'une réquisition éclairée, consentie, adressée surtout à ceux qui voulaient la réquisition, et il en sortit une des gloires de la patrie : l'immortelle 32ᵉ Demi-Brigade.

La *note* de Montpellier fut saisie avidement par la Commune de Paris, qui toutefois en changea le sens.

Du 27 avril au 1ᵉʳ mai, on fit courir et signer dans les sections une pétition conforme, disait-on, à cette *note* de Montpellier. Elle fut portée à l'Assemblée par un homme qui se dit délégué du faubourg Saint-Antoine. Une masse assez forte, qui marchait derrière, vint en même temps, le soir, heurter à la Convention.

La pétition était une caricature révolutionnaire de la *note* de Montpellier. Elle voulait qu'on fît partir *non les meilleurs*, mais les pires, *ceux qui avaient signé des pétitions contre-révolutionnaires*. Admirable politique ! L'honneur de défendre la France devenait le supplice des mauvais citoyens. La patrie, menacée par eux, se chargeait de les aguerrir, leur confiait son épée, comptait sur eux pour son salut.

Par qui les réquisitionnaires seraient-ils désignés? Non par une autorité élevée, centrale, mais par ces passions mêmes, *par les Comités révolutionnaires de chaque section*, autorité toute locale, pleine d'emportement et de partialité, poussée souvent à son insu par des haines personnelles, ou du moins suspectes de haine, de sorte que chacun se croirait non désigné par la Loi, mais proscrit par son ennemi.

Dans la pétition, comme dans la *note*, il y avait un emprunt forcé sur les riches, mais avec cette différence que la guerre n'était pas le premier emploi de l'argent : « *La somme sera répartie en portions égales au nombre des nécessiteux* de chaque section... »

Cet article disait tout. Il annonçait naïvement la voie où l'on entra bientôt, celle des distributions d'argent et du salaire sans travail. La proposition était claire. Un parti achetait le peuple avec ce qu'il extorquait de la Convention. Il crevait la caisse publique, rançonnait l'Assemblée aujourd'hui, pour la décimer demain.

La Convention se taisait. Le président (un Girondin) n'avait fait qu'une réponse triste et digne, nullement celle que la pétition aurait méritée. Un cri enfin révéla l'indignation de l'Assemblée ; ce cri partit de la Montagne et des amis de Danton. Lacroix demanda qu'au moins les pétitionnaires ne fussent pas admis aux honneurs de la séance.

Un député de la droite constata le danger de la Convention, dit qu'elle ne devait pas quitter

Paris, mais réunir ses suppléants à Bourges, afin que, si elle était égorgée, il restât une Assemblée pour gouverner la France.

Cependant on s'avisa de regarder de plus près cette terrible pétition ; on vit avec étonnement qu'elle ne portait ni signatures ni pouvoirs. Les meneurs parlaient au nom du faubourg, et ne l'avaient pas consulté.

Le dantoniste Philippeaux se leva alors et demanda que l'orateur fût envoyé tout droit au Tribunal révolutionnaire. Fonfrède demanda aussi son arrestation. Et, ce qui porta l'étonnement au comble, c'est que l'homme des Jacobins, l'homme de Robespierre, Couthon, appuya cette demande.

L'orateur était un tapissier du faubourg, qui avait quitté son métier pour l'état plus lucratif de commissaire de police et d'agitateur de sections. Les procès-verbaux des sections, que nous avons sous les yeux, ne font aucune mention des pouvoirs qu'il aurait reçus. Il avait l'aveu, et le simple aveu verbal, d'une douzaine de meneurs en rapport avec la Commune et les Jacobins, et comptait qu'une pétition qui demandait des secours serait toujours avouée de la masse du faubourg, réduite alors aux dernières extrémités de la misère.

Il le croyait. Il se trompait. Ces braves gens, sans trop savoir ce qu'était la pétition, croyant seulement qu'il s'agissait d'obtenir de la Convention des moyens *de sauver le peuple*, et, comme on disait, *d'en finir*, s'étaient mis à la suite, au nombre de quelques mille. Dans cette très longue colonne, la queue ignorait parfaitement ce que la tête disait. Quand ils surent la chose au vrai, il y eut un vif mouvement d'indignation et d'horreur. La basse insolence de la pétition, qui demandait de l'argent sous peine d'insurrection, présentait le grand faubourg dans l'attitude du mendiant qui mendie au pistolet. La colonne se remua, s'agita, se mit en révolte, mais contre ses meneurs mêmes. Elle fonça, par de grands efforts, jusque dans la Convention, et déclara qu'ils mentaient : « Citoyens représentants, dirent ceux qui purent pénétrer, nous demandons qu'au moins on nous lise la pétition, pour que nous puissions désavouer ce qui est contre les principes... Loin d'être en insurrection contre l'Assemblée, nous voulons la défendre jusqu'à la mort... S'il se trouvait des assassins, c'est nous, ce sont nos propres corps qui vous serviraient de remparts. »

L'arrestation des faussaires qui parlaient sans mission allait démasquer la main qui les poussait par derrière. Les dantonistes vinrent au secours. Quoiqu'il soit assez probable, d'après le premier mouvement d'indignation qui leur était échappé, d'après les exclamations de Lacroix et de Philippeaux, que les dantonistes n'étaient pas dans la confidence complète de la fausse pétition, ils ne s'en prêtèrent pas moins à l'innocenter, à couvrir ce pas hasardé du parti le plus violent. Thuriot, puis Danton lui-même, demandèrent que la Convention se bornât à improuver la phrase (d'insurrection) que le faubourg désavouait, et passât à l'ordre du jour. Danton se surpassa lui-même en diplomatie révolutionnaire. Il avança, il recula. Il flatta la Convention, lui montrant qu'elle pouvait tout. Il flatta l'insurrection. Il rassura surtout l'Assemblée (précaution indispensable pour une Assemblée française) sur la crainte de paraître craindre. Enfin, il enveloppa, embrouilla si bien les choses, qu'il obtint les honneurs de la séance *pour les pétitionnaires*, sans que l'on sût seulement si c'étaient les hommes de la première pétition ou de la seconde, ceux qui avaient insulté la Convention ou ceux qui voulaient la défendre.

CHAPITRE IX

LE MODÉRANTISME — LES COMITÉS RÉVOLUTIONNAIRES
(MAI 93)

La Convention s'établit dans la salle des Tuileries, 10 mai. — Nos revers dans la Vendée. — Dampierre tué à Famars, 9 mai. — La France n'a nulle ressource que la vente des biens des émigrés. — Les Administrations girondines entravent cette vente. — Lyon, Marseille, Bordeaux, contre le mouvement révolutionnaire. — Les Comités révolutionnaires poussent vivement la réquisition, et veulent arrêter les suspects. — Lutte imminente contre la Gironde. — Vues de Danton, de Marat, de Robespierre et des Jacobins. — Violence de l'Évêché. — L'Évêché popularisé par la mort de Lazouski. — Ligue des Jacobins, de la Commune et de l'Évêché. — La Convention crée le Comité des Douze, 18 mai. — L'Évêché propose un massacre, 19 mai. — La Commune et les sections en repoussent l'idée. — Pourquoi le Comité de Salut public ne fit rien. — Faibles mesures prises par les Douze. — Menaces de la Commune. — Anathème d'Isnard contre Paris, 25 mai. — Arrestation d'un juge du Tribunal révolutionnaire. — *La Convention veut briser les Comités révolutionnaires.* — *Robespierre proclame l'insurrection, 26 mai.*

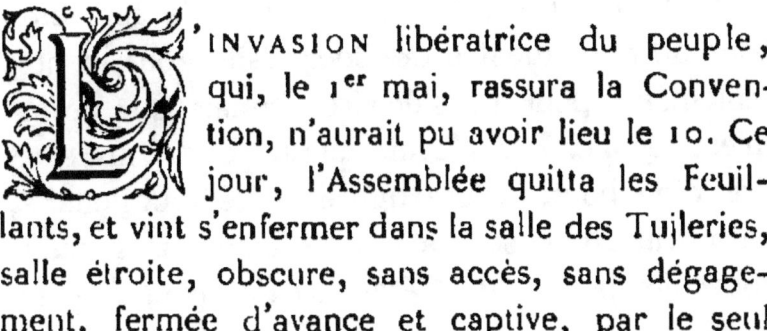'INVASION libératrice du peuple, qui, le 1ᵉʳ mai, rassura la Convention, n'aurait pu avoir lieu le 10. Ce jour, l'Assemblée quitta les Feuillants, et vint s'enfermer dans la salle des Tuileries, salle étroite, obscure, sans accès, sans dégagement, fermée d'avance et captive, par le seul effet des localités ; un cachot, ou un sépulcre ?

Qu'il soit fermé à jamais*, ce sinistre palais de Catherine de Médicis ! Malheur aux coupables fous qui croiraient pouvoir y dormir entre deux décapités : Louis XVI et Robespierre !

L'antiquité consacrait les lieux frappés de la foudre, les dévouait à Pluton, les entourait soigneusement, de peur que quelque insensé ne mît étourdiment le pied sur la place brûlante et maudite, patrimoine du dieu des morts.

Trois dynasties sont tombées là, par un juste jugement ; la noire façade en a la trace. Grâces soient rendues à Dieu !... Mais c'est aussi là qu'au 2 juin 93 le premier coup fut porté à la religion nationale, la Convention décimée ; là fut assassinée la Loi.

Le palais n'avait nullement, en 93, ni les abords ni l'intérieur qu'on voit aujourd'hui. Les vastes et

libres espaces du Carrousel étaient resserrés par
diverses constructions. A l'intérieur, on n'allait
pas, comme aujourd'hui, de plain-pied, d'une
extrémité à l'autre. On montait, on descendait,
et pour remonter. La salle, organisée fort bien
pour un petit théâtre de Cour, faite pour la nuit
seulement, pour ne s'éclairer jamais que de lumière artificielle, n'avait qu'un jour pauvre et
tiré d'en haut. Toute figure, à ce jour louche,
paraissait douteuse, blême, *de ces visages pâles,*
pour dire le mot de César, *où l'on croit lire des
complots.*

Et la foule, comment entrait-elle? cette grande
foule bruyante, ce monstre à mille têtes, que du
dedans l'on entendait, non sans terreur, rugir au
dehors, pouvait-elle entrer, cette foule?

Elle n'arrivait que par effort, par lutte et
combat, par élan désespéré. Les escaliers étroits
du pavillon de l'Horloge et du pavillon Marsan,
les misérables couloirs qui aboutissaient à la salle,
de temps à autre, y lançaient les plus heureux
dans cette lutte, des hommes forts, certainement,
ceux qui avaient des épaules, des reins et des
coudes pour porter la foule ou pour l'écarter. Ils
arrivaient bruyants, vainqueurs, tout émus encore,
fiers de leur succès, de leur force. Le passage,
spécialement vers le pavillon Marsan et la rue de
Rivoli, était difficile en lui-même, difficile par les
ruelles qui y amenaient. L'affreux passage Delorme, étroit, infect et immonde, entre les hautes

maisons noires qui ne lui montraient que le dos, réceptacle des déjections de la rue Saint-Honoré, était le principal accès.

La Convention n'avait nulle protection militaire. La Garde nationale cachée dans une espèce de cave du pavillon Marsan, quelques gendarmes logés sous la salle de l'Assemblée, ne pouvaient servir de rien. Ils le savaient parfaitement. Aux jours les plus orageux, quelque bruit qu'on fît en haut, n'ayant nul moyen d'être utiles, pas même d'entrer seulement, ils se chauffaient tranquillement et jouaient aux cartes.

On appellerait volontiers un tel lieu un piège à prendre des rois, la souricière aux tyrans.

La Convention savait parfaitement où elle allait. Mais tel était le respect de cet âge pour le peuple, telle sa confiance dans l'honnêteté de la foule, dans la religion de la Loi, qu'on eût rougi de montrer une injurieuse défiance.

Convenait-il au mandataire de soupçonner le souverain, de prendre contre lui des mesures de défense? A lui seul de s'observer, à lui de réfléchir, de ne pas se perdre lui-même.

La Convention, aux Tuileries, y fut saluée coup sur coup par les mauvaises nouvelles : la prise de Thouars, emportée d'assaut par les Vendéens le 6 mai; la mort de Dampierre, tué, le 9, à la tête de l'armée du Nord; et le général en chef de l'armée de l'Est, Custine, offrait sa démission.

Pour comprendre où en était la France, il faut

savoir qu'en avril la Convention envoya cinq cents Vainqueurs de la Bastille; en mai, sa propre Garde, deux cents grenadiers, — contre cent mille Vendéens!

Il n'y eut jamais de position comparable à celle du nouveau Comité de Salut public, infortuné pilote de ce vaisseau désemparé. Peu soutenu par les partis, ni girondin, ni jacobin, ce Comité avait reçu tous les pouvoirs, qui étaient alors autant d'impuissances. Sa ressource, devant l'Assemblée, était l'adresse et la langue de Barère, incomparable menteur pour atténuer les défaites, créer des armées possibles, prophétiser des victoires.

Le Comité avait tout au moins fait preuve d'une grande audace. Il avait, à ces armées désorganisées, presque anéanties, ordonné partout l'offensive, enjoint la victoire. La Révolution était l'assaillant universel; la mettre sur la défensive, c'était la livrer et l'abandonner. Cette offensive intrépide, tout étrange qu'elle parût, ne fut pas sans quelque effet. Les Autrichiens, par exemple, se confirmèrent dans l'idée qu'ils avaient du profond fanatisme révolutionnaire, dans le *plan* qu'ils s'étaient fait de n'avancer qu'à coup sûr, de ne pas faire un pas sans avoir bien assuré le pas qu'ils venaient de faire. « Condé d'abord, et Valenciennes; puis, ces places dûment assiégées et prises, on en viendra à Dunkerque, pour terminer la campagne par la grande affaire de

Lille. » Ils restèrent deux mois devant Valenciennes, et c'est ce qui nous sauva.

Nous n'avons pas le temps, ici, de faire encore le détail des petites victoires vendéennes, ni des nobles généraux qui, vers le milieu d'avril, avaient enfin accepté le commandement de l'insurrection. Nous y reviendrons plus tard.

Mais nous ne pouvons passer sans dire un mot de Dampierre, victime du système de guerre ordonné par la Convention : avancer toujours, faible ou fort, et toujours combattre.

Nous entrons dans l'âge de bronze. Dampierre, ce héros de 93, eût été guillotiné quelques mois plus tard (Couthon le dit en propres termes). Il le sentit parfaitement, et, par le plus court chemin, se logea au Panthéon.

C'était une nature sombre et violente, d'une apparence un peu lourde ; le dedans était de feu. Né riche, et marquis de Dampierre, il avait cruellement étouffé sous l'ancien régime, cherchant l'action, le péril, et ne trouvant rien. Il laissa tout, jeta tout en 89, et commença tout d'abord par être un furieux Jacobin. Dumouriez, son ennemi, dit que Dampierre était « un fol, audacieux jusqu'à la témérité. » C'est lui, en réalité, qui, à Jemmapes, avec le Régiment de Flandre et le premier des Volontaires de Paris, eut le premier et décisif succès qui enleva toute l'affaire.

Le voilà, devant Valenciennes, général en chef,

mais général subordonné aux commissaires de la Convention. Il avait avec lui trente mille hommes, et, devant, au moins le double d'Autrichiens, qui venaient de faire cette campagne heureuse et facile, et pouvaient à volonté se grossir jusqu'à cent mille. Les commissaires le sommaient d'avancer au nom de la Loi. Ces patriotes intrépides, qui, pour la plupart, voyaient la guerre pour la première fois et ne connaissaient nulle difficulté, crurent qu'il fallait tout hasarder, et, à tout prix, étonner l'ennemi par cette offensive. Le sort de Dampierre était tout tracé. La Vendée avait vu déjà trois généraux en six semaines tomber du commandement à la sellette d'accusés. Tout le jour du 9, Dampierre lança ses colonnes contre l'immuable camp retranché des Autrichiens; le soir, il tenta un dernier, un terrible effort, alla droit à une batterie qui le foudroya à bout portant. Il eut la cuisse emportée, et mourut le lendemain.

Le danger était plus grand qu'en septembre 92. Il n'y avait plus l'immense mouvement populaire que trouvèrent les Prussiens. Nos discordes avaient augmenté. Nos ressources étaient amoindries. Plus de biens d'Église à vendre. On arrivait maintenant aux biens d'émigrés, que peu de gens achetaient. Ces biens restant non vendus, les deux milliards d'assignats qu'on venait de fabriquer ne représentaient plus rien, portaient sur le vide; on entrait dans la région inconnue et effrayante de la Terreur financière, dans la fabrication d'un papier immense, acceptable par la guillotine.

Toutes sortes de passions, et bonnes et mauvaises, entravaient cette vente des biens d'émigrés. La délicatesse chevaleresque luttait contre le patriotisme. Si l'on avait été sûr que ceux dont on vendait les biens fussent tous dans l'armée de Condé, on eût acheté sans scrupule. Mais comment les distinguer? Il y avait certainement deux catégories d'émigrés : les émigrés de la haine, et les émigrés de la peur. Tous pourtant, ou presque tous, avaient pris les armes contre leur pays. Ils étaient précisément la classe militaire de la monarchie ; ceux qui n'eussent pas voulu combattre y étaient poussés par le préjugé, par les dérisions des autres. Il y avait, dit-on, vingt-neuf mille émigrés propriétaires, hommes la plupart ; les femmes, dans les localités paisibles, restèrent avec leurs enfants. Si l'on déduit des vingt-neuf mille quelques milliers d'individus incapables de porter les armes, il restera à peu près le nombre que formait l'armée de Condé.

Ce chiffre, cette désignation des personnes des émigrés, fut donné par les municipalités. Quant aux Administrations de départements, auxquelles Roland avait demandé la désignation des biens d'émigrés, elles montrèrent une extrême mauvaise volonté ; presque aucune ne répondit. Il adressa alors la même demande aux districts, menaçant de nommer à la Convention les districts désobéissants. Il ne fut guère plus heureux : sur les cinq cent quarante-six districts de la République, il n'y en eut que deux cent dix-sept qui voulurent répondre.

Toutes ces Administrations étaient ou se disaient girondines. Elles opposaient une force d'inertie invincible au gouvernement. Elles fermaient l'oreille au cri de la France, qui périssait sans remède, si elle ne mettait la main sur sa ressource suprême : la vente des biens des émigrés.

De même que les maratistes étaient plus violents que Marat, tous ces prétendus Girondins allaient dans le *modérantisme* (le mot fut créé pour eux) bien plus loin que les Girondins de la Convention. Ceux-ci, par Ducos, par Fonfrède, souvent par Vergniaud, se rapprochaient de la Montagne, et votaient comme elle, pour toutes les grandes mesures de salut public. Les Girondins de province avaient horreur de la Montagne, l'accusaient indistinctement, la croyant gouvernée uniquement par Robespierre et Marat.

La plupart alléguaient pour excuse à leur changement d'opinion l'horreur qu'inspiraient Septembre et la création du Tribunal révolutionnaire. Ils n'osaient blâmer tout haut le jugement de Louis XVI. Mais, peu à peu, ils commençaient à haïr moins les royalistes. Plusieurs le devenaient, les marchands surtout, à mesure qu'ils faisaient de mauvaises affaires. Mille causes avaient tué le commerce : l'émigration, le bouleversement des fortunes, l'inquiétude générale, une cause plus puissante encore, la naissance d'un nouveau commerce, l'agiotage sur les assignats, la vente de l'argent. Tout le monde voulait de l'argent, et, pour en avoir, donnait le papier à vil prix. Quiconque avait de l'argent réalisait à l'instant des bénéfices faciles, prenant ce papier au rabais, et le faisant recevoir au pair, ou par ses créanciers ou par les caisses publiques. La fabrication des petits assignats de cinq francs et au-dessous répandit partout l'agiotage, dans les moindres villages même. Il n'y eut plus d'autre trafic.

Ce n'est pas tout. Le jour où la guerre est déclarée à l'Angleterre, à la Hollande, les banques étrangères se ferment à la France. Nos grandes cités commerçantes, Lyon, Bordeaux, Marseille, frappées au dedans, sont comme murées au dehors, ensevelies pour ainsi dire dans l'excommunication financière de l'Europe.

Tout ceci part du 1er février, jour de la déclaration de guerre; les effets, déjà sensibles en mars, sont terribles en avril, en mai *.

Bordeaux, qui avait tout perdu, qui, surtout depuis le désastre de Saint-Domingue, avait vu tarir ce fleuve d'or qui coulait dans ses murs (près de quatre-vingts millions par an!), Bordeaux n'en avait pas moins été admirable, héroïque. En mars encore, on l'a vu, avant toute la France, courir dans la Vendée au secours de la République. Mais, dans ce même mois, la mer lui est fermée.

La grande ville étouffe, elle pleure, elle crie à la Convention. Le cri arrive sous la forme d'une pétition girondine, sous le prétexte d'une réclamation pour l'inviolabilité des représentants girondins.

Pour Marseille, ce qui la tua, ce fut l'excès même de son patriotisme, qui fit partir pour la frontière la meilleure partie de sa population, et la plus patriote. Le haut commerce restait maître ; il était toujours girondin, républicain, et néanmoins entravait les mesures révolutionnaires. Les commissaires de la Convention, Boisset et Moïse Bayle, essayèrent de dissoudre ce gouvernement marseillais, qui, sans s'étonner, leur signifia de sortir dans les vingt-quatre heures. La Convention ne soutint pas ses commissaires et suspendit leurs arrêtés (12 mai).

Elle porta une décision plus imprudente encore dans les affaires de Lyon. Du sort de cette ville dépendait celui de vingt départements, qui avaient les yeux sur elle et devaient la suivre, quoi qu'elle fît. Le salut de la France était lié étroitement à celui de Lyon. Si près de la frontière, elle était le point de départ des opérations de l'armée des Alpes, son magasin, son entrepôt. Qu'adviendrait-il de cette armée, déjà très faible, si elle avait au dos Lyon même pour ennemi ? Nulle part la Révolution n'avait besoin d'être plus forte, et elle y faiblissait. Des Girondins aux royalistes, la nuance s'effaçait peu à peu. Il y parut au

29 mai, où des officiers royalistes furent tués dans les rangs girondins. Les révolutionnaires, pour contenir tant d'ennemis et lever la réquisition, n'avaient que la Terreur. Ils firent un acte hardi, hautement approuvé des représentants du peuple qui allaient à l'armée des Alpes : ils créèrent un Tribunal, arrêtèrent les suspects.

La chose est dénoncée le 15 mai à la Convention ; le girondin Chasset obtint d'elle ce décret : « Ceux que l'on voudrait arrêter ont le droit de repousser la force par la force. » C'était décréter un combat ; il fut livré bientôt.

On voit, par ce fait grave, comment la Gironde, dans son inintelligence de la crise où la France se trouvait, faisait, sans le vouloir, les affaires de l'ennemi, celles du royalisme, et devenait de plus en plus l'obstacle de la situation.

Elle l'était surtout aux Finances. Son ministre, Clavières, était en lutte avec la Trésorerie, c'est-à-dire avec Cambon. Les Administrations girondines, qui arrêtaient celui-ci dans la vente des biens d'émigrés, le mirent aussi dans l'impossibilité de suivre le beau *plan* du département de l'Hérault. Ce *plan* eût associé au pouvoir réquisitionnaire ces administrations tellement suspectes. On ne put se fier qu'aux municipalités, à leurs Comités, violemment, brutalement patriotes, mais sûrs et vrais républicains.

Instrument barbare, maladroit, le seul pourtant qu'eût la Révolution, et qui la fit haïr, la rendant plus odieuse encore par la violence de la forme et la tyrannie du procédé, que par la grandeur des sacrifices qu'elle exigeait. C'était avec des cris, des menaces, des injures, de brusques invasions de domicile, à faire évanouir les femmes, qu'on exigeait le tribut, légitime en réalité, que demandait la patrie en péril. L'emprunt, levé ainsi, donna plusieurs mois à la France l'aspect d'une ville prise d'assaut.

Notez pourtant que cet emprunt n'était levé qu'avec une bonne garantie. On vous donnait en échange une reconnaissance que vous pouviez faire payer en biens d'émigrés.

Telle est la combinaison qu'avait imaginée Cambon pour faire accepter ces biens.

Une autre chose, non moins nécessaire, et qui pourtant sembla fort odieuse, ce fut la réquisition personnelle dont les Comités frappèrent tout un monde de jeunes gens qui ne voulaient pas partir, des oisifs, des *agréables*, commis, clercs, etc., une jeunesse bourgeoise qui comptait éluder le service militaire ou bien se faire remplacer. Ces jeunes gens s'attroupèrent, opposèrent résistance. Ils furent soutenus par la majorité des sections, qui ne pouvaient supporter la violence de leurs Comités révolutionnaires, surtout leurs demandes d'argent.

Ce conflit eut lieu à Paris, le 3 et le 4 mai. Et les Comités révolutionnaires l'emportèrent sur leurs sections, dont les assemblées furent dès lors subjuguées ou presque désertes.

Le résultat fut tout contraire à Lyon : pendant tout le mois de mai, les *modérés*, à main armée, se maintinrent contre la municipalité. Il en résulta, comme on verra, une guerre civile, où, derrière les *modérés*, derrière les Girondins vrais ou faux, se démasqua le royalisme.

La réquisition personnelle adressée par les Comités à tel individu choisi, désigné, avait l'inconvénient de laisser croire à chacun qu'on le désignait par haine. La section des Gravilliers et beaucoup de gens de bon sens auraient préféré le sort. Tel était aussi l'avis de Danton, qui se hasarda de le proposer. Un girondin malheureusement applaudit la *proposition*. Elle devint impopulaire, suspecte. Danton n'osa insister.

La situation était si pressante, que la Convention (le 8) « approuva les mesures adoptées par chacune des sections, » sans s'inquiéter si ces mesures étaient différentes. De quelque main que vînt le secours, par quelque bras que se fît la violente exécution, on se résigna.

Fortifier les patriotes, les armer, les solder, s'il le fallait, effrayer les contre-révolutionnaires et les égoïstes, ce fut toute la politique du moment.

Le 8 au soir, Robespierre proposa aux Jacobins, comme chose naturelle et facile, d'arrêter *tous les suspects*.

Le 13, il demanda qu'on soldât une *armée révolutionnaire*, formée de Sans-Culottes, et qu'on salariât ceux qui assisteraient aux assemblées de sections. La première *proposition* fut votée, le même jour, par la Commune.

La Loi donnait aux Comités de sections un droit de surveillance *sur les étrangers* suspects. Le 16, ils hasardèrent le premier essai d'un nouveau pouvoir, celui d'arrêter tout suspect, étranger ou citoyen. Ils arrêtèrent un magistrat, un juge de paix, et cela, la nuit.

Le matin, sa section le réclame à la Convention, qui ordonne son élargissement. Le jour même, l'Assemblée, pour mieux faire sentir son mécontentement, nomme président le plus violent des Girondins, Isnard. Choix malheureux. La violence d'Isnard était provocante, colérique, malencontreuse, sans adresse ni mesure.

C'était la guerre.

On pouvait prévoir aisément, avec un tel président, qu'un conflit aurait bientôt lieu, que la Gironde ou la Montagne serait infailliblement brisée.

Cependant la situation n'était pas telle qu'on pût hésiter dans ses vœux. La Gironde était pleine de talents, éloquente, elle comptait beaucoup d'hommes honorables, qu'on était forcé d'aimer; mais enfin elle ne proposait nul remède, nul secours. La France périssait avec elle. Elle était le centre, l'appui du fatal *modérantisme* qui entravait l'action, empêchait spécialement l'action financière, la vente des biens de l'émigration.

Comment écarter la Gironde, si elle ne donnait pas elle-même sa démission? Comment l'écarter, sans armer la vengeance des départements, commencer la guerre civile?

Danton désirait qu'intimidée, ou s'avouant qu'elle était l'obstacle au salut de la patrie, la Gironde se retirât. Il eût voulu que la Convention sanctionnât provisoirement le vœu de Paris à ce sujet, que sa décision fût communiquée aux départements. S'ils adhéraient, la retraite des vingt-deux deviendrait définitive. Il fit présenter la chose sous cet aspect aux Jacobins par son ami Fabre d'Églantine (séance du 1ᵉʳ mai). Cet expédient, quel qu'il fût, avait du moins l'avantage de débarrasser la Convention des Girondins pendant la crise du printemps. C'est tout ce que voulait Danton.

Robespierre ne voulait pas que la Gironde donnât sa démission. Il voulait qu'elle fût jugée. Il croyait qu'elle était coupable, exigeait une justice. Sincère en cela, sans nul doute, il montrait bien peu de sens politique. Quel danger immense de commencer un tel procès dans la situation où était la France! Les Girondins eussent-ils été coupables, il y avait à parier qu'on n'aurait contre eux que des preuves morales, de simples présomptions. Et quand même on aurait trouvé des preuves très certaines et très convaincantes, quel moyen de les démontrer telles aux départements, qui feraient de tout cela une affaire d'orgueil ou d'honneur, et se croiraient toujours offensés dans leurs députés?

Robespierre voulait la mort des Girondins ? Non, à cette époque. Il ne les voulait pas morts, mais démasqués, déshonorés.

Tel était aussi l'avis de Marat, plus modéré au fond que ses paroles sanguinaires ne l'auraient fait soupçonner. Je croirais même qu'il désirait peu un procès en règle. Que les Girondins fussent écartés, arrêtés, mis hors d'état de conspirer, il ne désirait rien de plus.

La majorité des Jacobins n'avait nulle autre pensée que celle de Robespierre. On serait injuste envers eux, si on les jugeait sur le mot que l'un d'eux, un misérable, Desfieux, écrivait, le 6 avril, aux Jacobins de Bordeaux : « Qu'heureusement les Girondins allaient être assassinés. »

Ce n'était qu'aux Cordeliers, ou dans la réunion de l'Évêché, que quelques hommes soutenaient la thèse, très peu populaire, de la nécessité d'un massacre.

Nous avons vu la violence insensée de l'Évêché combattue en octobre 92, en avril 93, par Robespierre et Marat. L'Évêché ne fut nullement soutenu par le peuple dans sa tentative meurtrière du 10 mars. Au 1er avril, les Jacobins, le frappant d'une vive désapprobation par leur président Marat, l'empêchèrent de s'emparer des armes de la Commune, que l'Évêché voulait, disait-il, distribuer aux sections.

A la fin d'avril, un hasard, une circonstance imprévue, lui donna tout à coup une grande popularité. Ce fut la mort de Lazouski, l'un de ses membres, capitaine des canonniers du faubourg Saint-Marceau. Nous avons parlé de ce réfugié polonais, qui avait brillé au 10 Août, et qui, depuis, vivait dans ce faubourg, avec la population la plus indigente de Paris. Envoyé avec Fournier pour escorter les prisonniers d'Orléans, il n'empêcha pas le massacre : l'eût-il pu ? la chose est douteuse. Nous le retrouvons au 10 mars. Le faubourg ne voyait en lui que le vainqueur du 10 Août. Ces pauvres gens avaient pour leur Polonais un engouement extraordinaire; ils le pleurèrent sincèrement, prétendirent qu'il était empoisonné. La Commune s'associa à ce soupçon, à ce deuil; elle adopta la fille du mort, ordonna qu'il aurait l'honneur insigne, unique, d'être enterré sur la place même du Carrousel, en face du palais qu'il avait foudroyé. Lazouski, l'homme de l'Évêché, l'homme du mouvement du 10 mars, placé à perpétuité devant la Convention, n'était-ce pas pour celle-ci comme une menace muette? une attente d'insurrection ?

L'Évêché fut singulièrement fortifié par cet événement populaire. Les Jacobins, qui avaient souvent condamné sa violence, lui donnèrent la main sans hésitation. Robespierre fit, au sein de la société, un éloge funèbre du grand patriote.

La Commune, à son tour, voyant cette union nouvelle des Jacobins et de l'Évêché, se confia à celui-ci. Elle en fit le centre des Comités qui se chargeaient, au nom des sections, de lever l'emprunt forcé. Les Comités qui devaient répartir les secours promis aux nécessiteux s'y réunissaient aussi.

Le premier essai de violence contre la Convention fut une émeute de femmes (18 mai). On leur fit croire que la rareté du pain était l'œuvre de la Gironde ; elle voulait, disait-on, affamer le peuple, le mater et le dompter par l'excès de la misère : *Les Girondins accaparaient le pain pour le jeter dans la Seine.* Les femmes assiégèrent l'Assemblée ; on se battait à la porte et dans les tribunes.

« Vous le voyez, dit Isnard, on veut la dissolution de l'Assemblée... Ceci est un complot de Pitt... » — Marat, à cette folie, répond par une autre : il soutient que la Gironde est amie de la Vendée.

Guadet hasarda alors deux *propositions* très graves. L'une reproduisait l'idée dangereuse, déjà émise plusieurs fois, de réunir à Bourges les suppléants de l'Assemblée. L'autre demandait que la Convention *cassât toutes les autorités de Paris.*

Il eût fallu, du moins, avant tout, que la Convention désarmât ces autorités, qu'elle leur ôtât le droit de requérir la force armée, qu'elle reprît elle-même ce droit, le mît entre les mains de son Comité de Salut public.

C'était évidemment sur le courage du Comité de Salut public ou d'*Execution* que toute la révolution, proposée par Guadet, allait reposer. S'il y avait bataille dans Paris, le Comité se trouvait être, en quelque sorte, le général de la Convention. Eût-il accepté un tel rôle? L'idée seule faisait frissonner Barère. Le Comité n'avait pas d'ailleurs l'unité indispensable pour une telle *exécution*.

Barère s'élance à la tribune, écarte du Comité la responsabilité qui allait tomber sur lui. Le svelte et agile orateur y donne l'étonnant spectacle d'une évolution légère qui met tous les chiens en défaut. Il frappe à gauche, déplore les excès de la Commune... La droite commençait d'applaudir. — Barère, alors, sans perdre de temps, se rejette contre la droite : « Casser les autorités de Paris! dit-il; si je voulais l'anarchie, j'appuierais cette *proposition*. (Applaudissements de la gauche.) Il faut créer *une Commission de douze membres* qui examine les arrêtés de la Commune, qui entende les ministres, et *prenne des mesures* pour la tranquillité publique. » — Décrété à l'instant même.

Le Comité d'*Exécution* avait ainsi, par Barère, décliné l'*exécution*. Que faisait ce nouveau Comité des Douze, chargé de *prendre des mesures?* Que voulait dire un mot si vague? Était-ce un mot de confiance ? Il fallait alors remettre ce pouvoir de confiance à des hommes imposants par le caractère. Ceux qu'on nommait (sauf deux, Rabaut et Fonfrède) n'avaient nullement le poids nécessaire pour une mission si grave; c'étaient généralement de jeunes députés de la droite, qu'on aurait pu appeler une Gironde inférieure. Vigée, par exemple, Henri Larivière, étaient des jeunes gens hasardeux, aux paroles hardies et légères, qu'on croyait (sans qu'ils eussent fait leurs preuves) gens d'exécution.

Le dimanche 19 au soir, une assemblée des Comités révolutionnaires eut lieu, non à l'Évêché, mais à la mairie. Elle fut présidée par les administrateurs de Police de la Commune; on devait y examiner les moyens de saisir et d'arrêter les *suspects*. L'administrateur Marino, peintre en porcelaine (le même qui devint plus tard effroyablement célèbre par les jugements de Lyon), dit qu'il ne connaissait de *suspects* que dans la Convention, qu'il fallait saisir les *vingt-deux* (plus 8 qu'il désignerait), les mettre en lieu sûr, les *septembriser*, les faire disparaître : « Nous dirons ensuite, dit-il, qu'ils ont émigré. » Tout cela, froidement, posément; c'était un homme sérieux, calme, qui semblait rassis. Il y eut quelque silence; très peu approuvèrent. Quelques-uns dirent qu'on n'avait pas de local où l'on pût faire secrètement une telle exécution. Un autre, qu'il fallait attendre le *plan d'insurrection* que Robespierre et Marat présentaient aux Jacobins. Alors, un des *violents*, prenant l'air d'un homme d'État et se posant dans la gravité d'un Machiavel, dit qu'il fallait des mesures promptes : « Coligny, dit-il, était à minuit près du Roi; à une heure, il était mort. »

Cette exaltation à froid fut encore plus odieuse et plus ridicule les jours suivants aux Cordeliers. Le jeune Varlet, jaloux de Marino, qui lui volait son massacre, en proposa un, infiniment plus beau, plus complet, d'un effet plus dramatique. « Il faut faire, dit-il, une insurrection d'un genre absolument neuf... Nous entrerons dans l'Assemblée avec *les Droits de l'homme* voilés de noir, nous enlèverons toute la Plaine, tout ce qu'il y a d'ex-Constituants, de nobles, prêtres, robins... Nous exterminerons cette engeance, avec les Bourbons, etc. » Legendre, qui était là, réclama pour qu'on respectât du moins l'enceinte de la Convention.

Il ne faut pas croire que toutes ces belles choses fussent bien prises dans les sections. La nuit du dimanche au lundi, tous ceux de leurs membres qui étaient en permanence, apprenant la *proposition* de Marino, témoignèrent une vive horreur. Le maire Pache, qui, le lundi soir, vint présider l'assemblée des Comités révolutionnaires, ne permit pas qu'on mît en discussion aucune violence ; « Si vous tuez les vingt-deux, dit-il, vous aurez la guerre civile. » Quelques-uns lui reprochant sa tiédeur : « En tout cas, dit-il, ce n'est pas ici qu'on doit discuter de telles choses. » Il les mit ainsi tout doucement à la porte, les laissant parfaitement libres de conspirer partout ailleurs qu'à la mairie.

Dans la réalité, personne ne croyait sérieusement au massacre. Le Paris de 93 ne ressemblait pas à celui de 92. Le sang s'était bien calmé. Les provinces, plus tardives, étaient jeunes encore dans la Révolution, mais Paris y était vieux. Il pouvait être témoin de grandes barbaries juridiques, que tout le monde laisserait faire. L'assassinat était possible; le massacre populaire avait peu de chance.

L'enlèvement, l'arrestation de plusieurs représentants étaient bien plus vraisemblables. Un *rapport de police* apprit au Comité de Salut public la nouvelle (vraie ou fausse) que Robespierre, Danton et autres, réunis à Charenton, avaient comploté la chose. Le Comité était alors doublement embarrassé, il n'éprouvait que revers (au Nord et dans la Vendée), il n'avait que de tristes, d'humiliantes nouvelles à donner à l'Assemblée, et il allait lui faire des demandes énormes, réclamer d'elle des votes d'importance infinie, de confiance sans limites. Le 20 mai, Cambon fit proposer par un de ses collègues l'établissement de l'impôt progressif, réglé par les municipalités. Puis, au milieu de la discussion, il introduisit lui-même (comme en parenthèse) une bien autre demande : *l'emprunt forcé d'un milliard* à lever immédiatement *sur les égoïstes et les indifférents* (impôt remboursable en biens d'émigrés). Il emporta la chose de haute lutte, et ce fut seulement après (le 23) qu'il annonça le complot d'enlèvement. L'Assemblée l'écouta assez froidement. Elle fit plus d'attention aux harangues des sections qui dénoncèrent les *propositions de massacre* faites dans les assemblées de la mairie le dimanche et le lundi. La Commune eut peur; elle désavoua ce qui s'était dit le dimanche. Sur la *proposition* de Chaumette, elle arrêta qu'on inviterait les dénonciateurs à venir lui donner des renseignements, « *pour qu'elle pût découvrir les traîtres*, et, dès le soir même, les livrer aux tribunaux. »

A toutes ces révélations, l'Assemblée ne remuait pas. Elle se faisait lire les lettres rassurantes du maire, et dormait à ce doux bruit. Le 19, le 24, le 27 même, quand la Convention était assiégée, Pache écrivait : « Il n'y aura rien... Il n'y a pas de complot... L'habitude fâcheuse, répandue dans les sections, de parler à tout propos de carnage, n'a point d'effet jusqu'ici au delà du langage et de l'imagination. Le cœur est encore humain et sensible. »

La Convention avait mis deux jours pour nommer les Douze, et les Douze mirent trois jours à faire leur rapport, rapport tout à fait ridicule. Vigée, qui en était chargé, commençait par dire que le danger était extrême : « Encore quelques jours, dit-il, et vous n'étiez plus. » Puis, pour obvier à ce grand péril, il proposait seulement *de fortifier le poste de la Convention;* chaque compagnie était tenue d'y envoyer deux hommes. Du reste, rien de changé. La Commune restait investie du droit de requérir la force militaire, c'est-à-dire, quand elle voudrait, d'assiéger la Convention.

Le rapport fut adopté, malgré l'opposition de Danton, qui dit :

« C'est décréter la peur. »

Quelque insignifiante et molle que fût la mesure proposée par les Douze, elle avait ceci de bon qu'elle respectait Paris, qu'elle se fiait à lui de la sûreté de l'Assemblée. Cette ligne était la seule qu'on pût suivre; la Convention devait y persévérer. Une fatale imprudence de son président Isnard l'en sortit le lendemain.

Le 24, les Douze avaient ordonné l'arrestation de Varlet, de Marino, l'auteur des *propositions sanguinaires* faites le soir du dimanche, et celle du substitut Hébert, le trop fameux Père Duchêne, qui, dans son dernier numéro (n° 239), disait que les Girondins, achetés par Pitt, avaient fait faire en février le pillage des épiciers, et depuis, « *à plusieurs reprises, enlevaient le pain des boulangers, pour occasionner la disette.* »

Le 25, de bon matin, la Commune était aux portes de la Convention pour réclamer la liberté de ce grand citoyen, Hébert, de cet estimable magistrat. L'Adresse de la Commune, récrimination furieuse, *demandait la mort pour les calomniateurs de Paris*, pour ceux qui avaient dénoncé la *proposition de massacre* faite à la mairie.

Un frémissement d'indignation parcourut toute l'Assemblée.

Isnard ne se possédait plus. De son siège de président, il laissa tomber un mot déplorable, de ces mots qui lancent les révolutions.

« Vous aurez prompte justice, dit-il aux orateurs de la Commune. Mais écoutez les vérités que je vais vous dire. La France a mis dans Paris le dépôt de la représentation nationale. Il faut que Paris le respecte. Si jamais la Convention était avilie, je vous déclare, au nom de la France entière... » Et là, il leva la main et suspendit l'anathème.

« Non ! non ! » cria la gauche.

Mais toute l'Assemblée se lève : « Oui ! oui ! au nom de la France !... »

Isnard alors continua : « Paris serait anéanti ! »

Marat : « Lâche, trembleur, descendez du fauteuil... Vous voulez sauver *les hommes d'État*. »

Isnard, d'une voix lugubre : « On chercherait sur les rives de la Seine si Paris a existé. »

A ce blasphème, plusieurs rugissent d'indignation, et plusieurs de joie, voyant la prise terrible que venait de donner sur lui le malencontreux président. Danton s'élance à la tribune, et sans abuser contre Isnard de son avantage (il le voyait soutenu de la grande majorité), il défendit Paris avec infiniment d'adresse, de sens et de raison, de modération. Il y rappela tout le monde, et finit par emporter les applaudissements de tous les partis.

Isnard avait fait une faute, une grande faute.

Il avait été maladroit et injuste. Paris était, en réalité, très favorable à la Convention.

Il n'y avait pas un quart d'heure qu'Isnard avait dit le mot fatal, et déjà il était répandu dans le faubourg Saint-Antoine. On se disait avec horreur : « Le président a demandé l'anéantissement de Paris »

Ce qu'avait dit Isnard le 25 mai, Barère l'avait dit le 10 mars (sauf la solennité de la forme, sauf le ton lugubre, l'air sinistrement prophétique). Personne n'y avait pris garde.

Ce mot, répété, commenté à grand bruit par tout Paris, fit l'effet d'une tempête. On montrait dans le lointain les armées des départements venant démolir la capitale, en disputer les débris. Le 25 au soir, les Comités révolutionnaires, se prévalant du mot d'Isnard, du sinistre effet qu'il eut dans Paris, firent un essai de leurs forces. L'essai se fit dans la Cité, dont le Comité avait près de lui l'assemblée de l'Évêché et le Tribunal révolutionnaire. On y arrêta cinq personnes, « qui avaient parlé mal de Robespierre et de Marat. » L'ordre était signé du président de la section, Dobsent, juge du Tribunal révolutionnaire, et qui semblait, à ce titre, à peu près inviolable.

Le choix d'un tel homme pour faire l'essai dangereux de la tyrannie nouvelle était fort habile. Le Tribunal était le centre, le point de ralliement des hommes de 93, le temple, le lieu sacro-saint des croyants de la Terreur. Elle y siégeait elle-même, et qui y siégeait avec elle se sentait inattaquable, bien plus que la Convention. Quelque opinion qu'on eût en réalité de ce Tribunal, on ne pouvait contester qu'il ne fût le glaive de la République, et que toucher à ce glaive, risquer d'en émousser la pointe, c'était donner aux royalistes une incalculable audace.

A ce moment même, on amenait de Bretagne les royalistes qui avaient recélé chez eux tous les actes du complot, les listes des conjurés. Ces prisonniers qui arrivaient au Tribunal révolutionnaire, allaient-ils trouver leurs juges poursuivis, prisonniers eux-mêmes ? Cela était impossible. Ces juges, en un tel moment, se trouvaient inviolables, impeccables, quoi qu'ils fissent.

Cela n'arrêta pas les Douze. Ils ordonnèrent à Dobsent de leur apporter les registres de la section, et, sur son refus, le firent arrêter.

La Convention suivait les Douze ; elle paraissait résolue. Le même jour, 26 mai, sans discussion, sans phrases, elle vota non seulement l'élargissement des cinq personnes emprisonnées sur l'ordre de Dobsent et du Comité, mais *la suppression même du Comité, la défense à tout Comité de s'appeler révolutionnaire, l'ordre général aux Comités de se renfermer dans les pouvoirs que la Loi leur donnait sur les étrangers.*

D'un vote se trouvait brisée toute la grande machine de la Terreur.

Qu'y substituait la Convention ? Rien. Organisait-elle un nouveau pouvoir, efficace et énergique, pour la répression du royalisme? Nullement. La fin du décret le rendait ridicule. L'Assemblée se remettait de tout au ministre de l'Intérieur, le faible, le timide, l'impuissant Garat.

Le décret fut rendu le matin. En réponse, les violents essayèrent l'insurrection. Les fonds accordés aux femmes et mères de ceux qui partaient se distribuant généralement sous leur influence, ils avaient nombre de femmes à leur disposition. Ils les promenèrent dans Paris, par bandes armées de piques. Ces femmes, avec des tambours, proclamaient l'insurrection. Elle se réalisait déjà dans plus d'une section ; les *violents* y luttèrent contre les *modérés*, à coups de bâtons, de chaises, les chassèrent des assemblées. Peu nombreux, ils s'entendaient mieux, s'aidaient d'une section à l'autre. Eussent-ils été les moins forts, ils étaient toujours à même d'appeler la force armée, qui, dépendant de la Commune, était à leurs ordres.

Toutefois, la singularité d'un très petit nombre agissant ainsi en présence d'un peuple de cent mille Gardes nationaux, qui semblaient dormir, rendait l'affaire hasardeuse. Cette épuration à coups de bâtons pouvait réveiller Paris. Il eût suffi qu'il fît un signe pour changer la face des choses. Les furieux de l'Évêché avaient eu l'imprudence de mettre en avant, de prendre même pour président, dans ces jours de crise, un homme trop connu de la population parisienne, dont le nom seul disait beaucoup, qui ne se montrait jamais que dans les jours les plus sinistres, l'homme noir du 5 Octobre, la lugubre figure du juge de l'Abbaye.

Les Jacobins ne pouvaient plus rester inactifs. Il fallait qu'ils sauvassent les violents de leur propre violence, qui les eût perdus, amenant non un massacre, mais peut-être quelque assassinat. Robespierre devait d'ailleurs se hâter de rendre à la société l'avant-garde de la Révolution qu'elle se laissait ravir. Lui-même, peu de jours auparavant, il s'était quelque peu compromis par sa modération, défendant la Convention contre l'amère invective d'un juge révolutionnaire qui était venu dénoncer l'Assemblée aux Jacobins. Il fit, le 26 au soir, à la société, le discours le plus belliqueux qu'il eût fait jamais. Dans la nécessité de regagner par la violence des paroles le terrain qu'il avait perdu, il sortit de son caractère, dit des choses étonnantes qui confondirent ses amis. Ce fut la colère d'Achille. Il déclara que si le peuple n'était pas en insurrection contre les députés corrompus, « il s'y mettrait à lui seul. » La société ne rit point ; elle se leva tout entière contre les députés corrompus, et se déclara en insurrection.

Dans ce discours colérique, parfaitement calculé pour la foule des Jacobins, Robespierre trouvait pourtant moyen d'indiquer ses vues véritables, de menacer et d'ajourner. Il s'adressait à l'arme la plus menaçante, à la partie la plus révolutionnaire de la Garde nationale, l'artillerie, disant que : « *Si les canonniers qui tenaient la foudre* ne s'en servaient pas *à l'approche de l'ennemi*, il se chargerait lui-même de punir les traîtres, regarderait tout conspirateur comme son ennemi et le traiterait comme tel. »

A l'approche de l'ennemi, ce mot ajournait les choses. Il déclara, en effet, aux principaux Jacobins, que, pour le moment, il suffisait d'une *insurrection morale*.

Toute la difficulté était d'amener l'Évêché, des hommes comme Maillard, Varlet, Fournier, à l'idée d'une *insurrection morale*. Le capucin Chabot se chargea de les prêcher, avec Dufourny et autres, et de les amener aux vues plus sages et plus efficaces de la société jacobine.

CHAPITRE X

LE 31 MAI
IMPUISSANCE DE L'INSURRECTION

Quelle place nous aurions prise dans la Convention. — Pourquoi la Gironde devait être abandonnée. — Elle ne proposait rien. — Elle subissait un mélange royaliste. — Fausses accusations, dont la Gironde fut victime. — Comment elle a été justifiée par ses ennemis. — Le mystère du 31 mai révélé pour la première fois. — Mouvement préalable du 27 mai 93. — La Convention envahie, nuit du 27 mai. — Progrès de la Montagne, 28 mai. — Faiblesse des deux partis. — Il n'y avait pas 5,000 votants aux élections de Paris. — L'insurrection morale et l'insurrection brutale. — Robespierre craint l'insurrection brutale. — Les sections opposées à l'insurrection brutale. — L'Évêché oblige les sections à lui envoyer leurs délégués. — Résistance directe ou indirecte des sections, 29-31 mai. — L'Évêché procède à l'insurrection. — Les Jacobins organisent leur insurrection morale, réunissent le département et les délégués des sections, 30-31 mai. — L'Évêché nomme un Comité de Salut public et s'empare de la Commune, 31 mai. — Indécision du nouveau pouvoir. — Inaction de l'Assemblée. — Discours ambigu de Danton. — L'insurrection a peine à aboutir. — Les Jacobins créent un Comité de Salut public et l'envoient à la Commune. — L'Évêché s'adresse au faubourg Saint-Antoine et le pousse à une collision. — Les Jaco-

bins envahissent l'Assemblée et réclament le décret d'accusation. — Le faubourg et les sections réconciliées entrent dans l'Assemblée et la rassurent. — L'insurrection est sans résultat.

La justice scrupuleuse que nous avons essayé de rendre également à la Gironde, à la Montagne, les louant ou les blâmant selon leurs différents actes, jour par jour et heure par heure, ne doit pas néanmoins laisser incertaine pour nos lecteurs la voie que nous aurions suivie, si nous eussions siégé nous-même à la Convention.

S'ils nous demandent quel banc et quelle place nous aurions choisie, nous répondrons sans hésiter : Entre Cambon et Carnot.

C'est-à-dire que nous aurions été Montagnard, et non Jacobin.

On oublie trop fréquemment qu'une grande partie de la Montagne, les Grégoire, les Thibaudeau, beaucoup de députés militaires, restèrent étrangers à la société jacobine. Les dantonistes, spécialement Camille Desmoulins, quoiqu'ils y aient été de nom, lui furent très contraires d'esprit.

L'esprit inquisitorial, l'esprit de corps, *l'esprit-prêtre*, le violent machiavélisme de la grande société, aidèrent sans doute puissamment à comprimer nos ennemis, mais ils les multiplièrent. Les Jacobins entreprirent l'épuration complète de la nation, *en arrêtant tous les suspects*. Mais au bout de quinze mois du règne des Jacobins, la France entière était suspecte.

La Gironde, d'autre part, eut le défaut tout contraire, défaut grave en révolution, je veux dire, *la tolérance*. La tolérance du mal, n'est-ce pas le mal encore? La tolérance de l'ennemi est-elle loin de la trahison? La Gironde, il est vrai, vota des lois sévères, mais elle refusait les moyens de les faire exécuter.

Elle proclama la guerre universelle, la croisade révolutionnaire et l'affranchissement du monde; elle fut en ceci le légitime interprète de la France, et se montra et plus généreuse que les Jacobins et plus politique. Mais, en même temps, elle refusait les moyens de cette guerre. Par ses résistances éloquentes, elle encourageait la résistance muette et l'inertie calculée des administrations de départements, qui entravaient toute chose (la vente spécialement des biens de l'émigration). Oui, malgré notre admiration pour le talent des Girondins, notre sympathie pour l'esprit de clémence magnanime qu'ils voulaient conserver à la Révolution, nous aurions voté contre elle.

Pourquoi? *Ils ne proposaient rien*. Dans la crise la plus terrible et qui demandait les plus prompts remèdes, ils ne donnaient nul expédient. seulement des objections.

Leur politique se résume par un mot, un seul mot : *Attendre*.

S'agit-il des nécessités financières, de la baisse

de l'assignat : « *Il faut attendre*, dit Ducos. A la longue, les choses ne peuvent manquer de prendre leur niveau. »

S'agit-il du recrutement, de l'urgence de la réquisition : « *Il faut attendre*, dit Brissot dans son journal, attendre les enrôlements volontaires. Ce mode de recrutement est le seul qui soit digne des hommes libres. »

Attendre? La Vendée n'attend pas. Elle gagne une bataille le 24... Elle avance, elle vient à nous ; tout à l'heure elle est à Saumur.

Les Anglais n'attendent pas. Leur armée joint l'autrichienne, leur flotte est devant Dunkerque.

Les Autrichiens n'attendent pas. Les voilà maîtres des camps qui couvraient Valenciennes. Vont-ils assiéger cette ville, ou bien marcher sur Paris ? On ne voit pas ce qui les empêche d'y venir en quinze jours.

Dans une telle situation, toute entrave, toute objection aux moyens de défense que l'on proposait, était une sorte de crime. Les Girondins, n'offrant nul expédient, devaient prendre, les yeux fermés, ce qu'offraient leurs adversaires. Ceux-ci en donnèrent plus d'un détestable, mais enfin ils en donnaient.

Les Girondins devaient faire attention à une chose qui, pour d'excellents républicains comme ils l'étaient, eût dû trancher la question, faire taire tout esprit de parti et les décider à se retirer : *leur parti se royalisait*.

Fondateurs de la République, ils devenaient et le bouclier et le masque des royalistes. S'ils n'étaient pas éclairés par leurs ennemis sur la situation, ils devaient l'être par leurs amis, par ces étranges et perfides amis, qui s'avançaient dans leur ombre pour frapper le cœur de la France.

L'aveuglement des Girondins de la Convention est une chose triste à observer. Restés nets, purs et loyaux, ils s'obstinèrent à ne pas voir les mélanges déplorables que subissait leur parti. Ils croyaient Lyon girondin ; dans leur fuite, en juin, juillet, ils le trouvèrent royaliste. Il en fut de même de la Normandie, de même encore de Bordeaux. Ils se virent avec étonnement, avec horreur et désespoir, l'instrument du royalisme.

Aussi, quoique la Gironde ait été expulsée de la Convention par des moyens ignobles, indignes, nous nous serions borné à protester contre cette expulsion, nous n'aurions pas déserté la Convention violée, nous n'aurions pas brisé l'unité de la Montagne. Nous lui serions resté fidèle, car là était le drapeau. Nous aurions protesté contre le 31 mai, comme firent Cambon, Merlin, plusieurs Montagnards et les soixante-treize. Mais enfin nous serions resté. Les royalistes se mêlant aux Girondins, on ne pouvait plus défendre ceux-ci qu'en fortifiant ceux-là ; tout acte pour les Girondins eût été un coup porté à la République.

Ce mélange fut le crime de la Gironde, son

seul crime, il faut le dire, — et non le fédéralisme, le démembrement de la France, auquel elle ne pensa jamais*, — et non la double accusation qu'on lui lançait follement de s'entendre avec Dumouriez ** pour la branche cadette, avec la Vendée pour la branche aînée.

Les autres accusations n'étaient pas moins insensées, absurdes. Que dire de celles de Marat : « C'est Pétion, Brissot, Gorsas, qu'il faut accuser des massacres de Septembre. »

Et du mensonge d'Hébert : « Les Girondins prennent, la nuit, tout le pain chez les boulangers. »

Autre de Marat : « Le scélérat Brissot a mis tout exprès des prêtres auprès de Louis, pour le fanatiser, le faire passer pour saint et martyr. »

« C'est Roland et les Girondins qui ont volé le Garde-Meuble. Brissot a placé sa part sur les fonds étrangers. L'hypocrite rit maintenant, il loge *dans le palais des rois.* »

Effectivement, Brissot s'était fait donner un grenier du château désert de Saint-Cloud. Il possédait trois chemises ; sa femme les blanchissait et les étendait tour à tour aux fenêtres du *palais des rois.*

Les Girondins avaient demandé que l'on constatât la fortune de tous les représentants. L'Assemblée ne le permit pas. Tous étaient désintéressés, et tous s'indignèrent d'une telle inquisition.

Dans leur dernière et funèbre nuit du 30 octobre 93, ce qui troublait le plus les Girondins condamnés, ce n'était pas la mort qu'ils devaient subir le lendemain, mais la profonde misère où ils laissaient leurs familles. Les femmes de Brissot, Pétion, Gensonné, seraient mortes de faim avec leurs enfants, sans les aumônes de quelques amis.

Ce qui reste des lettres inédites de Vergniaud témoigne de l'inquiétude singulière du grand orateur : c'était la difficulté de payer sa blanchisseuse.

Au jour même de leur mort, ou le lendemain, la lumière s'est faite. Danton, Camille Desmoulins, les ont amèrement pleurés. Dumouriez, leur prétendu complice, les honore de ses injures dès 94. Il en est de même de Mallet-Dupan *(voy.* plus haut) et de tous les royalistes : tous exècrent la Gironde, comme la République elle-même. Garat, le faible Garat, après le 9 Thermidor, avoue tardivement dans ses *Mémoires* l'innocence de la Gironde.

Le cœur de la France elle-même s'est échappé dans les paroles douloureuses de Chénier, lorsqu'il répondit en 95 aux hommes impitoyables qui fermaient encore l'Assemblée aux Girondins survivants : « Ils ont fui, dites-vous ? ils se sont cachés, ils ont enseveli leur existence au fond des cavernes ?... Eh ! plût aux destinées de la République que ce crime eût été celui de tous !... Pourquoi ne s'est-il pas trouvé de caveaux assez profonds pour conserver à la patrie les méditations de Condorcet et l'éloquence de Vergniaud ? Condorcet, Vergniaud, Rabaut-Saint-Étienne, Camille Desmoulins, ne veulent point d'holocaustes sanglants. Les républicains pardonnent leur mort, si la République est immortelle. Union, Liberté, République, voilà le ralliement de la France, le vœu des morts, le cri qui sort des tombeaux ! »

L'unité sous peine de mort, telle avait été la condition de la France, en mai 93 ; c'est ce que purent alléguer les membres de cette Assemblée qui avaient eu le malheur de voir cette tragédie du 31 mai, d'en boire le honteux calice... Ils virent tout, surent tout, souffrirent tout, gardant jusqu'au jour du salut le déplorable *secret qu'il leur fallait ensevelir*. C'est le mot même de Cambon, lorsque en 94 il rendit témoignage à la mémoire des infortunés Girondins.

Il est révélé, ce secret. Il l'est complètement ici, pour la première fois ; il est mis en pleine lumière d'après les actes authentiques. Nous qui venons enfin, après soixante ans, le tirer du fond de la terre, nous n'en justifions pas moins l'illustre et malheureuse Assemblée. Il lui fallut laisser périr ou la Gironde ou la France. La Gironde même avait choisi. La Convention ne fit qu'accomplir ce qu'avait conseillé Vergniaud : « N'hésitez pas entre quelques hommes et la chose publique... Jetez-nous dans le gouffre, et sauvez la patrie ! »

Le mouvement, annoncé le 26, eut lieu le 27.

Dans plusieurs sections, on compléta les compagnies de canonniers. On empêcha les volontaires de partir pour la Vendée. La section des Gravilliers se déclara en insurrection. Le faubourg Montmartre, en masse, partit avec plusieurs autres sections, le matin du 27, pour présenter à l'Assemblée une pétition menaçante, *au bout d'une pique*.

De quels moyens de défense disposait la Convention ? La réquisition de la force armée appartenait au maire, à la Commune, puissance incertaine et flottante, que l'insurrection dominait.

Les Douze, il est vrai, avaient reçu de l'Assemblée un vague pouvoir *de prendre des mesures*. — Ce pouvoir contenait-il celui d'appeler la force armée ?

Ils l'appelèrent dans la nuit ; et, malgré les réclamations du maire, trois sections voisines de l'Assemblée (la Butte-des-Moulins et deux autres) envoyèrent chacune trois cents hommes à son secours, de sorte que les bandes armées, qui de bonne heure s'étaient saisies des abords des Tuileries, virent derrière elles ce corps d'environ mille hommes en bataille sur le Carrousel ; les assiégeants furent assiégés.

Cela dérangeait fort le plan. La Convention, irritée, reçut, comme émollient, une sentimentale épître du maire de Paris. Rien de grave. Nulle violence à craindre, nulle effusion de sang.

Cependant la section de la Cité, fidèle aux

projets de la nuit, et sans doute n'étant pas avertie de la protection armée qu'avait la Convention, vint à grand bruit réclamer la liberté de son président, demandant avec menace : « Que les Douze fussent traduits au Tribunal révolutionnaire. »

Isnard dit que l'ordre du jour était la Constitution, et refusa obstinément la parole à Robespierre. Un tumulte affreux s'élève, une tempête de cris de la Montagne et des tribunes. Il y eut des mots incroyables. Bourdon de l'Oise menaçait d'*égorger le président*. Thuriot, dépassant Marat dans l'absurdité de la calomnie, criait *qu'Isnard s'était avoué le chef de l'armée chrétienne, le général de la Vendée!*...

Cependant, la foule armée qui remplissait les couloirs se rapprochait de plus en plus. Un député essaya de sortir, et on lui mit le sabre sur la poitrine. Isnard réussit à faire passer à la Garde nationale l'ordre de faire évacuer les portes et de rétablir la circulation.

Nouveaux cris, réclamations furieuses. La Montagne force le commandant de la Garde nationale de comparaître à la barre, de produire ses ordres. L'Assemblée, loin de le blâmer, décide qu'il est admis aux honneurs de la séance.

La Convention, à ce moment, était encore maîtresse de son sort; elle pouvait encore assurer sa liberté. Elle pouvait décréter que la réquisition de la force armée n'appartenait qu'à elle seule.

Mais voilà que le maire arrive, et, devant lui, l'honnête et sensible Garat, ministre de l'Intérieur, que le maire pousse à la tribune. Ce pauvre homme, dans un long discours philanthropique et pleureur, jure qu'il parle « *comme s'il était aux pieds même de l'Éternel.* » La Convention n'a rien à craindre ; elle peut s'en assurer, se porter elle-même dans les flots du peuple... « En parlant ainsi, dit-il, je ferais tomber sur moi l'horreur d'un attentat qui serait commis. » On peut se confier au maire : « Je l'avais cru froid, mais si vous aviez pu voir avec quelle chaleur, quelle indignation il a repoussé l'idée d'arrêter les représentants !... »

La Convention, détrempée de l'homélie de Garat, écouta ensuite le maire, qui redit les mêmes choses. Il était tard, on s'en allait : le président partit aussi. Avait-il levé la séance ? On l'ignore, dans l'état de mutilation où le procès-verbal nous est parvenu.

Ce qui est sûr, c'est que la Montagne, restée seule, continua la séance. Hérault de Séchelles prit le fauteuil. Il reçut deux députations, l'une *au nom de vingt-huit sections*, l'autre *au nom du peuple*, qui venaient demander la liberté d'Hébert, Marino, Dobsent, la suppression des Douze et le procès de Roland.

Hérault, avocat général du Parlement, était un bel homme, noble et riche, un philanthrope connu, qui avait fait son chemin par la faveur de la reine et de madame de Polignac, dont il était un peu parent. Il avait à expier ; plus qu'un autre, il était forcé d'aller loin dans la violence. Homme de plaisir, il était ami de Danton.

La Montagne mettait volontiers en avant cette belle tête creuse et vide, qui posait, et trouvait des phrases. La phrase fut celle-ci pour la première députation : « La force de la raison et la force du peuple sont la même chose. » — Et à la seconde : « Quand les *Droits de l'homme* sont violés, il faut dire : La réparation, ou la mort. »

Tonnerre d'applaudissements. Il était minuit ; une centaine de députés, au plus, restaient dans la salle. Les pétitionnaires s'étaient sans façon emparés des places vides, et siégeaient comme en famille avec la Convention. Cette bizarre Assemblée décréta que les prisonniers étaient élargis, que les Douze étaient cassés et que le Comité de Sûreté aurait à examiner leur conduite.

Le tumulte était si grand, qu'un député placé à dix pas du président ne put seulement entendre si le décret était mis aux voix ou était rendu. La salle était assiégée; Meilhan et Chappe voulurent sortir; Pétion et Lasource voulurent rentrer : deux choses également impossibles.

La Convention ne pouvait siéger dans cette salle profanée qu'en votant des lois de force pour garder sa liberté. Rentrer sans défense, sans appui, sans garantie, c'était se livrer soi-même à de nouvelles violences et tenter le crime.

Un homme que rien n'effrayait, le breton Lanjuinais, proclame, le 28 au matin, la nullité du décret. Nul cri ne peut le faire taire, nulle menace ; le boucher Legendre beuglait qu'il allait le jeter en bas de la tribune. Lanjuinais persista.

Il eut seulement le tort de juger trop du courage de tous par le sien. Il voulut l'appel nominal. Tous y consentirent bravement, mais tous ne votèrent pas de même. Leur faiblesse ou leur prudence révéla un grand changement dans l'esprit de l'Assemblée, une prostration inattendue de volonté et de force.

La Montagne eut presque la majorité. Elle qui, primitivement, n'avait pas cent voix, qui, vers le 15 mai, en eut 150, elle a pour elle, le 28, *deux cent trente-huit voix !*

La Gironde en obtient 279, c'est-à-dire qu'elle n'a plus que *quarante et une voix* de majorité.

Fonfrède sentit très bien que la Commission des Douze, dont il était membre, rétablie par cette faible majorité, devait céder quelque chose. Il demanda lui-même l'élargissement provisoire d'Hébert, Dobsent et autres détenus.

Les deux partis, à vrai dire, apercevaient leur faiblesse. Tous deux perdaient, tous deux gagnaient.

La droite avait gagné de refaire les Douze.

La gauche avait gagné 140 voix nouvelles et l'élargissement d'Hébert.

Pour faire un coup violent, ni l'une ni l'autre n'eût trouvé des hommes d'exécution.

On en pleurait à l'Évêché : « Hélas ! il n'y aurait plus 300 hommes seulement pour faire le coup de Septembre. » — Mais on enrôlait des femmes.

D'autre part, le gouvernement, ayant reçu avis qu'on voulait se porter à la caisse du Domaine, ordonna de rassembler des hommes dans la section du Mail. On n'en put trouver que 25, et encore, sur les 25, deux seulement avaient des fusils.

Ce qui frappe et qui surprend dans les actes de l'époque, c'est l'éclipse à peu près complète de la population de Paris. Le nombre des votants, aux élections des sections, est vraiment imperceptible. Sauf trois (des plus riches, la Butte-des-Moulins, le Muséum et les Tuileries) qui, dans un jour de crise, apparaissent assez nombreuses, les autres n'ont guère plus de *cent votants*, et presque toujours le nombre est bien au-dessous. Celle du Temple, pour une élection importante, n'en a que 38.

On peut affirmer hardiment, en forçant même les chiffres, et comptant cent hommes pour chacune des 48 sections, que toute la population active politiquement (dans cette ville de 700,000 âmes) *ne faisait pas cinq mille hommes.*

Dans les questions de subsistances ou autres d'intérêt populaire, on pouvait faire descendre beaucoup de monde des faubourgs. Mais *les votants*, nous le répétons, n'étaient pas plus de 5,000. En novembre 92, Lhuillier, candidat jacobin à la mairie, que tous les républicains soutinrent contre un royaliste, n'avait eu que 4,000 voix. En juin 93, les Jacobins, vainqueurs, maîtres de Paris, dans une élection semblable, par ruse, par force ou par terreur, ne purent faire donner à leur commandant Henriot que 4,600 voix. On cassa deux fois l'élection. On força de voter à haute voix, pour faire bien voter les faibles. Cela ne suffisant pas, après avoir affiché l'audace d'une publicité courageuse, on se réfugia dans le secret : on dispensa les votants de montrer leurs cartes, ce qui permit aux mêmes hommes de voter successivement dans plusieurs sections.

Paris, en réalité, avait donné sa démission des affaires publiques. Et c'est ce qui encourageait singulièrement l'audace des *violents*. Rien n'était plus aisé que de surprendre, dans ces assemblées désertes, des décisions contraires aux vœux de la population. C'est ainsi qu'au 10 février 93, on fit signer, la nuit, dans trente sections, la pétition atroce qui fit horreur à Marat.

L'*insurrection morale* de Robespierre, présentée à des assassins, à des femmes furieuses, qui trônaient à l'Évêché, dut produire, dans un tel public, un effet d'hilarité. Les femmes, à l'Évêché, avaient le pas sur les hommes ; il y en avait une centaine qui prétendaient gouverner, protéger même les hommes, et qui les dépassaient beaucoup en violence. Elles en avaient pitié, elles leur faisaient honte de leurs ménagements. Maillard, Fournier, Varlet, les plus violents Cordeliers, rentraient dans un humble silence, quand Rose Lacombe tenait la tribune. Elle se moquait d'eux tous, ne demandait que des piques et des poignards pour les femmes, qui feraient l'exécution, pendant que les hommes coudraient à leur place.

Les Jacobins expliquaient en vain leur *insurrection morale*. L'idée était ingénieuse. Il s'agissait de pousser doucement la Convention à se mutiler elle-même, de peser, mais à distance, sans mettre la main sur elle, d'agir, sans qu'on vît l'action, par une sorte d'asphyxie. Si les départements criaient, on leur dirait : « Vous vous trompez. La Convention fut toujours libre. Demandez-lui à elle-même ! Elle ne dira pas non. »
— Et elle, courbée et domptée, elle dirait : « Oui, » en effet, aimant mieux dire : « J'étais libre, » que de dire : « J'ai été lâche. »

Tout cela était trop subtil pour les gens de l'Évêché. Ils résolurent d'aller en avant, avec ou sans les Jacobins.

Robespierre en fut un moment singulièrement abattu. Il voyait que les *violents*, en brusquant le mouvement, allaient probablement tout perdre. Il s'effaça, s'aplatit (et pendant que les Jacobins travaillaient les sections), il s'annula en public.

Il était exténué, disait-il, ne pouvait se faire entendre. Sa voix, si forte et si perçante le 26 au soir, fut tout à coup, le 28, pulmonique, asthmatique, éteinte : « Je réclame votre indulgence, dans l'*impossibilité physique* où je suis de dire tout ce que m'inspire *ma sensibilité* pour les dangers de ma patrie. » Et, le 29, aux Jacobins : « Je suis incapable de prescrire au peuple les moyens de se sauver. Cela n'est pas donné à un seul homme, *à moi qui suis épuisé* par quatre ans de révolution. Ce n'est pas à moi d'indiquer ces mesures, *à moi qui suis consumé* par une fièvre lente, par la fièvre du patriotisme. »

L'Évêché allait trop vite. Par sa violence imprudente, il rendit force aux Jacobins.

A Saint-Paul, rue Saint-Antoine, les *violents*, pour mettre un des leurs à la présidence, avaient fait pleuvoir sur le dos de la section toutes les chaises de l'église. Ils chassèrent la moitié de l'assemblée pour gouverner l'autre.

A Saint-Roch, où s'assemblait la section de la Butte-des-Moulins, Maillard fit un singulier essai de terreur. Le 27, dans ce jour de crise où la section envoya des forces à la Convention, il vint voir si sa figure, bien connue, paralyserait l'ennemi. Le fanatique voulait aussi probablement être insulté ; il ne l'obtint pas. Le président dit simplement que Maillard, étant membre du département, aurait dû, dans un tel jour, ne pas abandonner son poste. Exaspéré de cette modération, il sortit de l'assemblée, ceignit son écharpe comme s'il eût été en péril et qu'il eût eu besoin de se couvrir de ses insignes ; on le vit reparaître en haut dans une tribune, et de là, furieux, il dit au président (en vrai juge de Septembre) « qu'il le ferait arrêter. »

Ces fureurs ne réussirent pas. Le département, où Lhuillier (c'est-à-dire Robespierre) avait la grande influence, rendit un règlement fort sage pour assurer la police des sections. On devait y entrer sans armes ni bâtons, et donner par écrit, à la porte, ses nom, surnom, profession.

Plusieurs sections comprirent qu'elles pouvaient, contre l'Évêché, les Cordeliers et les hommes de Septembre, s'appuyer des Jacobins. La section du Mont-Blanc (Chaussée-d'Antin) prit Lhuillier pour vice-président, et, forte de ce patronage, elle ne fit nulle attention aux invitations de l'Évêché, qui la priait de lui envoyer des commissaires ; elle passa sèchement à l'ordre du jour.

La répulsion des sections pour l'Évêché fut plus claire encore quand (le 28 et le 29) elles rejetèrent généralement trois de ses hommes que la Commune présentait comme candidats au Conseil général.

Les sections jacobines (Bonconseil, par exemple) ne voulaient voir dans l'Évêché *qu'un simple Club*, rien de plus. Sa prétention était bien autre : il se croyait un corps constitué, représentant et fondé de pouvoir du peuple souverain. Tout cela, sur une équivoque. Les délégués de sections y avaient été envoyés avec des pouvoirs *non définis*, parce qu'ils traitaient d'affaires diverses. *Indéfinis* et *illimités*, n'était-ce pas la même chose? L'Évêché ne demandait pas mieux qu'on le crût ainsi*.

Les procès-verbaux indiquent naïvement l'incertitude et l'embarras où se trouvaient les sections.

La scène la plus curieuse est celle qui se passe, le 29, aux *Droits-de-l'Homme*. Cette section, l'une des plus violentes, hésite pourtant quand on veut lui faire nommer des commissaires avec pouvoir illimité : « Encore, disent quelques-uns, serait-il bon de savoir ce qu'on veut en faire. » Mais Varlet entre dans la salle, Varlet récemment délivré, Varlet le héros, la victime, se glorifiant lui-même et célébrant son triomphe. Le trop modeste martyr se donnait lui-même la palme civique. Une fille portait derrière lui une branche de chêne. L'Assemblée, enthousiaste, la lui fit poser à côté du buste de Lepelletier. L'émotion emporte tout; on nomme les commissaires, et le premier est Varlet, avec pouvoir illimité.

La plupart des autres sections (si j'en crois leurs procès-verbaux) montraient moins d'entraînement. L'Évêché comprit que seul il n'était pas assez fort. Les meilleures têtes disaient qu'on ne pouvait pas ainsi agir à part des Jacobins. On résolut de les payer au moins de paroles. On fit semblant de revenir à leur *insurrection morale*.

On arbora même, le 30, à la salle de l'Évêché un drapeau tout jacobin, qui portait cette devise : « L'instruction et *les bonnes mœurs* rendent les hommes égaux. »

Sur cette assurance, Lhuillier, mandé le 30 avec Pache au Comité de Salut public, assura « qu'il n'y avait rien à craindre, qu'il s'agissait seulement d'une *insurrection morale.* »

Cependant, l'Évêché contenait des hommes trop pétulants pour pouvoir jusqu'au bout mystifier les Jacobins. Varlet ne se contenait point : « Nous avons, disait-il, des pouvoirs illimités ; nous sommes le souverain. Nous cassons l'autorité, nous la refaisons et nous lui donnons la souveraineté. Elle brise la Convention ; quoi de plus légal ?... » Tout cela, fort applaudi. Un magistrat de la Commune, Hébert, qui était présent, approuva lui-même. La tumultueuse assemblée arrête *que Paris se mettait en insurrection pour l'arrestation des traîtres.* Le désordre était si grand qu'on ne s'aperçut pas qu'un de ceux qu'on appelait traîtres, Lanjuinais, était là intrépidement au milieu de ses ennemis.

L'insurrection toutefois ne fut pas votée sans opposition, et cette opposition vint d'où on ne l'attendait guère, des délégués du faubourg Saint-Antoine. Ceux de la section de Montreuil (section de jardiniers et de travailleurs fort simples) dirent qu'ils n'iraient pas plus avant, qu'il leur fallait d'autres pouvoirs. Ils n'eurent pas assez d'esprit pour se prêter à l'equivoque, et ne voulurent jamais croire que, pour être *indéfinis*, leurs pouvoirs fussent *illimités*.

Même résistance de la part des délégués de Popincourt, autre section du faubourg : ils ne voulaient rien faire sans avoir de nouveaux pouvoirs. Notez que cette section, présidée par Herman d'Arras (du Tribunal révolutionnaire), intime ami de Robespierre, devait être entièrement dans la main des Jacobins.

Dans le faubourg Saint-Marceau, la section du Finistère ou des Gobelins se montra encore plus contraire à la violence, fidèle à la Convention*.

Pendant que l'*insurrection brutale*, celle de l'Évêché, s'organisait péniblement, l'*insurrection morale*, celle des Jacobins, avait procédé avec plus de lenteur encore.

Le principal meneur, Lhuillier, procureur-syndic, avait convoqué le 29 les membres du département, et dominant par son influence, comme agent de Robespierre, la violence de Maillard (qui était aussi membre du département), il en avait tiré un arrêté : « *Le 31 mai, à neuf heures du matin, les sections enverront des commissaires à la salle des Jacobins, où doivent se trouver les autorités constituées.* » Robespierre, néanmoins, hésitait encore le 29. Cet arrêté, principe de son *insurrection morale*, ne fut envoyé que le 30 au soir, lorsque l'insurrection brutale fut déchaînée par l'Évêché.

La convocation jacobine, tombant le soir dans les sections, les tira d'un grand embarras. La plupart venaient de recevoir une dernière et violente sommation de l'Évêché pour envoyer leurs commissaires. La chose se discutait. La discussion s'interrompt, on l'abandonne, on l'oublie; on décide qu'on ira de préférence aux Jacobins. Telle section, qui devait envoyer à l'Évêché, désigna le même homme pour aller aux Jacobins et à la même heure; auquel des deux ordres obéirait-il? Au second certainement, l'assemblée des Jacobins étant celle des autorités du département réunies en corps, tandis que l'Évêché n'avait que l'appui furtif, indirect, de la Commune.

L'Évêché vit qu'il n'avait plus à attendre aucun accroissement de forces, et il agit dans la nuit. Il avait du temps encore : la réunion des Jacobins ne devait avoir lieu que le matin à neuf heures.

Entre minuit et une heure, l'Évêché dépouilla, vérifia les pouvoirs qu'il avait des sections. Étaient-ils illimités? C'est le sujet d'un grand doute. J'ai sous les yeux quarante et un des quarante-huit procès-verbaux des sections de Paris. *Cinq seulement mentionnent des pouvoirs illimités. Trois les donnent d'une manière douteuse ou après l'événement. Quatre refusent positivement. Quatorze refusent poliment, n'accordant de pouvoirs que pour délibérer ou pétitionner**. Tous les autres sont muets.

Ce qui étonne, c'est la diversité du chiffre que

l'Évêché affirma. Il dit le matin avoir les pouvoirs illimités de trente-trois sections. Vers deux heures, ses envoyés dirent eux-mêmes à la Convention qu'ils n'en avaient que vingt-six. Et le soir ils soutinrent qu'ils en avaient quarante-quatre.

Quoi qu'il en soit, le nouveau pouvoir, constitué vers une heure après midi, nomma, entre deux et trois, neuf commissaires du Salut public : Dobsent*, Gusman, etc. On proclama commandant général de la Garde nationale un capitaine, Henriot. On décréta, pour première mesure, l'arrestation des *suspects*. Le tocsin de Notre-Dame sonna à trois heures.

Le maire Pache, fort inquiet de voir l'Évêché aller en avant sans souci des Jacobins, terrifié de l'idée d'une collision possible entre les deux autorités de Paris, le département et la Commune, court à l'Évêché, mais il n'obtient rien. Il écrit, au nom du Conseil général, une Adresse aux sections pour rappeler qu'on se doit réunir aux Jacobins : « Toute autre mesure est funeste. »

L'Évêché va son chemin. A six heures, ses commissaires, Dobsent en tête, sont à la Commune. Ils sont reçus à merveille d'Hébert, de Chaumette, de Pache même, qui venait d'écrire contre eux. Dobsent montre les pouvoirs, on les vérifie, on les trouve tout à fait en règle : *pouvoirs illimités de la majorité des sections, pouvoirs du peuple souverain.*

Donc, au nom du peuple, Dobsent requiert

que la municipalité et le Conseil général soient cassés et renouvelés. Le peuple les destitue, mais le peuple les recrée, *en leur communiquant les pouvoirs illimités de ses commissaires.* Ils sortent par une porte et rentrent par l'autre.

Ils rentrent, mais transformés. Ils sont sortis magistrats de Paris, dépendants de la Convention. Ils rentrent comme peuple souverain.

Cette souveraineté fut sur-le-champ mise à l'épreuve. La Convention mande le maire. Que fera-t-on? Varlet et les plus violents *ne voulaient pas qu'on obéît;* ils prétendaient que le maire fût consigné, comme le fut Pétion pendant le combat du 10 Août. D'autres, plus sages (Dobsent en tête, d'accord avec la Commune), pensèrent que rien après tout n'était organisé encore, qu'on ne savait pas seulement si le nouveau commandant serait reconnu de la Garde nationale : ils décidèrent *qu'on obéirait* et que Pache irait rendre compte à la Convention.

Tel fut le premier dissentiment. Le second fut la question de savoir si l'on tirerait le canon d'alarme. Depuis les jours de Septembre, ce canon était resté l'horreur de la population parisienne; une panique terrible pouvait avoir lieu dans Paris, des scènes incalculables de peur et de peur furieuse. Il y avait peine de mort pour quiconque le tirerait. Les *violents* de l'Évêché, Henriot, en donnaient l'ordre. Ici encore la Commune décida contre eux *qu'on obéirait* à la Loi, et qu'il ne fût point tiré. Chaumette donna même l'ordre qu'on fît taire le beffroi de l'Hôtel de Ville, que les autres s'étaient mis à sonner sans permission.

Tout le jour, la Commune flotta ainsi, comme une mer dans l'orage, des *modérés* aux *furieux*. Le Comité révolutionnaire (en grande partie maratiste) et le Conseil général (généralement jacobin) donnaient des ordres contraires. Les premiers disant : « Tirez ! » — Les autres : « Ne tirez pas ! » La section du Pont-Neuf, où se trouvait le canon, ne voulait pas reconnaître les ordres du nouveau commandant, ni permettre de tirer. Elle résista jusqu'à une heure, et l'aurait fait davantage pour peu qu'elle eût été soutenue de la Convention.

La nouvelle autorité, peu d'accord avec elle-même, ne s'entendit que sur deux points. Ce fut d'exiger le serment de tous les fonctionnaires et de créer une force armée. *Les patriotes armés auront quarante sols par jour.* Que ferait-on de cette force ? C'est ce qu'on ne disait pas.

Du reste, les uns et les autres voyaient bien que *rien ne pouvait se décider dans la Commune*. Déjà ils agissaient ailleurs, les *violents* aux faubourgs, les *modérés* aux Jacobins.

Que faisait la Convention ? Rien. Et encore ? Rien.

Dès le matin, son ministre Garat, tout pâle et défait, lui avait expliqué le tocsin qu'elle entendait, avouant à la pauvre Assemblée que, pendant qu'elle avait dormi, le pouvoir changeait de main. Pache vint dire la même chose, simplement, naturellement, nullement embarrassé, sous son froid visage suisse. L'insurrection tant niée par lui, il la déclarait réelle. Cela fait, il descendit, retourna à la Commune.

Garat et Pache avaient dit tous les deux la même chose : « Que la cause de l'insurrection était le rétablissement de la Commission des Douze. »

Cassera-t-on la Commission ? — Punira-t-on Henriot, qui, au mépris de la Loi, a voulu faire tirer le canon d'alarme ? — Voilà la discussion.

« Il faut, dit Vergniaud, que la Convention prouve qu'elle est libre ; il ne faut pas qu'elle casse aujourd'hui la Commission... Il faut qu'elle sache qui a donné l'ordre de tirer le canon d'alarme... S'il y a un combat, il sera, quel qu'en soit le succès, la perte de la République... Jurons tous de mourir à notre poste ! »

L'Assemblée presque entière jura.

A ce moment même elle entendait avec indignation le canon d'alarme. Les *violents* étaient enfin parvenus à faire tirer.

Cette audacieuse violation de la Loi, ce signe solennel du mépris qu'on faisait de l'Assemblée, pouvait jeter celle-ci dans quelque résolution forte. Cela rendait difficile la réponse que Danton allait adresser à Vergniaud. Il la fallait modérée pour retenir l'Assemblée ; il la fallait violente pour satisfaire les tribunes, qui attendaient haletantes le mot de Danton. Il donna à celles-ci quelques paroles à leur guise; mais, en général, il fut très prudent, très politique, déclara ne préjuger rien, ni dans un sens ni dans l'autre, demanda, *non la cassation, mais seulement la suppression* de la Commission des Douze, comme mesure d'utilité. « Cette Commission, dit-il, a eu le tort de frapper ceux qui attaquaient le *modérantisme;* et ce *modérantisme*, il faut que la France le tue, pour sauver la République... Nous devons faire justice au peuple... Si Paris n'a voulu donner qu'un grand signal, avertir les citoyens par une convocation, trop retentissante, il est vrai, il a encore cette fois bien mérité de la patrie... Si quelques hommes dangereux, de quelque parti qu'ils fussent, voulaient prolonger le mouvement quand il ne sera plus utile, Paris lui-même les fera rentrer dans le néant... »

« Mais au moins, disait la Gironde, avant de supprimer les Douze, vous devez entendre leur rapport... » Le rapporteur, Rabaut, était là à la tribune, prêt à lire, autorisé à lire par la Convention; mais toujours les cris l'empêchaient. Des heures se passèrent ainsi : « Vous avez peur de m'entendre, disait-il à la Montagne. Vous nous accusez; pourquoi? Parce que vous savez trop bien que nous allons accuser. »

L'embarras de la Montagne, c'est que cette situation risquait de se prolonger indéfiniment.

L'insurrection n'arrivait pas. La Commune, divisée, ne pouvait se résoudre à rien. Le jour s'écoulait. Tard, bien tard dans la matinée, arrive enfin une députation, qui se prétend envoyée par le Conseil général. « On a découvert un complot ; les commissaires des quarante-huit sections en feront saisir les auteurs. Le Conseil général envoie *pour communiquer* les mesures qu'il a prises à la Convention, » etc. Ils parlaient à l'Assemblée comme à un pouvoir inférieur. Guadet dit intrépidement : « Ils vous parlent d'un complot... Qu'ils changent un mot seulement. Ils disent qu'ils l'ont *découvert ;* qu'ils disent qu'ils l'ont *exécuté...* La Convention doit décréter qu'elle ne délibérera sur nulle question que celle de sa liberté même... »

Ici, autre députation, mais du maire et de la municipalité, députation pacifique qui dément la précédente. La municipalité ne désire rien que de se rapprocher de la Convention, d'établir une correspondance directe avec elle. Elle demande un local pour ses commissaires auprès de la Convention.

Voilà un style bien différent. Que s'était-il donc passé ?

En réalité, rien ne se passait, et rien ne pouvait se faire. Voilà pourquoi la Commune délaissait l'émeute impuissante et se rapprochait de la Convention.

La voix immense du tocsin sonné dans toutes les églises, le terrible fracas du canon, c'était une grande préface, une annonce vraiment solennelle. Mais rien ne se faisait encore. On s'habituait au bruit. Le temps était magnifique, l'été déjà dans sa splendeur. Les femmes étaient sur leurs portes *pour voir passer l'insurrection ;* mais elle ne passait pas.

Bonconseil et autres sections avaient battu deux fois le rappel, toujours inutilement. L'Évêché avait de bonne heure distribué aux siens ce qu'il y avait d'armes à l'Hôtel de Ville, et cette force imperceptible était comme perdue dans l'océan de Paris. Des particuliers zélés couraient, s'agitaient dans les rues avec de petits groupes armés ; Léonard Bourdon, par exemple, qui était maître de pension, avait armé de fusils, empruntés à sa section, six hommes de sa maison, ses régents, probablement, ou maîtres d'étude. Faibles moyens, petits mouvements isolés, individuels, qui ne faisaient que mieux ressortir l'impuissance du mouvement général, et lui donnaient trop l'apparence d'une insurrection d'amateurs.

A deux heures et demie, le Conseil général avait fait taire le tocsin, qui devenait ridicule, personne n'y prenant plus garde. Il recevait une solennelle députation des Jacobins. Ceux-ci se portant héritiers de la défunte insurrection, la reprenant dans les termes primitifs de la pensée jacobine (une insurrection *morale*), vinrent déclarer à la Commune qu'*une assemblée des commissaires des sections s'était organisée chez eux, de concert avec les autorités du département*, et qu'elle avait formé *un Comité de Salut public* pour toutes mesures nécessaires *que les quarante-huit sections seraient tenues d'exécuter :* « C'est ce Comité qui vous parle, dirent-ils aux gens de la Commune; nous venons siéger au milieu de vous. »

L'Évêché eût bien voulu rester seul maître à la Commune. Le matin, lorsqu'il était fort, redouté, irrésistible, il en avait tiré un ordre qu'on placarda dans Paris, *de n'obéir qu'au Comité révolutionnaire et au Conseil général* assemblé à l'Hôtel de Ville, c'est-à-dire de ne pas obéir au département et aux délégués, assemblés aux Jacobins. Mais, arrivés à deux heures et demie, une heure si avancée de la journée, sans pouvoir faire la moindre chose, il fallut bien que ces terribles dictateurs de l'Évêché s'humanisassent et reçussent au partage du pouvoir le département de Paris et l'autorité jacobine.

Ces circonstances toutes nouvelles, inconnues à la Convention, expliquent le doucereux discours par lequel Couthon l'amusait à la même heure : il était impartial, *ni de Marat, ni de Brissot*; il n'était qu'à sa conscience. Personne n'était plus que lui affecté des mouvements, des interruptions des tribunes. « On parle d'insurrection ; mais où est l'insurrection? C'est insulter le peuple de Paris que de le dire en insurrection. » Couthon poussait la douceur jusqu'à croire que ses collègues *n'étaient que trompés*, qu'une faction infernale les retenait *dans l'erreur :* « Rallions-nous, supprimons les Douze, la Liberté est sauvée. »

« Oui, rallions-nous, dit Vergniaud. Je suis bien loin d'accuser la population de Paris. Il suffit de voir l'ordre et le calme qu'elle maintient dans les rues, pour décréter *que Paris a bien mérité de la patrie.* »

Ce mot fut avidement saisi de la Montagne, décrété unanimement.

La droite reprenait avantage ; un député peu connu demanda qu'on fît recherche de ceux qui avaient sonné le tocsin, tiré le canon.

Des députations arrivent pour désavouer l'émeute, une spécialement, qui résume toutes les demandes du peuple, spécifie que, si les vingt-deux sont mis en accusation, les citoyens de Paris *donneront autant d'otages.*

Tous reprirent si bien courage, que Barère devint lui-même téméraire et hasardeux. Il lança la *proposition* décisive, que personne ne faisait et qui eût changé la face des choses : Que la Convention casse sa Commission des Douze, mais *qu'elle prenne pour elle-même la réquisition de la force armée.*

Dirons-nous ici une chose que l'on voudra croire à peine, et qui montre combien l'esprit de dispute dominait le sens politique ? Les réclamations s'élevèrent, de quel côté ? de la droite, que la *proposition* sauvait !...

La droite tenait tellement à ce point de vanité

de garder sa Commission des Douze (brisée détruite, impuissante), qu'elle repoussa en même temps la disposition de la force armée que Barère voulait placer aux mains de la Convention !

Pendant que la droite dispute contre elle-même, fait la difficile et la dédaigneuse, ne veut pas de la victoire, l'insurrection accouche; deux noirs orages se forment enfin et vont fondre sur l'Assemblée.

L'insurrection *morale* des amis de Robespierre a dressé l'acte d'accusation de la Gironde, et va venir, avec une masse de Sans-Culottes armés, étouffer *moralement* les libertés de l'Assemblée.

L'insurrection maratiste travaille le faubourg Saint-Antoine, employant cette dernière arme, infâme et désespérée, d'aller criant par les rues *que la Butte-des-Moulins a pris la cocarde blanche*, proclamé la contre-révolution. Tout le faubourg est en branle. A cinq heures, un noir torrent roule par la rue Saint-Antoine, par la Grève, par la rue Saint-Honoré.

Effroyable situation de l'Assemblée de Paris ! Si l'Assemblée n'est pas étouffée du premier flot, n'est-elle pas en danger d'être abîmée du second ? Asservie par les Jacobins, massacrée par les maratistes, quel sera son sort tout à l'heure ? S'il se fait, au cœur de Paris, une grande mêlée sanglante, les meneurs ne pourront-ils pas détourner ce peuple docile sur la Convention même ?

L'insurrection jacobine fit, la première, son apparition. Les Jacobins, qui avaient par leur Comité de Salut public pris possession de la Commune, se présentent à l'Assemblée, se disent la Commune même ; Lhuillier portait la parole. Le discours, écrit avec soin, était une pièce littéraire, de rhétorique jacobine, sentimentale et violente. La virulente accusation commençait par une élégie : Était-il donc bien vrai qu'on eût formé le projet d'anéantir Paris ?... Quoi ! détruire tant de richesses, détruire les sciences et les arts ! le dépôt sacré des connaissances humaines ! etc., etc. Pour sauver les sciences et les arts, il fallait mettre en accusation Vergniaud, Isnard, les Girondins, champions du royalisme et fauteurs de la Vendée.

Le cordonnier homme de Loi, à l'appui de son aigre plaidoirie pour la civilisation, laissait voir à ses côtés une masse de sauvages armés de bâtons, de piques. Il avait à peine fini, que cette foule bruyante força la barre de l'Assemblée, inonda la salle. Il semble pourtant que ce fut moins un acte d'hostilité qu'une sorte de bonhomie barbare ; ils envahirent non la droite, mais le côté qu'ils aimaient, le côté des Montagnards ; ils se précipitèrent sur eux *pour fraterniser*. Un dantoniste cria que le président devait les inviter à se retirer. Levasseur, avec plus de présence d'esprit, engagea les Montagnards à se retirer aux bancs peu garnis de la droite, et toute la Montagne y passa.

Personne, ni les dantonistes, ni les Girondins, ni le centre, ne voulait plus délibérer. Le groupe seul des robespierristes paraissait se résigner à l'invasion populaire.

Vergniaud proposa que la Convention abandonnât la salle et se mît sous la protection de la force armée qui était au Carrousel. Lui-même descendit de sa place ; il sortit, mais presque seul.

Le centre resta cloué à ses bancs. Le mouvement du jeune orateur appelant la Convention à s'affranchir elle-même, quittant ce lieu de servitude, secouant la poussière de ses souliers et cherchant la liberté sous le ciel, n'eut aucun effet sur le centre ; il renouvela, irrita l'envie sournoise des meneurs muets, des Sieyès et autres. Ils comprirent que, comme *il n'est qu'un pas du sublime au ridicule*, il leur suffisait de rester, de ne rien entendre, ne rien voir, ne rien faire, pour briser Vergniaud. Ils repoussèrent cette royauté morale du génie. Ils préférèrent, en ce jour, la royauté de la force.

Robespierre avait vaincu. Pour la première fois depuis le matin, au bout d'une séance si longue, il prit la parole. Il se sentait bien fort, ayant pour lui non seulement la fureur de la Montagne et la brutalité de l'invasion populaire, mais la trahison du centre, le suicide volontaire de l'Assemblée elle-même.

« Je n'occupe pas l'Assemblée de la fuite de

ceux qui désertent ses séances (Vergniaud rentrait à ce moment). Supprimer les Douze, ce n'est pas assez ; il faut les poursuivre... Quant à remettre la force armée aux mains de la Convention, je n'admets pas cette mesure. Cette force est armée contre les traîtres, sans doute ; mais les traîtres, où sont-ils ? Dans la Convention même. Quant aux autres *propositions*... »

Vergniaud : « Concluez ! »

Robespierre : « Je conclus, et contre vous... Contre vous, qui, après la révolution du 10 Août, vouliez mener à l'échafaud ceux qui l'avaient faite ; contre vous, qui provoquez la destruction de Paris, vous, complices de Dumouriez... »

Sa fureur était si grande qu'il ne s'apercevait pas que ce torrent d'invectives pouvait avoir un résultat immédiat et tragique. Lancé sur un homme déjà en péril et sous le couteau, l'issue pouvait être non pas de le mettre en accusation (comme le demandait Robespierre), mais de le faire mettre en pièces.

La chose eût eu lieu peut-être. Mais la salle, déjà si pleine, allait s'emplissant encore d'une invasion nouvelle, d'une foule animée de sentiments différents. Ces nouveaux venus, mêlés de Sans-Culottes aux bras nus et de Gardes nationaux, avaient cela de commun que leurs visages brillaient d'une allégresse singulière.

La sombre Assemblée robespierrisée qui s'affaissait sur elle-même fut, tout à coup, malgré l'heure avancée du soir (il était neuf heures) illuminée d'un joyeux rayon du matin.

Cette fois, c'était le peuple.

Contons cette belle histoire.

Nous avons dit comment les honnêtes maratistes avaient trouvé moyen de faire que Paris s'égorgeât. Ils avaient dénoncé au faubourg Saint-Antoine la section de la Butte-des-Moulins *comme ayant pris la cocarde blanche*, calomnie perfide qui contenait un appât ignoble. La section dénoncée était celle des marchands du Palais-Royal, du quartier Saint-Honoré, des orfèvres, horlogers, bijoutiers et joailliers. C'était à la fois un appel et au meurtre et au pillage.

Le faubourg hésita un moment de croire les meneurs. Le procès-verbal des Quinze-Vingts témoigne que le peuple disait : « Nous voudrions savoir du moins pourquoi nous allons marcher... » La crédulité gagna néanmoins; le faubourg descendit en armes, ému et très décidé à mettre les royalistes à la raison. La colonne était énorme; le seul nom du royalisme relevant la tête avait mis dans ce brave peuple l'unanimité terrible de la prise de la Bastille. Ils descendirent *tous*, et la masse grossissait encore sur la route; arrivés au Palais-Royal, ils étaient, dit-on, vingt mille.

Ceux de la Butte-des-Moulins, effrayés, mais résolus à vendre leur vie, s'étaient mis en bataille dans le jardin du Palais-Royal. Portes, grilles, tout était fermé : mesure de défense, mais fort dangereuse. Toute communication était interdite ; on allait se massacrer sans savoir seulement si l'on était ennemi. Les canons, des deux côtés, étaient chargés, prêts à tirer. Il y eut heureusement quelques hommes de bon sens dans ceux du faubourg, qui dirent qu'avant tout il fallait pourtant aller voir s'ils avaient vraiment la cocarde blanche.

Ils demandèrent à entrer, franchirent les grilles, ne virent que le bonnet de la Liberté et les trois couleurs. Tous criaient le même cri, celui de la République : les grilles et les portes s'ouvrent, la place est prise d'un élan, l'élan de la Fraternité. On s'explique, on s'excuse, on s'embrasse. La violence des émotions contraires, le passage si rapide de la fureur à l'amitié, furent tels, que plusieurs n'eurent pas assez de force pour y tenir ; ils y succombèrent. Un commandant s'évanouit ; il est frappé d'un coup de sang ; la stupeur succède à la joie, on court chercher un chirurgien, on le saigne, il est sauvé... Joie nouvelle, et des cris immenses de : « Vive la République? »

Le Palais-Royal, galeries, jardins, les rues d'alentour et tout le quartier, prirent en un moment un aspect de fête ; on but, on dansa. Puis, se remettant en colonne, les gens du Palais-Royal reconduisirent fraternellement leurs amis du grand faubourg.

Mais, auparavant, les uns et les autres avaient voulu donner à la Convention la bonne nouvelle de paix. Pour cela, ils l'envahirent, et cette pression nouvelle arrivant par-dessus l'autre, tout le monde faillit étouffer.

« Législateurs, dit l'un d'eux plein d'enthousiasme, la réunion vient de s'opérer ! La réunion du faubourg, de la Butte-des-Moulins et des sections voisines. On voulait qu'ils s'égorgeassent, ils viennent de s'embrasser ! »

Ce fut un coup de théâtre. Tout fut fini pour ce jour. Plus d'accusation. Tout ce que Robespierre obtint, ce fut la suppression des Douze, déjà supprimés par le fait. Barère, rédacteur du décret, y mit un article ambigu, à double entente : « Qu'on poursuivrait les complots. »

Lesquels ? ceux de l'Évêché ? ou bien ceux des Girondins ? On pouvait choisir.

Un dantoniste proposa : *Que la Convention, levant la séance, fraternisât avec le peuple.* Elle sortit en effet, descendit sur la terrasse des Feuillants, et parcourut, aux flambeaux, les Tuileries, puis le Carrousel. Paris fut illuminé.

CHAPITRE XI

2 JUIN

ARRESTATION DES GIRONDINS

Victoire des Vendéens à Fontenay, 24 mai. — La Vendée s'organise. — Fatalité de la situation. — L'Assemblée fatiguée de défendre les Girondins. — Les prêtres conventionnels haïssent la Gironde. — Pourquoi les Girondins ne se retirèrent pas. — Courage de madame Roland. — Le Comité de Salut public complimente l'insurrection et croit la lasser, 1ᵉʳ juin. — Il lui oppose une faible résistance. — L'Évêché accuse et repousse les Jacobins. — La nuit du 1ᵉʳ au 2 juin. — Comment on force la Garde nationale de s'armer. — Les Girondins accablés par la nouvelle du massacre de Lyon, qui arrive le 2 juin au matin. — Dernier effort du Comité de Salut public. — Dévouement de Danton. — La Convention résiste à la Commune. — L'insurrection concentrée dans les mains des Jacobins, qui arrêtent un des chefs de l'insurrection. — La Montagne elle-même défend la droite. — Les Jacobins abandonnent leur plan d'insurrection navale. — Démission de quatre représentants. — La Convention prisonnière. — Indignation de la Montagne. — Réclamation des dantonistes. — Les Jacobins ont consigné l'Assemblée. — La Convention sort de son enceinte et passe dans la cour du Carrousel. — Le général Henriot.

— Il fait pointer ses canons sur la Convention. — Fluctuation de Danton. — La Convention au jardin des Tuileries. — Elle est arrêtée par Marat. — La Montagne seule décrète l'arrestation des Girondins. — Paris, le soir du 2 juin. — Pourquoi ces faits ont été ignorés jusqu'ici. — Caractère contradictoire de cette époque : grandeur morale dans la violence même.

Le Comité de Salut public, pendant ces lugubres jours, était comme anéanti sous la grêle effroyable des désastres dont la nouvelle lui venait coup sur coup. Il osait à peine en parler. Le peu de mots qu'il aurait dits eût fait égorger la Gironde.

Toute une armée investie dans Mayence, et là, comme prisonnière ; — Valenciennes, notre unique et dernière barrière, assiégée, livrée peut-être ; — l'armée du Midi en retraite, la France ouverte aux Espagnols ; — une Vendée commençant dans les monts de la Lozère ; — la Savoie, naguère si française, tournée contre nous par les prêtres, affamant notre armée des Alpes (un œuf s'y vendait cinq francs) ; — Lyon, derrière, en pleine révolte contre sa municipalité, contre les commissaires de la Convention, marchant contre eux sous le drapeau girondin, le 27, tirant à mitraille sur les représentants du peuple.

Ce jour même, le 29, Cambon et Barère vinrent avouer à l'Assemblée une nouvelle terrible, mais tellement importante qu'on ne pouvait la cacher : la bataille de Fontenay, et la prise de cette ville par les Vendéens.

Événement grave en lui-même, mais bien autrement grave par les suites, ayant été pour la Vendée le principe d'une nouvelle organisation.

La Vendée, en trois mois, avait traversé trois âges. En mars, eut lieu la première explosion, toute populaire, où les chefs ne comptaient pour rien. Après Pâques, au mois d'avril, les nobles, voyant les paysans revenir aux armes et persévérer, acceptèrent les rôles de généraux. Ces nobles étaient généralement des officiers inférieurs fort braves, mais sans expérience, qui n'avaient jamais commandé ; leur présence n'en donna pas moins un élan nouveau à l'insurrection ; le paysan les suivait volontiers ; il aimait surtout l'audace, la jeune figure héroïque de M. *Henri* (de La Rochejaquelein).

Toutefois, ces brillants cavaliers, n'ayant ni science ni génie, n'étant ni généraux ni organisateurs, révélèrent, dès le mois de mai, leur incapacité. Dans une première attaque sur Fontenay, ils ne purent, avec trente mille hommes, venir à bout du républicain Chalbos, qui n'en avait que trois mille. Fortifiés d'une nouvelle division vendéenne, conduits plus habilement par un homme de grand sens et de froid courage, le général paysan Cathelineau, ils défirent enfin Chalbos et prirent Fontenay. La supériorité de

Cathelineau ayant éclaté ainsi, il prit le plus grand ascendant. Il était l'homme du Clergé. Un Conseil supérieur d'Administration fut organisé dès lors, moitié prêtres et moitié nobles; mais les prêtres eurent l'avantage.

Le Comité de Salut public, en annonçant la nouvelle, l'atténua tant qu'il put, prétendit qu'une armée de soixante mille hommes allait cerner les Vendéens. Il savait parfaitement que cette armée n'existait pas.

L'état de ce Comité n'était pas loin du désespoir. Trois de ses membres étaient malades. Mais ce qui effrayait le plus, c'était l'état singulier où l'on voyait Danton pour la première fois. Si fier en 92 devant l'invasion, la tête haute encore en mars, faisant montre d'insouciance, on le vit, aux journées de mai, sombre, inquiet, profondément troublé. Chose contraire à ses habitudes, il semblait rêveur, distrait. Un jeune homme de la droite, Meilhan, qui sympathisait avec cette grande nature, qui le croyait mobile bien plus que pervers, et pensait « que, selon l'intérêt de sa sûreté, il aurait été indifféremment Cromwell ou Caton, » l'alla trouver, le 1er juin, au Comité de Salut public et le pressa de prendre le gouvernail, de diriger le Comité... « Ils n'ont pas de confiance, » dit-il en le regardant. Et comme Meilhan insistait, il le regarda encore, en disant : « Ils n'ont pas de confiance. » Le Comité était dans une autre pièce, où il écoutait Marat. Danton était resté seul avec Treilhard. Il semblait tout absorbé, tout entier à ses idées ; il se parlait à lui-même : « Il faut absolument, disait-il, que l'un des deux côtés donne sa démission... Les choses ne peuvent plus aller... Nous avons envoyé chercher la Commune. Que veut-elle, cette Commune ? »

La fatalité de la situation était celle-ci : Que si la Convention, pour défendre la Gironde, avait brisé la Commune (ce qui était au fond moins facile qu'on a dit), elle eût été obligée de reprendre, dans les points les plus odieux, le rôle même de la Commune : la réquisition brusquée par les plus violents moyens, la levée immédiate de l'emprunt forcé, etc. La tyrannie des communes, par toute la France, la terreur municipale, étaient infaillibles, fatales, au point où les choses en étaient venues ; c'était le seul instrument qui restât à la Révolution. On ne pouvait briser cet instrument qu'en brisant la République, en relevant les royalistes et dans le Midi, et dans Lyon, et dans Valenciennes assiégée, où, du haut de leurs maisons, ils appelaient par des signaux l'émigré et l'Autrichien.

L'affaire de Lyon eût dû surtout éclairer les Girondins et les décider à se retirer. Ils ne pouvaient guère s'obstiner à siéger dans la Convention, lorsque les Girondins (vrais ou faux) de Lyon faisaient la guerre aux commissaires de la Convention. Il en était à peu près de même à

Marseille, où les Girondins chassèrent de la ville les représentants du peuple.

Ces embarras croissants avaient lassé la Convention, excédé sa patience. Elle était fort aliénée de la Gironde, avait hâte d'être quitte de ce parti compromettant. Il l'était de deux manières opposées et toutes contraires : d'un côté, *parce que le royalisme se cachait derrière;* et de l'autre, *parce que la République légale réclamait par son organe.* La Gironde, c'était la liberté de la Presse, la liberté personnelle, toutes les choses inconciliables avec les terribles réalités d'une situation qui créait la dictature.

Beaucoup de tristes passions se mêlaient encore à ceci. La masse des députés qui ne parlaient point n'était nullement amie de ceux-là qui parlaient toujours et avec de si grands effets. On a vu, au 31 mai, le bonheur qu'eurent ces muets à rendre inutile, ridicule, le mouvement de Vergniaud.

A ces malveillances explicables, il s'en joignait une obscure et secrète, peu observée, mais réelle, profonde, qui créait à la Gironde des ennemis sur tous les bancs de l'Assemblée, à la gauche, au centre, à la droite même. La Gironde, parti fort mêlé et qui contenait des chrétiens (même intolérants), n'en avait pas moins dans son sein les représentants de toutes les écoles philosophiques du dix-huitième siècle : tel procédait de Voltaire, tel autre de Diderot ; tous étaient ennemis des prêtres. Or les prêtres étaient fort nombreux à la Convention ; il y avait à la Montagne tout un banc d'évêques, ceux de Blois, de Beauvais, d'Évreux, de Limoges, de Vannes. Ce dernier, Audrein, avait été professeur de Robespierre.

Entre les prêtres conventionnels, les uns étaient croyants, comme Grégoire, d'autres incrédules, comme Sieyès. Mais, quel que fût leur peu de foi, ils ne trouvaient nullement bon qu'on se moquât du Clergé et de leurs anciennes croyances.

La suppression du dimanche dans les Administrations, quoiqu'elle n'ait pas été provoquée par la Gironde, fut observée soigneusement dans les Administrations girondines, dans celles du protestant Clavières, du philosophe Roland.

Quand Isnard, quand Jacob Dupont, se disaient athées (ce qui, du reste, en ce siècle, ne signifiait qu'une violente haine des prêtres), la Gironde ne réclamait pas. Quelques-uns dirent même : « Qu'importe ? vous êtes honnête homme... » Un cri partit de la Montagne ; l'évêque Audrein dit : « On n'y tient pas. » Et il sortit de la salle.

Nous avons vu plus haut la prudence de Durand-Maillane, député de la droite. Robespierre lui avait fait dire : « La sûreté est à gauche. » Durand, qui est dans ses *Mémoires* plus girondin que la Gironde (jusqu'à louer le blasphème d'Isnard contre Paris), Durand n'en suivit pas moins le conseil de Robespierre : il siégea à droite, mais vota à gauche. On l'a vu dans la question de l'instruction publique, où, se séparant bravement des impies (fort en danger), il parla avec force contre la philosophie, fit profession d'être *un bon Jacobin*.

Dans la discussion de la Constitution (dont nous parlerons plus tard), les prêtres conventionnels saisirent une occasion nouvelle de haïr les Girondins, pour pouvoir les abandonner. La Convention décidant (du reste à tort, selon nous), d'un avis presque unanime, que la *Déclaration des Droits* ne commencerait pas par attester le nom de l'Être suprême, les prêtres s'en prirent à la Gironde, qui ne fut pourtant que l'organe de l'opinion commune. Durand rattache à ceci une parole dite par Vergniaud dans une autre occasion : « La Raison seule nous suffit... Nous n'avons nul besoin de fraude, ni de la nymphe de Numa, *ni du pigeon de Mahomet*... » Ce pigeon les mit en fureur : « Je vis bien, dit Durand-Maillane, que le parti girondin était plus impie même que le parti de Robespierre. » Il le vit, et put sans scrupule pourvoir à sa sûreté, en laissant périr les impies.

Il avoue, dans tous ses *Mémoires*, qu'il n'a jamais rien voulu ni cherché *que sa sûreté*. Jamais on n'a raconté, professé, glorifié à ce point la lâcheté. Il a dit un mot sublime, en ce genre, la veille du 9 Thermidor, quand les Montagnards ennemis de Robespierre vinrent demander à ceux de la droite : « Serez-vous pour nous ? — Oui, si vous êtes les plus forts. »

Les plus purs, les plus loyaux, Grégoire, par exemple, étaient-ils entièrement étrangers à ces malveillances de prêtres contre les Girondins ? J'ai peine à le croire. Grégoire garde dans ses *Mémoires* un profond silence sur eux.

Le secrétaire du 2 juin, le rédacteur du honteux procès-verbal et qui le laissa falsifier, fut Durand-Maillane ; il le dit lui-même.

Les Girondins, en vérité, auraient pu prévoir tout ceci. La situation voulait qu'ils se retirassent. La lassitude de la Convention le voulait aussi. La haine politique, la malveillance religieuse, devaient concourir également à ce qu'ils n'eussent plus d'appui en personne. C'était par un faible fil qu'ils tenaient à l'Assemblée.

Qui donc les empêcha d'accomplir leur sacrifice, de se retirer ? Est-ce le désintéressement, la magnanimité, qui leur manquèrent ? Non ; on le vit au 20 avril, quand ils souscrivirent par leur silence au généreux abandon que faisait Vergniaud de leur dernier moyen de salut.

Qui les fit rester ? — Le péril.

Leur danger les exalta, et, tant ferme que fût leur cœur, leur tête en gagna cette ivresse qu'éprouvent les plus braves en présence de la mort. Le sombre bonheur du martyre, une sorte de joie virile de donner leur sang pour la France, les ramenait chaque matin sur ces bancs si menacés, sous les injures des tribunes, sous la pointe des poignards, à la bouche des pistolets dirigés sur eux d'en haut. Tous n'étaient pas intrépides ; avocats ou gens de lettres, nourris dans les douces habitudes de la paix, quelques-uns (comme les Rabaut) ministres de l'Évangile, ils étaient peu préparés à braver ces scènes terribles ; plusieurs tremblaient, et néanmoins venaient, conduits par le devoir, apportaient leur tête en disant : « C'est ici le dernier jour. »

Les plus braves, sans comparaison, ce furent les Roland, qui jamais ne daignèrent découcher ni changer d'asile. Madame Roland ne craignait ni la prison ni la mort ; elle ne redoutait rien qu'un outrage personnel, et, pour rester toujours maîtresse de son sort, elle ne s'endormait pas sans mettre un pistolet sous son chevet. Sur l'avis que la Commune avait lancé contre Roland un décret d'arrestation, elle courut aux Tuileries, dans l'idée héroïque (plus que raisonnable) d'écraser les accusateurs, de foudroyer la Montagne de son éloquence et de son courage, d'arracher à l'Assemblée la liberté de son époux. Elle fut elle-même arrêtée dans la nuit.

Il faut lire toute la scène dans ses *Mémoires* admirables, qu'on croirait souvent moins écrits d'une plume de femme que du poignard de Caton. Mais tel mot, arraché des entrailles maternelles, telle allusion touchante à l'irréprochable amitié, font trop sentir, par moments, que ce grand homme est une femme, que cette âme, pour être si forte, hélas! n'en était pas moins tendre.

Ce qui touche le plus dans cette cruelle tragédie, ce qui fera pleurer la France éternellement, c'est que les victimes périssant ainsi n'accusèrent jamais le peuple. Jamais les Girondins ne purent croire que le peuple fût contre eux. *L'infaillibilité du peuple*, ce grand dogme de Rousseau, où ils avaient été nourris, resta leur foi jusqu'à la mort.

En réalité, la population de Paris n'avait pris presque aucune part au 31 mai. Le faubourg Saint-Antoine, un moment trompé, s'était montré décidément favorable à la Convention. Les sections, forcées d'agir, préféraient visiblement, entre les deux insurrections, la modérée, la *morale*, c'est-à-dire la jacobine. Les Jacobins, arrivés à la Commune, en étaient devenus les maîtres. L'Évêché portait tête basse. Hébert, dont l'approbation avait enhardi, décidé le mouvement de l'Évêché, était devenu un sage, un *modéré*, un Jacobin. Tous paraissaient convertis. Ils repoussèrent avec indignation les propositions violentes d'attaquer les Tuileries, d'arrêter des députés. Pache dit : « Arrêter les vingt-deux, c'est armer les départements, commencer la guerre civile. » Chaumette, entendant renouveler les mêmes propositions, dit qu'il les dénonçait au peuple. Mais l'assistance, loin de les blâmer, les applaudissait. « Voyez, dit Chaumette, ils ne sentent pas qu'ils applaudissent leur ruine. » Le plus fort, c'est que Dobsent, l'homme de l'Évêché, tenait le même langage et prêchait la modération.

Les Jacobins voyaient très bien qu'il ne s'agissait pas d'employer une force déjà existante, mais d'en créer une. Ils décrétèrent, la nuit, *la levée immédiate de l'emprunt forcé, dont le produit serait distribué* aux familles de ceux qui partaient, *la création de l'armée révolutionnaire à* 40 *sols par jour*. Ce fut à qui enchérirait sur ces générosités. Tel voulait donner 6 francs aux ouvriers sans ouvrage ; tel, faire des rentes aux volontaires qui partaient pour la Vendée. Chaumette eut pourtant le courage de faire une objection à cette débauche d'argent : « Et tout cela, dit-il, où le prendrons-nous ? » Ceux qu'on croyait corrompre en rougirent eux-mêmes. Il y eut des ouvriers qui dirent : « Nous ne demandons rien que d'être nourris sous les armes ; un peu de pain et de vin. »

Les Jacobins s'étaient bornés à répandre dans la nuit ces simples mots : « Que la Convention avait reçu froidement l'Adresse de la Commune. Que la majorité de l'Assemblée était incapable de sauver le peuple. » — Les *violents* ajoutaient, dans l'espoir d'échauffer la foule, ce mensonge hardi : « Que l'on avait rétabli la Commission des Douze. »

Bien loin de la rétablir, le Comité de Salut public la fit désavouer à la tribune par Barère, par celui même qui en avait provoqué la création. Barère, dans une Adresse au peuple, complimentait l'insurrection, louait cette douceur admirable d'une insurrection pacifique. Il louait, admirait Paris, félicitait tout le monde. Il croyait, à bon marché, endormir l'insurrection, en achever l'avortement, l'enterrer honorablement. L'Adresse lue, adoptée, la Convention brusquement leva sa séance, se sépara, pensant que, si elle gagnait un jour sans entendre les demandes de la Commune, tout finirait de soi-même.

Il était sept heures du soir. Henriot, depuis deux heures, traînait ses canons dans Paris. Mais la Commune n'avait pu encore s'accorder sur la pétition, plus ou moins menaçante, que l'on porterait à l'Assemblée. On apprend que celle-ci s'est esquivée pour ne rien entendre. Marat prend le maire avec lui, court au Comité de Salut public, crie, menace, exige qu'on réunisse l'Assemblée pour une séance du soir. Cambon et Barère promirent, bien décidés à n'en rien faire. Marat, avec cette parole, revient vite à la Commune, calme les scrupules que quelques-uns laissaient voir sur l'inviolabilité des représentants, fait clore l'Adresse. On prépare le siège de la Convention, on décide que les troupes qui camperont ce soir auront des vivres avec elles. Plusieurs ajoutèrent qu'il fallait de nouveau sonner le tocsin, tirer le canon d'alarme, et ils le firent en effet, sans l'autorisation de la Commune.

Le Comité de Salut public s'était bien gardé de tenir parole à Marat ; il n'avait point convoqué l'Assemblée, Cambon l'avoua intrépidement. Mais, au bruit du tocsin, elle se rassembla d'elle-même, vers neuf heures du soir. Le côté droit était désert. La Montagne était venue, et une partie du centre. Le département et la municipalité se présentent à la barre. La pétition, lue par Hassenfratz, était mêlée du double esprit de ses rédacteurs : les Jacobins y étaient pour la *demande d'accusation ;* l'Évêché y avait mis quelques paroles de mort, *les conspirateurs mordront la poussière ;* de plus, un ordre sec et dur : *C'est assez, il faut en finir.*

Le *Moniteur*, toujours corrigé, falsifié par le pouvoir vainqueur dans les jours de crise*, n'a garde de mentionner les faits vraiment importants de cette séance du soir. Il ne dit pas un mot de la résistance du Comité de Salut public. Durand-Maillane y supplée dans ses *Mémoires*.

Legendre ayant dit qu'on devait arrêter ceux qui avaient demandé l'*appel au peuple*, Cambon s'écria : « Si, pour avoir émis une opinion, on faisait sauter la tête à un député, nous n'oserions plus parler ! — Il faut le dire hautement, il y a deux partis ici, et tous les deux ont des torts. »

Barère, enhardi par Cambon, reprit avec beaucoup de force : « Vous ne fonderez jamais la Liberté qu'avec des représentants qui émettent librement leurs opinions. Quelle nation pourrait être assez avilie pour recevoir une Constitution dictée par la force ?... Vous ne pouvez poursuivre les députés dénoncés pour leurs opinions ; vous ne le pouvez *que pour des faits*. Le Comité de Salut public ne fera aucun *rapport*, si les dénonciateurs ne donnent *la preuve des faits* qu'ils allèguent. »

L'Assemblée soutiendrait-elle son Comité de Salut public dans cette défense de la Gironde ? Il y avait lieu d'en douter. Plusieurs semblaient impatients d'être quittes des Girondins ; ils disaient : « S'ils étaient honnêtes, ils se retireraient d'eux-mêmes. » On vota néanmoins que la Commune et tous ceux *qui auraient des pièces* contre les membres dénoncés étaient tenus de les présenter, et que, *sous trois jours*, le Comité de Salut public ferait son *rapport* sur la pétition et proposerait des mesures.

Ce long délai, cette nécessité de donner des preuves de faits, qu'imposait la Convention, disaient assez à la Commune qu'elle n'aurait rien que par la force. Les deux partis insurrectionnels qui siégeaient à la Commune, les Jacobins et l'Évêché, furent obligés d'agir d'ensemble. Les Jacobins auraient voulu reculer, qu'ils ne l'auraient pu : l'Évêché prêchait contre eux dans les sections, et n'était pas loin *de les dénoncer comme traîtres*. Gusman l'avait déjà fait, le soir du 31 mai, à la section des Piques. Il s'emporta jusqu'à dire : « Jamais on ne s'est joué plus indécemment de la majesté du peuple... Ceux qui l'ont poussé à l'insurrection s'entendent avec ses ennemis. La Commune, recréée par la générosité du peuple, a déjà l'ingratitude d'oublier son créateur. Je propose de déclarer que le Comité révolutionnaire est indigne de la confiance de la section des Piques. »

L'Évêché alla plus loin, et, dans le jour même, Varlet, au Conseil général, accusa la modération de son collègue Dobsent. En laissant subsister une autorité légale, celle du maire, on avait entravé, disait-il, les opérations de l'autorité révolutionnaire. A plus forte raison accusait-il la mollesse et l'indécision de l'insurrection jacobine.

L'Évêché poussant ainsi et stimulant les Jacobins, il fut décidé d'un commun accord que dans la nuit (du 1er au 2) les officiers municipaux, à la lumière des flambeaux, escortés de la force armée, iraient par toute la ville proclamer les décrets du 31 mai, et « inviteraient les citoyens à reconquérir leurs Droits, à les garder par les armes. »

Cette *proclamation* bruyante, au bruit des tambours, ne fut nullement agréable aux habitants de Paris. Plusieurs, qui se levèrent au bruit et qui virent que les envoyés ne portaient pas leurs insignes, demandaient : « Qui sont ces gens-là ? » et s'obstinaient à douter qu'ils fussent véritablement envoyés de la Commune.

Le mensonge indigne au moyen duquel les hommes de l'Évêché avaient essayé de pousser au meurtre les gens du faubourg Saint-Antoine avait créé dans les esprits de légitimes défiances. Deux sections du faubourg se montrèrent, le 1er juin, très contraires aux *violents*. Celle des Quinze-Vingts accueillit en amis des députés de la Butte-des-Moulins qui venaient fraterniser. Celle de Montreuil fit dire à la Commune : « Qu'elle se fiait *aux Jacobins;* » ce qui voulait dire poliment qu'elle ne se fiait pas aux autres, aux hommes de l'Évêché.

La section de Grenelle s'était prononcée de même, déclarant qu'elle ne suivrait *que les Jacobins*, l'insurrection modérée ou *insurrection morale*.

Visiblement, le mouvement, au lieu de s'échauffer, se refroidissait. La population, armée à grand'peine au 31 mai, et au 1er juin encore, était décidément rentrée et ne pouvait plus sortir. La révolution se faisait au nom du peuple souverain. Mais, ce peuple, où était-il ? Il ne voulait pas se montrer. C'était l'insurrection du néant, du désert, contre le gré de la foule.

Plusieurs sections prévoyaient que personne ne répondrait au *rappel*, et craignaient d'être suspectes. Aux Lombards, on imagina de décider que les absents *seraient amenés par quatre fusiliers.*

Tels furent les moyens violents par lesquels on réunit la Garde nationale, dans la matinée du dimanche 2 juin. On employa aussi la ruse. A la section de l'Observatoire, les canonniers assurèrent qu'ils ne menaient les canons qu'à la place du

Panthéon ; et, contre l'ordre précis de la section, ils les menèrent au Carrousel.

Dans plusieurs sections on ne mit en mouvement la Garde nationale qu'en lui disant qu'il y avait aux Champs-Élysées un rassemblement royaliste contre la Convention. A la section des Halles, et ailleurs, on fit croire aux pauvres gens qu'il s'agissait d'obtenir un tarif des denrées *et d'abattre à jamais l'hydre de la fiscalité.*

Ces dispositions modérées du peuple, très bien connues des Girondins, étaient précisément ce qui mettait le comble à leur incertitude. Ils dînèrent ensemble le 1er juin, et Louvet les pressa vivement de fuir dans leurs départements et de revenir en armes délivrer la Convention. Il fut tout seul de son avis. Ce retour aurait-il lieu sans effusion de sang ? N'était-ce pas la guerre civile ? Plusieurs d'entre eux, qui plus tard ne repoussèrent plus ce moyen cruel, en avaient horreur encore. Plusieurs disaient (et dirent toujours) le mot qu'ils ont gravé sur les murs de leur prison : *La mort et non le crime ! (Potius mori quam fœdari !)* Ils aimaient mieux rester, et boire, quelle qu'elle fût, toute la coupe du destin. Fuir ? lorsqu'on sentait qu'on avait le peuple pour soi, lorsque la plus grande partie des quatre-vingt mille hommes de la Garde nationale ne venait en réalité que défendre la Convention..., était-ce raisonnable ? était-ce possible ?... Mais n'eussent-ils personne avec eux, ils croyaient le Droit avec eux. Ils dirent, laissant la force aux autres : « Restons, nous sommes la Loi. »

S'ils restaient, ils devaient rester par-devant la foule, se montrer, aller s'asseoir sur leurs bancs, pour vivre ou mourir. De là, ils seraient forts encore. Leur courage contiendrait celui de la droite. En présence de leur danger, sous leurs fermes et tristes regards, le centre aurait-il le courage de les abandonner et de les livrer? Beaucoup de chances étaient pour eux.

Telle était, toute la nuit, leur résolution, et c'était la bonne. Leurs amis de la droite vinrent les trouver le matin, les firent changer, les perdirent.

La nuit avait été terrible. Les lumières, le bruit des tambours, les *proclamations* de la Commune, le *rappel*, au jour, tout avait dû affaiblir, énerver des esprits inquiets. Ils se réunirent rue des Moulins, dans un vaste hôtel désert, où logeait Meilhan, le jeune député de la droite, esprit doux, mobile, qui aurait accepté la dictature de Danton, et plus tard fut royaliste. Il fit les plus grands efforts pour retenir les Girondins. Parlait-il en son nom seul? Il exprimait sans nul doute le sentiment de la droite, qui craignait extrêmement une scène sanglante sur ses propres bancs. La droite croyait d'ailleurs sincèrement que la présence irritante des Girondins leur nuirait plutôt à eux-mêmes; elle pensait résister pour eux aussi bien et mieux qu'ils n'eussent su faire.

Comment ces hommes intrépides se décidèrent-ils à suivre ce déplorable conseil? Nul historien ne l'a dit. Mais il n'est pas besoin qu'on le dise. Le vrai coup qui les vainquit, les anéantit, ce fut l'affreuse nouvelle arrivée le 2 au matin, le massacre de huit cents hommes à Lyon. Par qui? Par les mains girondines, par les mains de ceux qui du moins se déguisaient sous ce nom. La Gironde fut écrasée. Hélas! elle était jusqu'ici le parti de l'humanité, et voilà qu'à son dernier jour, comparaissant devant le peuple, elle arrivait souillée de sang !

L'un d'eux, Buzot, qui de cœur était à madame Roland, qui la savait arrêtée, s'élança des bras de ses amis. Luttant avec eux, il disait : « Je veux mourir à la tribune. » Ils le retinrent. Barbaroux fut plus heureux; il échappa. Il couvrit glorieusement d'une superbe intrépidité le banc désert de la Gironde. Les autres restèrent chez Meilhan, qui promit de les avertir d'heure en heure. Ils restèrent muets, immobiles, perdus, sous la fatalité.

L'innocence de Barbaroux éclatait, à ce moment même, au Comité de Salut public. On avait saisi à la poste les lettres que lui écrivaient ses correspondants de Marseille. Nous les avons sous les yeux. Elles ne contiennent rien qui puisse, de près ou de loin, indiquer la moindre pensée royaliste ni contre-révolutionnaire. Ces lettres, spécialement celles de Granet, l'un des principaux vainqueurs du 10 Août, sont visiblement écrites par d'ardents républicains, qui se trompent, il est vrai, sur l'esprit de la Montagne, qui suivent l'erreur girondine et s'imaginent que les Montagnards sont la faction d'Orléans.

Le Comité de Salut public fut saisi, en lisant ces lettres, de la plus amère douleur. Que faire? et comment les défendre? Le ministre Garat, qui était présent, rappela le mot d'Aristide dans ses querelles acharnées avec Thémistocle : « O Athéniens, vous ne serez jamais tranquilles, que vous ne nous jetiez tous deux au gouffre où l'on jette les condamnés! » Il fit souvenir encore de l'expédient proposé par une section : « Que la Gironde se retirât, et que la Montagne envoyât des otages, en même nombre, aux départements. » Cambon, Barère, Delmas, saisirent avidement cette idée. Danton se leva, les larmes aux yeux : « Je m'offre le premier, dit-il, pour aller en otage à Bordeaux. Proposons-le à la Convention. » Barère sortit à l'instant même. Il parla, non à la tribune, mais de banc en banc, pour tâter les chefs, surtout Robespierre. Tout fut manqué. D'un mot amer, d'un seul mot dit en ricanant, il rendit suspect, impossible, le dévouement de Danton : « Ce n'est, dit-il, qu'un piège que l'on tend aux patriotes. »

L'expédient était hasardeux, sans nul doute. Mais enfin, que faire? Par quel autre moyen empêcher la guerre civile? Robespierre n'en disait aucun. Il croyait sans doute encore à l'efficacité de son *insurrection morale*, qui, n'agissant que par la peur, sans acte matériel, étoufferait décemment la liberté de l'Assemblée et permettrait de soutenir qu'elle avait toujours été libre.

La séance ouverte, sous la présidence du montagnard Mallarmé, commença par un coup terrible qui semblait tomber d'aplomb sur le Comité de Salut public, l'humiliait, le désarmait pour les résistances du jour. On lut la lettre désespérée des magistrats de la Vendée, vaincus, en fuite, dépouillés, ayant tout perdu dans leur fuite; une lettre de cris et de larmes, d'amères accusations sur les divisions de l'Assemblée.

Puis, sans respirer, la révolte de la Lozère et de la Haute-Loire, des sombres contrées volcaniques qui nourrissent le peuple le plus barbare de la France.

Jean-Bon Saint-André reprit. Sa jaune et bilieuse figure (où la flamme intérieure perçait, comme une lampe ardente) terrifia l'Assemblée quand il donna la nouvelle : « Huit cents patriotes ont été égorgés dans Lyon... Il faut envoyer partout des commissaires avec pleins pouvoirs, qui frappent de mort quiconque fait obstacle à la Liberté... »

L'implacable, l'infatigable Commune était là qui attendait à la barre avec sa nouvelle pétition contre la Gironde. La générale, qui battait encore dans toutes les rues, s'entendait dans l'Assemblée. Lanjuinais monte à la tribune : « C'est sur la générale que je veux parler. »

Et alors, avec l'obstiné courage de sa dure tête bretonne, sans faire la moindre attention aux cris de fureur, aux menaces, qu'on lui jette à chaque mot, il dit à la Convention son avilissement, sa misère. Prisonnière depuis trois jours, serve d'une puissance rivale qui la tient au dedans par ses salariés, au dehors par ses canons, qu'a-t-elle fait pour sa dignité, pour l'intégralité de la représentation nationale? « Quand l'autorité usurpatrice venait vous reproduire cette pétition traînée dans la boue des rues de Paris... (Cris violents : « Il a insulté le peuple! ») Non, je n'accuse point Paris! Paris est pur! Paris est bon! mais enfin il est opprimé, il est l'instrument des tyrans... »

« Misérable, dit Legendre, tu conspires à la tribune! » Et il courut à lui, faisant le geste du merlin pour assommer.

Lanjuinais (dans son récit du 2 juin) dit qu'il lui jeta ce mot : « Fais décréter que je suis bœuf; alors tu m'assommeras. »

Legendre, Thuriot, Drouet, Chabot et Robespierre jeune lui appliquèrent à la poitrine le canon de leurs pistolets. Plusieurs députés de la droite accoururent, armés aussi, et le dégagèrent.

Il reprit intrépidement, conclut que la Convention devait casser les autorités révolutionnaires, mettre hors la Loi ceux qui s'arrogeraient un tel pouvoir et permettre de leur courir sus.

Elles entrent, ces autorités, à ce moment même,

avec leur pétition ; elles parlent en souveraines. Elles demandent l'*arrestation provisoire* des factieux de la Convention.

La réponse du président Mallarmé fut plus ferme qu'on ne l'attendait. Montagnard, mais voyant très bien que la Montagne même était divisée, il ne fit nulle difficulté de répondre conformément au sentiment répulsif que la presque totalité de l'Assemblée montrait pour la pétition : « S'il y a des traîtres parmi nous, dit-il, *il faut qu'ils soient découverts et jugés*. Avant de les punir, *il faut prouver* leurs crimes. »

On décréta le renvoi au Comité de Salut public, qui dut faire un *rapport* séance tenante.

La Convention, alarmée d'abord de se voir entourée d'une armée entière, commençait à se rassurer. Plusieurs députés qui étaient sortis avaient vu les dispositions de la Garde nationale. Ils l'avaient trouvée très favorable à la Convention. « Tout Paris est armé, dirent-ils en rentrant, armé pour vous, si vous êtes fermes ; contre vous, si vous mollissez. »

Le Comité de Salut public, partageant cette confiance, fit une démarche hardie : il fit dire à l'Hôtel de Ville que le Comité révolutionnaire devait être renouvelé *. Il espérait qu'épurée des hommes de l'Évêché, concentrée aux mains jacobines, l'autorité insurrectionnelle deviendrait plus raisonnable, qu'elle hésiterait à exiger l'avilissement de l'Assemblée.

L'argument que le Comité de Salut public pouvait faire valoir à l'Hôtel de Ville (et qu'il présenta peu après à la Convention), c'est que ce *Comité révolutionnaire* se composait en partie d'étrangers, des Gusman, *Proly*, etc. Ce mot *étrangers*, qui sonnait alors comme celui d'*agents de Pitt*, eut un effet miraculeux. Le maire Pache, qui était Suisse, avait à craindre pour lui-même. Il était naturel qu'il fît bon marché des hommes de l'Évêché, et se rangeât aisément du côté des Jacobins.

Donc, l'Hôtel de Ville obéit. Le Conseil général arrête *que le Comité révolutionnaire ne comprendra que les neuf nommés par le département à la salle des Jacobins.* Le département, c'était Lhuillier, et Lhuillier, c'était Robespierre. Les neuf pouvaient, *s'ils voulaient*, se donner quelques adjoints.

Loin de prendre pour adjoints les hommes de l'Évêché, les Jacobins tout d'abord mirent Gusman en arrestation. Ce fait étrange est attesté dans le procès-verbal de la section de Gusman (celle de la place Vendôme), qui, vers une heure, apprit qu'il venait d'être arrêté.

Lui-même dit qu'on l'arrêta *pour avoir présenté une grande mesure de salut public.* — Quelle mesure? le massacre d'une partie de la Convention? l'expulsion et l'arrestation de l'Assemblée tout entière, à laquelle on substituerait, comme Assemblée souveraine, la Commune de Paris? On peut soupçonner l'un ou l'autre. Ce qui n'est pas moins vraisemblable, c'est qu'il répéta le 2 juin ce qu'il avait dit le 31 mai à la section : *Que l'insurrection était trahie par ceux qui l'avaient préparée.* — Que serait-il arrivé s'il eût été sur la place, au milieu de la force armée, répétant les mêmes injures ?

Ce pas, véritablement hardi, de l'arrestation d'un chef de l'Évêché par les Jacobins (un des deux partis de l'insurrection emprisonnant l'autre !), fut-il hasardé par eux sans l'aveu de Robespierre ? Nous ne pouvons le penser. Il n'y a pas dix minutes, pour un courrier à cheval, de l'Hôtel de Ville aux Tuileries. Lhuillier, dans ce moment, dictateur à l'Hôtel de Ville, comme chef des Jacobins, consulta certainement son maître sur l'arrestation de Gusman, et il en reçut, pour Henriot qu'il dirigeait, la consigne que paraissait nécessiter l'attitude imprévue de la Convention.

Au moment où le président, le montagnard Mallarmé, avait fait cette réponse ferme : « Il faut prouver ; il faut juger, » on avait essayé assez maladroitement de terroriser l'Assemblée ; quelques hommes dans les tribunes s'étaient avisés de crier : « Aux armes ! » Puis, un député de la droite, ou effrayé, ou gagné, avait dit sur un ton pleureur : « Sauvez le peuple de lui-même ! sauvez vos collègues ! décrétez leur arrestation provisoire ! »

Cette faiblesse, ou cette momerie, arracha à

l'Assemblée un vif mouvement d'indignation. — Non seulement le centre et la droite, mais *une partie de la gauche*, la Convention presque entière se leva, poussa ce cri : « *Non !* »

Spectacle étrange ! il n'y eut qu'une trentaine de représentants qui restèrent assis, les Montagnards jacobins, les amis de Robespierre et les maratistes.

La Montagne non jacobine (comme Cambon et Grégoire), la Montagne dantoniste, s'étaient levées avec la droite, et, comme celle-ci, elles avaient dit : « *Non !* »

Le rôle des Jacobins devenait bien difficile. Ils avaient cru faire l'insurrection par la Montagne contre la droite. Mais voilà que, la Montagne repoussant, comme la droite, la violation de l'Assemblée, il fallait que l'insurrection se fît contre la Montagne elle-même !

Que devenait le plan de *l'insurrection morale ?* Les Jacobins, à l'Hôtel de ville, avaient supplanté l'Évêché, étaient accusés eux-mêmes par les hommes de l'Évêché ; garderaient-ils pour l'Assemblée les ménagements qu'ils avaient voulu observer ? S'ils l'eussent fait, le 2 juin aurait échoué, comme avait manqué le 31 mai. L'Évêché alors aurait dit : « Nous avons fait l'insurrection ; les Jacobins l'ont reprise et arrachée de nos mains, mais c'était pour la trahir. » — Les Jacobins seraient tombés juste au rang de la Gironde.

Les robespierristes furent poussés ainsi[*]. *L'in*-

surrection morale étant impossible, ils firent ce que l'Évêché voulait faire, l'*insurrection brutale*, la violation ouverte, publique, de la Convention.

Les allées et venues de l'Hôtel de Ville aux Tuileries, des Tuileries à l'Hôtel de Ville, demandèrent une heure environ. L'heure fut remplie, la scène occupée par des incidents divers. Les commissaires envoyés à Marseille vinrent faire leur *rapport*. Levasseur fit un discours violent contre la Gironde, demandant l'arrestation, non provisoire, mais définitive. Montagnard honnête, héroïque, homme d'élan et d'avant-garde, du reste simple et crédule en proportion de son fanatisme, il chargea sur la Gironde, comme il aurait fait à l'armée du Nord sur les hussards autrichiens.

Enfin, Barère arriva et lut le *rapport* du Comité de Salut public : « Le Comité, dit-il, *par respect pour la situation de la Convention*, n'a pas cru devoir proposer l'arrestation ; il s'adresse au patriotisme, à la générosité, et demande aux membres accusés la suspension volontaire de leurs pouvoirs pour un temps déterminé. »

Isnard se leva immédiatement, et, sans hésiter, s'immola comme victime expiatoire. Sa violence, son anathème insensé contre Paris, avait, plus qu'aucune chose, servi de prétexte à l'insurrection. Plus qu'à nul autre, il lui appartenait d'expier, de s'humilier. Esprit faible, autant que sombre, hier athée, demain mystique, il entrait, dès ce jour, dans l'affaissement et le repentir, dans le suicide moral.

Fauchet, qui fut toujours chrétien, qui se confessa et communia à la mort, accepta aussi sa dégradation.

Le bon vieux Dussaulx, qui, depuis Septembre, avait le cœur brisé, saignant, offrit sa démission.

Lanthenas, l'ami de Roland, montra plus que de la faiblesse : il eut le tort de parler, non pour lui seulement, mais pour les vingt-deux, qui ne l'en chargeaient nullement ; il dit en leur nom : « Précipitons-nous ; comblons, s'il se peut, l'abime... »

Barbaroux fut admirable de courage et de résignation : « Comment me croirais-je suspect, quand je reçois de trente départements, de cent sociétés populaires, des témoignages de confiance ?... N'importe, si la Convention croit ma suspicion nécessaire, j'obéirai au décret. »

« Pour moi, dit Lanjuinais, j'ai montré assez de courage et d'énergie pour que vous n'attendiez de moi ni démission ni suspicion. »

Des cris de mort partaient des tribunes et d'un coin de la Montagne. L'aigre voix du capucin Chabot s'entendait par-dessus les autres, avec de sales injures contre Barbaroux. L'indignation éleva Lanjuinais au-dessus de sa nature ; il rencontra le sublime ; il dit ces propres paroles : « Je dis au prêtre Chabot : On a vu, dans l'antiquité, orner les victimes de bandelettes et de fleurs ; mais le prêtre qui les immolait ne les insultait pas ! »

Marat désapprouva la mesure proposée par le Comité : « C'est donner aux conspirateurs les honneurs du dévouement. Il faut être pur pour sacrifier... A moi de me dévouer, à moi, vrai martyr de la Liberté ! Suspendez-moi, pourvu que vous arrêtiez les conspirateurs. Seulement il faut ajouter à la liste Valazé et Fermont, rayer Ducos, qui n'a eu que quelques erreurs, le vieux radoteur Dussaulx, Lanthenas, un pauvre d'esprit... »

Billaud-Varennes : « La Convention n'a pas le droit de provoquer la suspension. S'ils sont coupables, qu'ils soient décrétés d'accusation, *et par appel nominal...* »

Il fut interrompu par une violente rumeur qui se fit aux portes. Déjà un peu auparavant, pendant que Levasseur parlait, quelques membres avaient voulu sortir, et ne l'avaient pu. On avait fait venir le commandant du poste : « Ce ne sont que des femmes, dit-il ; *elles témoignaient le désir qu'aucun député ne sortît...* Mais elles ont entendu raison. »

L'Assemblée s'était contentée de cette première explication. Mais, cette fois, il n'y eut plus moyen de douter : elle était vraiment prisonnière. C'était l'heure ordinaire du dîner à cette époque. Les députés, enfermés dès le matin, éprouvaient tous le besoin de prendre quelque nourriture. Le girondin Duperret voulut sortir, et ne le put. Des représentants de la droite, le vénérable Dussaulx fut repoussé, durement heurté ; il rentra avec l'indignation d'un vieux militaire sur qui on a mis la main. Boissy d'Anglas, plus jeune, insista, essaya la force, et fut saisi à la gorge, eut ses vêtements déchirés ; il rentra, monta à la tribune, et montra sa cravate et sa chemise en lambeaux.

La Montagne ne put elle-même supporter ce honteux spectacle. Lacroix s'élança de sa place, alla vérifier le fait, fut repoussé comme les autres.

Grégoire descend de la Montagne, se présente aux portes, allègue un pressant besoin naturel. On lui répond : « Volontiers ; seulement on va vous donner quatre fusiliers pour escorte. » Il accepte, et sort ainsi, constatant, par ce fait ignoble et par ce comble d'affront, l'état honteux et misérable où était la Convention. Mais la Convention n'était plus.

La Montagne suffoquait d'indignation et de fureur. Barère vit qu'elle appuierait le Comité de Salut public. Il accusa hautement la tyrannie de la Commune. « C'est Londres qui agit ici. C'est Berlin, Madrid... Il y a un Espagnol au Comité révolutionnaire ; un étranger siège là comme représentant de Paris ; je l'ai fait dire au maire, et on l'a fait disparaître... Les Anglais sont à Famars, mais ils sont aussi au milieu de vous. En ce moment, sous mes yeux, on distribue aux soldats des assignats de cinq livres... »

Le fait était vrai. Les Jacobins, en lutte à la fois contre l'Évêché et contre la Convention, avaient employé sur-le-champ l'argument irrésistible. Ils se firent livrer par le maire la caisse des secours destinés aux colons de Saint-Domingue réfugiés à Paris ; leur messager, à cheval, dans *la cour du Carrousel, dans le jardin des Tuileries*, distribua, à compte, cent cinquante-quatre mille francs.

« Il faut qu'il meure, dit Barère, l'audacieux qui ose attenter à la liberté des représentants du peuple. »

On fait venir le commandant de la deuxième légion qui était de garde aux Tuileries. « Je n'ai point le poste de l'Assemblée, dit-il, je n'ai donné nulle consigne. »

Le commandant du poste, appelé ensuite, dit : « Mes factionnaires ont été remplacés par un bataillon de Garde extraordinaire... Loin d'avoir consigné personne, je suis consigné moi-même. »

Lacroix, d'une voix tonnante : « Ordonnons à la force armée de s'éloigner du lieu de nos séances. »

Et Danton enfin (si tard !) : « Afin que le mouvement qui se prépare ne tourne pas au profit de l'aristocratie, je demande que l'Assemblée charge son Comité de Salut public de remonter à la source de cet ordre. Comptez sur son zèle pour venger la majesté nationale. »

Renvoyé au Comité de Salut public.

Alors le député Saurine : « L'officier qui a donné la consigne est le capitaine de la force armée de Bonconseil. »

La foudre n'eût fait pas moins. Bonconseil, Lhuillier, Robespierre, trois mots synonymes.

Barère et le Comité de Salut public avaient agi à la Commune, parlé à la Convention, uniquement contre l'Évêché, contre Gusman et les partisans de l'insurrection brutale. Ils avaient vu volontiers la force insurrectionnelle passer aux partisans de *l'insurrection morale*, aux politiques, aux Jacobins. Ils les supposaient assez sages pour garder des ménagements envers l'Assemblée, pour redouter la guerre civile, infaillible résultat d'une violation directe des libertés de la Convention.

Ils le croyaient, ils se trompaient... A ce mot de Bonconseil, on vit que tout était perdu...

« Mandons l'homme de Bonconseil, » criaient plusieurs membres. Ordre embarrassant pour les Jacobins. S'il eût paru, ce capitaine, on eût aisément remonté par lui et à Henriot et à Lhuillier, chef ordinaire de Bonconseil, qui, de plus, ce jour du 2 juin, maître absolu de la Commune, donnait l'ordre à Henriot, à toute la force armée.

Barère s'élance à la tribune, brisé, défait, pâle : « Prouvons que nous sommes libres, dit-il d'une voix éteinte. Allons délibérer au milieu de la force armée ; elle protégera sans doute la Convention... »

Quelle était l'intention du personnage à double face? Crut-il que décidément les Jacobins étaient vainqueurs, et voulut-il les regagner en rompant brusquement l'enquête qui allait montrer la main jacobine? On peut le croire. Peut-être aussi, connaissant les dispositions de la Garde nationale très favorables à la Convention, il pensa que, si l'Assemblée perçait jusqu'à elle, elle était sauvée.

Quelque parti qui triomphât, Barère pouvait toujours dire qu'il avait aidé au triomphe et s'associer aux vainqueurs.

Mallarmé avait quitté la présidence, quand il vit l'Assemblée prisonnière. On y poussa Grégoire, qui refusa, alléguant qu'il était malade, et peut-être se souciant peu, comme prêtre et comme Montagnard, de se mettre au fauteuil pour défendre les Girondins. A son défaut, on y porta le dantoniste Hérault de Séchelles, l'homme de la nuit du 27 mai, l'homme faible, le pompeux acteur, qui servait aux lâchetés. Il descend majestueusement, se met à la tête de la Convention; le centre le suit. Le jeune Meilhan, qui le matin conseilla si mal la Gironde, descend le premier de la droite; elle suit, au nombre d'environ cent députés. La Montagne restait immobile. Des tribunes, on lui criait (les femmes surtout, avec les prières les plus instantes et s'élançant à mi-corps) : « Il y a danger, ne bougez pas. » Les Montagnards jacobins et les maratistes, une trentaine de députés, suivirent cet avis, restèrent. Mais la masse des Montagnards, honnêtes et loyaux ennemis, ne purent voir leurs adversaires, les députés de la droite, s'en aller ainsi tout seuls à la bouche des canons. Ils quittèrent aussi leur place, allèrent se ranger près d'eux, résolus de partager leur sort.

Il y avait péril en réalité. La Garde nationale, immense et paisible, se voyait de loin, à perte de vue. Quatre-vingt mille baïonnettes, armées pour la Convention. Mais il n'y avait pas moyen d'entrer en communication avec cette grande armée d'amis. La cour, dans son étroite enceinte de planches, le jardin, spécialement du côté du Pont Tournant, étaient soigneusement fermés; on n'y voyait qu'environ trois ou quatre mille hommes choisis tout exprès; une partie, canonniers, engagés la plupart depuis deux jours et par l'insurrection même; une partie, volontaires, non de ceux qui gratuitement couraient d'eux-mêmes aux armées, mais des volontaires achetés par les sections à tant par tête, mauvais sujets pour la plupart, insatiables d'argent (les procès-verbaux en témoignent) et tirant à chaque instant le sabre pour être payés. On leur avait donné du cœur en leur distribuant sur place cet assignat de cinq livres, qui commençait aussi sur place à s'écouler en eau-de-vie. Le général de ces ivrognes avait bu plus que les autres.

Le général Henriot, laquais et mouchard sous

l'ancien régime, avait fait maintes campagnes dans les foires et les marchés, en costume de général, comme les charlatans en portent et les arracheurs de dents. Il avait de longue date paradé sur les tréteaux avec l'épaulette, l'épée, le panache. Il n'y avait pas un homme qui s'entendît de si loin; c'était (il faut dire le mot) *une gueule* terrible, à faire taire toute une place. Ses campagnes n'avaient pas été sans revers; quel capitaine n'en a pas? Fait prisonnier (par la Police), il avait passé du temps à Bicêtre. Et c'est justement ce qui fit sa fortune révolutionnaire. On le prit pour une victime; on le jugea, sur l'habit, un vrai militaire. Le pauvre peuple du faubourg Saint-Marceau, qui, dans ses grandes misères, a toujours besoin d'un amour, avait perdu Lazouski; il adopta Henriot. Le quartier de la rue Mouffetard (section des Sans-Culottes) l'avait pris pour capitaine. Dans la nuit du 31 mai, l'Évêché le fit général, pour cette seule considération que c'était, en quelque sorte, le successeur de Lazouski, un homme dont le quartier le plus pauvre était engoué.

Il y avait cependant à cela un inconvénient, c'est que ce grand aboyeur n'était qu'une voix, en réalité. Du reste, une tête de bois, absolument vide; l'eau-de-vie seule lui donnait l'attitude et les paroles. Aux grands jours qui demandaient de la présence d'esprit, Henriot avait soin d'être ivre; il fut presque ivre au 2 juin, ivre au 9 Thermidor. Dans cet état, le général devenait vraiment dangereux ; disant indifféremment *non* pour *oui* et *oui* pour *non*, il pouvait faire des malheurs sur ses amis même. Au 2 juin, sa section, qui lui était fort dévouée, lui envoyant un orateur, il l'insulta grossièrement. Un tel homme, à la tête de cent cinquante bouches à feu, pouvait, en se trompant d'ordre, foudroyer impartialement la Montagne et la Gironde.

Hérault et la Convention sortent en masse du pavillon de l'Horloge, et, tournant un peu à leur droite, se trouvent en face d'Henriot. La troupe de celui-ci, quoique choisie tout exprès, était loin d'être unanime ; plusieurs criaient : « *Vive la Montagne !* » Mais plusieurs, sans distinguer, criaient : « *Vive la Convention !* »

Le pourparler s'engage entre les deux mannequins, le président et le général.

Le président, noblement : « Que demande le peuple ?... La Convention n'est occupée que de lui et de son bonheur... »

Le général, branlant la tête : « Hérault, le peuple n'est pas levé pour écouter des phrases, mais pour donner ses ordres... Il lui faut trente-quatre victimes. — Des victimes ? crient les députés, nous le serons tous ! — A vos pièces ! canonniers ! » crie le général. La comédie était prévue. On commence la manœuvre, on pointe six pièces de canon sur trois cents hommes sans armes. En même temps, une vingtaine de vauriens sortent des rangs et présentent la pointe des sabres et des baïonnettes.

Ce n'eût été que ridicule si ces gens n'avaient été ivres. Henriot, d'ailleurs, savait-il que la Montagne fût sortie pour accompagner la droite ? Il pouvait croire que la droite seule était devant lui. Le canon pouvait aussi tirer au hasard ; les idiots qui manœuvraient étaient, pour la plupart, canonniers depuis deux jours. Quelqu'un saisit fortement le président par le bras, et le fit tourner à gauche, vers le pavillon Marsan. Il se laissa faire, et il entraîna à gauche toute la Convention. Elle ne trouva de ce côté que respect et que silence. Si Hérault eût sérieusement voulu ouvrir les rangs à l'Assemblée, lui faire percer ce rideau d'hommes armés qui visiblement hésitaient, il est probable qu'il l'eût pu, et que la Convention se fût réfugiée dans les rangs de la Garde nationale.

La mollesse d'Hérault de Séchelles venait, en réalité, de l'incertitude de son chef et ami Danton. Celui-ci hésitait misérablement. Si même on en croit son procès (conduit, il est vrai, arrangé par ses mortels ennemis), il aurait montré la duplicité honteuse du plus triste comédien. Il aurait dit, au moment où l'Assemblée fut prisonnière : « Il nous faut la tête d'Henriot. » Puis voyant que décidément l'Assemblée avait reculé, Danton, se promenant dans la cour, aurait dit hypocritement au général : « N'aie pas peur, va toujours ton train. »

Cependant la Convention, repassant par le vestibule, sous le pavillon de l'Horloge, descendait dans le jardin. Elle le traverse, elle avance vers le Pont Tournant. Quelques jeunes députés la quittèrent pour un moment, coururent, montèrent sur la terrasse qui domine le quai. Là, ils virent des légions entières de Garde nationale, qui, soigneusement isolées de la Convention et n'en ayant nulle nouvelle, s'inquiétaient de savoir ce qu'elle était devenue. Ils faisaient signe aux députés de venir les joindre. « Nous allons vous joindre aussi, » leur répondirent-ils. Descendant rapidement et rentrant dans le jardin, ils joignirent la Convention près du grand bassin, non loin de la place. Le passage était fermé, gardé. Le long du bassin courait Marat, avec une vingtaine d'enfants en guenilles, après la Convention. « Que les députés fidèles retournent à leur poste ! » crie Marat d'une voix aiguë. La queue, qui était la Montagne dantoniste ou indépendante, n'étant point soutenue de Danton, écouta la voix de Marat, retourna vers le palais, alla docilement rejoindre les trente Montagnards jacobins ou maratistes qui étaient restés dans la salle. La droite, qui avait fait la tête de la procession, devint la queue à son tour, et rentra triste, vaincue.

Du banc des *trente*, sans quitter sa place, le cul-de-jatte Couthon parla d'une voix fort douce :
« Maintenant, dit-il, vous voilà bien sûrs de votre

liberté ; vous avez marché vers le peuple ; vous l'avez trouvé partout bon, généreux et sensible... Je demande, non pas encore un décret d'accusation... Non ; seulement que les vingt-deux soient en état d'arrestation chez eux, — et avec eux le Comité des Douze, les ministres Clavières et Lebrun... »

Legendre demanda une exception dans les Douze, et Marat deux ou trois autres. Pendant qu'on lisait le décret, il disait : « Ajoutez ceci, retranchez cela... » Le lecteur ajoutait ou retranchait, sans consulter l'Assemblée. Le côté droit demandait qu'on votât, en faisant l'appel nominal, dans la pensée que plusieurs craindraient de se déshonorer. Cependant quelques-uns disaient : « Après tout, pour rester chez eux, ils ne seront pas fort à plaindre. » Et d'autres : « Un petit mal vaut mieux, pour éviter de grands maux. » Un autre, d'un air stoïque : « *Vaut-il mieux ne pas voter* que de trahir son devoir. » Cette ouverture fut saisie. L'Assemblée ne vota point. La Montagne vota seule, pêle-mêle avec des gens du peuple qui s'étaient amicalement assis dans ses rangs.

Le décret prononcé à peine, un grand nombre de députés entourèrent le secrétaire, Durand-Maillane, rédacteur du *procès-verbal*, pour lui faire consigner leurs *protestations* contre la violence exercée sur l'Assemblée. Le très prudent secrétaire les fit signer, mais sur une feuille volante,

« ce qui fit plaisir à plusieurs, dit-il malicieusement ; quand ils virent le parti de Robespierre prendre plus de consistance et de force, ils me prièrent de brûler la feuille où étaient leurs signatures. » Durand fit plaisir à tous : aux vaincus, en détruisant leur *protestation ;* aux vainqueurs, en les laissant falsifier son *procès-verbal*, effacer toute trace de violence subie par la Convention.

Avant la fin de la séance, une députation, qui prétendait être l'organe *du peuple entier de Paris*, vint remercier l'Assemblée, et offrit de *constituer des otages* en nombre égal à celui des députés arrêtés. « J'accepte, dit Lanjuinais, pour empêcher la guerre civile. » — Mais Barbaroux refusa, se remettant généreusement à la loyauté de Paris.

Il était dix heures du soir. Hérault avait disparu. Mallarmé fut obligé de reprendre le fauteuil pour lever la séance. La Montagne s'écoula. La droite voulait en faire autant par la porte qui était de son côté. Cette porte était consignée. Les représentants, repoussés dans la salle, s'adressèrent au président, qui, abîmé dans la honte et le nez dans ses papiers, dit au hasard : Je ne me mêle pas de cela. » Un huissier effectivement indiqua l'autorité supérieure qui tenait l'Assemblée captive : « On est allé, dit-il, chercher à la Commune l'ordre de lever la consigne. » On attendit un quart d'heure.

Rien n'avait manqué à la laideur du triste

événement ; on ne devait désirer nulle preuve plus manifeste de la violence subie par la Convention. Les ineptes instruments de cette violence en faisaient gloire et parade. Tout le jour, aux Champs-Élysées, on vit les apprêts d'un siège, tout le matériel de l'artillerie, des grils à rougir les boulets et autres machines semblables. Tel était le bon sens du général Henriot !

Le soir, au Théâtre-Français (Odéon), et dans d'autres sections sans doute, on fit des récits indignés des scènes du jour. Bonneville, celui qui le premier proposa la République, fit une *protestation* contre le 2 juin, et le Théâtre-Français voulait l'envoyer à toutes les autres sections. Cette décision n'eut pas de suite.

La lassitude était extrême ; on se soumit, et généralement on fut satisfait de voir la fin de la crise. La Garde nationale, depuis quatre jours, était constamment appelée et des jours entiers sous les armes. Les hussards de l'École-Militaire, qui étaient restés soixante-douze heures à cheval, n'avaient plus la force de retourner à leur quartier ; ils restèrent mourant de faim aux Quatre-Nations, où la section leur donna à manger.

Le soir et toute la nuit, pour étouffer les résistances possibles, on employa divers moyens. Le Comité révolutionnaire de l'Hôtel de Ville demanda aux sections voisines que chacune lui envoyât huit commissaires *pour aider au désarmement et à l'arrestation des suspects*. Aux Droits-de-l'Homme (le plus pauvre quartier du Marais), on fit faire la liste des Sans-Culottes armés, *pour les payer* sur-le-champ. A la section de Grenelle, on démentit d'abord l'arrestation des députés; puis on dit qu'ils n'étaient arrêtés que *jusqu'au rapport du Comité de Salut public*. Ailleurs, on racontait avec emphase *la dignité* avec laquelle le peuple souverain avait accompli le mouvement. La Convention avait promis, pour le 10 août, *une Fédération générale*. Ce seul mot, qui rappelait un temps de paix et d'espérance, ne manquait pas d'être accueilli avec applaudissements.

On colporta aussi de section en section une parole qu'on trouvait sublime. Un Sans-Culotte aurait dit à un député effrayé qui tenait un pistolet : « Tu as beau faire, tu n'auras pas seulement une égratignure. » Plusieurs trouvaient en effet quelque consolation à songer qu'après tout, dans ce grand mouvement de quatre jours, le sang n'avait pas coulé. On en concluait que Septembre était désormais impossible, on admirait l'adoucissement des mœurs et l'on s'efforçait d'espérer.

Avec tout cela, les Jacobins n'étaient nullement rassurés. Sortis malgré eux du plan de l'*insurrection morale*, obligés de recourir à la brutalité des moyens de l'Évêché, ils étaient inquiets et tristes. Les sections jacobines allèrent tâter les autres, les raffermir, leur conter l'événement : « comment la Convention *avait été au jardin prendre quelques moments de repos*, puis, *invitée par le peuple*, était rentrée en séance. » La section de Bonconseil se montra infatigable. Toute la nuit, par ses députés, elle visita les quarante-sept autres sections de Paris, et leur offrit à chacune « le baiser de Fraternité. »

Que le lecteur nous excuse d'avoir raconté dans un si grand détail ces tristes événements.

Nous le devions. Aucun fait n'a eu une portée si grave. Le 2 juin 93 contient en lui et Fructidor et Brumaire, tous les coups d'État qui suivirent.

Nous le devions. Ce grand fait, conté tant de fois, écrit par des mains éloquentes, objet (aujourd'hui et toujours) d'une controverse de partis, n'en était pas moins resté, osons le dire, vraiment ignoré, incompris.

Et c'est ce qui permettait une controverse éternelle. On copiait plus ou moins habilement les journaux, les *Mémoires*, qui donnent très inexactement quelques traits extérieurs de l'événement, et qui ne disent par un mot des faits décisifs, du drame intérieur, qui se jouait en dessous.

Un témoignage irrécusable subsistait pourtant de ce drame, et dans des actes authentiques, spécialement dans les procès-verbaux des quarante-huit sections. Chacun de ces actes est très court, obscur pour qui n'en voit qu'un seul. Tous ensemble, ils se complètent, s'éclaircissent, se contrôlent les uns les autres; ils portent sur l'événement une lumière concentrée qui permet de le voir à jour, de part en part. Jamais peut-être sur aucun fait historique on n'a pu réunir un tel faisceau de rayons.

Il sort, dès aujourd'hui, ce grand fait, des vaines disputes; il entre dans la lumière de l'Histoire et de la Justice.

Deux choses resteront établies par ces derniers chapitres et par tout ce volume :

La politique girondine, aux premiers mois de 93, *était impuissante, aveugle;* elle eût perdu la France;

Les Girondins, personnellement, furent innocents. Jamais ils ne songèrent à démembrer la France. Ils n'eurent aucune intelligence avec l'ennemi.

En terminant ce dur travail, ce livre amer où nous avons laissé, des larmes? non, mais des lambeaux du cœur, un regret nous saisit, une crainte : d'avoir été injuste, à force de justice.

Acharné à ce grand procès, le suivant pied à pied, craignant de l'obscurcir, nous avons écarté les nobles et grandes discussions qui s'y mêlaient sans cesse. La face sombre du temps apparaît seule, et la lumière est ajournée.

Proclamons-le ici et que personne ne s'y trompe. Les monuments de cette époque, quelle qu'en soit la violence barbare ou la forme grossière, témoignent tous d'un caractère élevé, digne de ce grand siècle : *le culte de l'idée, la foi vive à la Loi.* Qu'on l'écrive, cette Loi, et tout sera sauvé, c'est leur croyance à tous. Au milieu même des mouvements terribles des derniers jours de mai, les Jacobins à Bonconseil, les Cordeliers à leur Club, ne rêvent qu'à la Constitution.

Montez plus haut, lisez les minutes informes du Comité de Salut public : l'idée y domine tout; la situation ne vient qu'après. C'est, le 30 mai, entre l'insurrection de Paris et la nouvelle de la victoire des Vendéens que le Comité présente, fait décréter sa grande fondation des écoles. Foi superbe dans la lumière, noble et fière réponse aux victoires de la barbarie !

Ah ! ce n'est rien encore d'avoir vu dans ce livre les violentes disputes de la Convention ! il faudrait voir aussi la noblesse, la force héroïque qui maintenait au cœur de ses grands hommes, parmi les disputes même, une base profonde de paix. En telles circonstances, Danton loua Vergniaud, Vergniaud loua Saint-Just. Sur les points les plus élevés, leur foi était la même. Plus d'une fois, entre eux, brillèrent de sublimes éclairs de fraternité, des lueurs anticipées de la réconciliation, qu'ils ont tous aujourd'hui dans le cœur de la France.

LIVRE XI

CHAPITRE PREMIER

PARIS ET LA CONVENTION

Misère et grandeur de la Convention. — Danger suprême de la France. — Le crime de la Gironde. — T avait-il un gouvernement? — La seule force organisée est dans les Jacobins. — Aspects nouveaux de la Révolution. — La « Terra incognita. » — La Montagne ne veut pas donner le gouvernement à Robespierre. — La Convention ne veut rien faire que la Constitution. — Absence de tout gouvernement. — L'armée révolutionnaire. — Comment on demanda l'armée révolutionnaire. — Comment on éluda l'armée révolutionnaire. — Robespierre et Marat gardiens de l'ordre.

§ I. — LA MONTAGNE CRAINT LA DICTATURE. — MISÈRE ET GRANDEUR DE LA CONVENTION (JUIN 1793)

A Convention revint le 3 dans sa prison de la veille, dans la sombre petite salle de spectacle des Tuileries, où elle avait joué un si triste

rôle. La Montagne rentrait frémissante d'une fureur étouffée ; elle retrouvait ces bancs, où elle s'était vue captive, aussi bien que la Gironde : là, Grégoire avait crié ; là, Lacroix avait pleuré ; là, sous les risées des tribunes, un Montagnard, forcé de sortir, avait obtenu par grâce d'être conduit, gardé à vue par quatre fusiliers.

Les royalistes se frottaient les mains. « Le Roi a été forcé de mettre le bonnet rouge ; cette fois, c'est la Convention... Elle prendra le bonnet vert, et cette royauté nouvelle ne sera qu'un soliveau. » *(Révolutions de Paris.)*

Est-ce à dire que la Convention fut une Assemblée de lâches, qu'elle n'ait eu que des Sieyès ?

Soyons justes. Serrée des tenailles de la nécessité, pressée, qu'on pardonne le mot, sous l'épouvantable pressoir de la fatalité, elle a rendu, en bien, en mal, ce que contenait la nature humaine. Incroyablement patiente avant Thermidor, et après faible et furieuse, emportée à la débâcle d'une triste réaction, elle n'en a pas moins étonné le monde, et par l'héroïsme individuel de ses membres et par l'admirable fécondité de ses créations.

Voilà ce que lui doit l'Histoire.

Non, quoi qu'on veuille ou puisse dire, nulle Assemblée ne contint jamais tant de forces vives, tant d'hommes résolus à mourir pour le devoir. Ces députés, hier avocats, médecins, gens de lettres, étonnèrent de leur courage les Kléber et les Desaix. Souvent, quand les militaires renonçaient, ils avancèrent, et, comme Fabre de l'Aude, se firent tuer à la place où ils plantaient le drapeau. Il n'y aura jamais au monde des hommes plus intrépides que les Merlin de Thionville, les Bourbotte, les Lacoste, les Romme, les Philippeaux; jamais de volonté plus forte que celle des Jean-Bon Saint-André, des Baudot, des Levasseur.

« Avez-vous donc, disait un homme de la droite, fait un pacte avec la victoire? — Non, mais bien avec la mort, » répondit le jeune Bazire, assis à côté de Danton.

Grande Assemblée, toujours féconde, à travers ses misères mêmes, invincible aux événements; mutilée au 31 mai, elle fait les plus grandes choses; mutilée en Thermidor, elle continue d'enfanter. Avant, après, elle dote la France d'une foule d'institutions. Tous les gouvernements qui suivent s'appuient d'elle en la maudissant, ils citent docilement ses Lois, profitent de ce qu'elle a créé, reconnaissant malgré eux la majesté souveraine de l'Assemblée, entre toutes, fondatrice, organisatrice, qui, plus qu'aucune force humaine, représenta l'inépuisable fécondité de la Nature.

Indiquons au moins quelques-unes de ses grandes créations :

Avant le 9 Thermidor. — Les premières parties

du Code civil. Le Grand-Livre. Le partage des biens communaux. Le nouveau Calendrier (astronomique et raisonnable). Le Système décimal. L'Uniformité des poids et mesures. Le Musée du Louvre. Le Musée des monuments français. Le Conservatoire de musique. L'extension du Muséum d'Histoire naturelle, le grand enseignement des sciences de la Nature. L'Administration du télégraphe. Le Conseil des Mines. La fabrication de l'acier, les nouvelles fabriques de poudre.

Après le 9 Thermidor. — L'École normale, les Écoles centrales et primaires, c'est-à-dire le seul système complet d'instruction qui ait existé en France. L'École polytechnique. L'Institut. Le Bureau des Longitudes, etc., etc.

Mais ce qui recommande à jamais la Convention, c'est sa bienfaisance infinie, l'effort immense qu'elle fit, spécialement en 93, pour réaliser dans les Lois la Fraternité. Elle vote des retraites aux soldats, des secours aux réfugiés. Elle adopte les enfants trouvés, ceux des condamnés à mort, les relève et les appelle Enfants de la Patrie. Elle soulage les familles chargées d'enfants. Elle crée les Écoles de santé. Elle se charge elle-même d'administrer les hospices. Elle donne aux hôpitaux de Paris une si grande extension, qu'il faut l'en dire la fondatrice. Elle crée Beaujon et Saint-Antoine. Elle étend l'Hôtel-Dieu, *ordonnant que, dans chaque lit, il n'y aura qu'un malade* (on en mettait jusqu'à six).

Pauvre homme qui es gisant sur le grabat de l'hospice, si, dans tes nuits de douleur, tu peux du moins gémir seul, seul étendre librement tes membres endoloris, souviens-toi de la Convention, de la grande Assemblée humaine et bienfaisante, de celle qui entreprit d'ouvrir l'ère de Fraternité, de celle qui d'un si grand cœur prodigua son sang pour toi !

Qu'on ne demande pas maintenant pourquoi la Convention vint se rasseoir le 3 juin sur ses bancs déshonorés. Elle revint pour deux causes.

Elle se sentait comptable au genre humain, ayant ces grandes choses à faire.

Elle ne pouvait se retirer, dans l'horrible péril où était la France, sans lui donner le coup de grâce. La retraite eût été un crime.

La France, désorganisée et quasi dissoute, ouverte par toutes ses frontières, sans gouvernement, sans défense, au centre, frappée par la Vendée (qui, le 10, devint maîtresse de la route de Paris), avait encore une force, une seule, son Assemblée. Elle était tout entière suspendue à ce faible fil que l'on pouvait croire brisé.

Malheur à qui eût compté avec l'honneur personnel dans une telle situation ! Il fallait tout endurer, ne rien voir et ne rien sentir, avaler l'outrage et les larmes, et se rasseoir dans la honte, la nier si l'on pouvait, soutenir qu'on avait été libre, et que toujours on était libre. C'est ce que fit la Montagne, et elle sauva la France, dont la seule et dernière ressource était dans l'autorité de la Convention.

Le procès-verbal du 2 juin, rédigé et arrangé par l'homme le plus timide de l'Assemblée, Durand-Maillane, homme de droite qui votait à gauche, fut indéfiniment ajourné et ne parut que longtemps après. Lorsque Grégoire demanda en rentrant que le procès-verbal constatât l'insulte faite à l'Assemblée, l'équivoque rédacteur dit : « J'ai rendu compte *de la généralité* des faits, de sorte qu'on voie *dans quel état* la Convention a délibéré. » L'Assemblée s'en contenta ; muette et sombre, elle passa brusquement à l'ordre du jour. Elle était déterminée à ne point se croire insultée, à s'occuper de la France et non d'elle-même.

La situation était presque désespérée en avril. Or, qu'était-ce donc en juin ? On ne marchait pas vers l'abîme ; on y était, on y plongeait. Un mot suffit pour en juger. Il fallait au moins six mois pour *retrouver des ressources, créer un gouvernement, réorganiser les armées.* Et il fallait trois jours à la cavalerie hongroise pour venir à Valenciennes, et faire manger ses chevaux dans la Convention.

Pourquoi l'armée anglo-autrichienne, qui était à cinquante lieues, ne vint-elle pas à Paris ? Il n'y en a qu'une raison, c'est qu'elle ne le voulut pas. Elle voulait prendre des places, et non refaire un roi de France.

Là apparut dans sa grandeur le crime de la Gironde, le crime d'avoir disputé trois mois en présence de l'ennemi ! On ose à peine sonder des yeux le profond néant où elle laissait le pays. Elle n'avait rien fait elle-même, ni rien laissé faire.

Elle n'avait pas su exiger l'impôt. L'arriéré montait toujours ; on revint aux temps barbares ; il fallut demander l'impôt en denrées (septembre).

Elle n'avait su vendre les biens d'émigrés. Les Administrations girondines résistèrent invinciblement aux ordres de leur ministre Roland, et ne surent point résister aux familles d'émigrés, qui, par de faux certificats, obtenaient sans difficulté la main-levée des saisies, rentraient dans leurs biens.

Elle ne soutint pas l'assignat, n'osant punir les mauvais citoyens qui refusaient la signature de la France en péril. De là, un double fait contraire, cruel, meurtrier pour le peuple. Le salaire ne montait pas, les denrées montaient. En juillet, un misérable litron de haricots secs se vendait près de trente sols.

Elle ne saisit pas, du moins, la ressource de l'emprunt forcé, dans l'heureuse combinaison qu'avait proposée Cambon, et laissa tomber la chose aux mains des Comités révolutionnaires.

La Montagne, pour ressource contre l'Europe conjurée, contre un ennemi si près, qui d'un moment à l'autre pouvait tomber sur Paris, la

Montagne avait en caisse deux *projets!* et deux feuilles de papier. Le décret du milliard de l'emprunt forcé et le décret d'une fabrication nouvelle d'un milliard d'assignats.

Mais pour lever cet emprunt, pour réorganiser les armées, pour remettre quelque unité dans ce chaos immense, pour imposer aux départements, cruellement irrités de l'injure qu'on leur faisait, il fallait un gouvernement.

Et là s'ouvrait, aux yeux de la Montagne, un abîme sous l'abîme. C'est que les remèdes semblaient aussi cruels que les maux.

Les quarante mille Comités révolutionnaires seraient-ils un gouvernement? Très ardents, très patriotes, mais en même temps inhabiles, maladroits et furieux, il n'y avait point de pire instrument. Ils criaient, ils dénonçaient, ils arrêtaient, n'agissaient pas. La Révolution, dans leurs mains, avait l'air de ces bêtes à mille pieds, qui s'agitent et n'avancent pas.

Les représentants eux-mêmes seraient-ils un gouvernement? Leur dévouement fut admirable, leurs efforts prodigieux; ils donnèrent leur vie, leur sang. Mais ce n'était pas assez de mourir; le difficile était de vivre et d'agir utilement, d'agir d'ensemble et de s'entendre, de se subordonner à une direction commune. La violence de leur passion patriotique, l'ardeur de leur altier courage, étaient un obstacle à cela. Tous s'empressaient, tous se nuisaient. Dans le concours discordant des représentants en mission, et des agents que la Commune, les ministres, les sections envoyaient aussi, il y avait juste le contraire d'un gouvernement ; c'était comme une tempête de disputes et d'accusations, un combat d'actions contraires qui s'annulaient elles-mêmes.

Le désordre, l'excès du péril, demandaient la dictature. Je ne dis pas : un dictateur. Une Assemblée qui venait de couper la tête à un roi n'avait hâte d'en refaire un.

Les Girondins, dans leurs romans, supposaient un triumvirat de Marat, Danton et Robespierre, — du roi de la Presse, du roi de l'Assemblée et du roi des Jacobins.

Ingénieuse fiction, mais sans base. Ces hommes étaient inassociables, de plus, tous trois impossibles.

Danton avait tergiversé au 2 juin, comme en janvier. Il n'inspirait aucune confiance.

Robespierre, avec son insurrection *morale*, avait paru trop délié ; il n'avait pas la rude énergie que demandait l'imagination populaire. Beaucoup l'estimaient, l'admiraient, mais le croyaient un philosophe, un pauvre homme de bien.

Le plus possible était Marat, qui avait au moins le mérite, dans son excentricité, de n'avoir pas tergiversé. Il avait dit franchement, brutalement : « Il faut un chef. » Et il ne l'avait pas dit seulement. Il avait été ce chef au 2 juin. Il fit *grâce et justice*. Être roi n'est pas autre chose. Mais dès ce jour aussi il fut marqué pour la mort. Non seulement il devint le but du poignard girondin, mais il fut tacitement mis au ban de la Montagne, qui n'écoutait plus ses paroles et ne daignait lire ses lettres. Il y fut infiniment sensible. Déjà malade, il s'alita. Il écrivit, le 20, aux Jacobins, pour expliquer le mot fatal. Mais l'acte, comment l'expliquer, comment prouver à la Montagne qu'elle n'avait pas été captive, et qu'il n'avait pas été roi?

Marat, du reste, avec sa grande puissance de la Presse populaire, n'avait de force qu'à Paris. Pour une force commune à la France, il n'y en avait qu'une à peu près organisée, la société jacobine. Ceci ramenait à Robespierre, qui semblait l'homme fatal et menaçait l'avenir.

Mais, justement, cette fatalité indignait la grande majorité de la Montagne.

De tempérament, d'instinct, de nature, elle était contraire à Robespierre, bien plus qu'à Danton, à Marat. Le tempérament dantonique, le génie de Diderot dans son dithyrambe de *l'Orgie de la Liberté*, fut plus commun dans la Montagne. Elle haïssait tout pédagogue. Autant elle était ravie d'être quitte de la volubilité magistrale et pédantesque du grand *faiseur* Brissot, autant elle frémissait de tomber sous la férule de l'*irréprochable* Robespierre. Elle détestait la Gironde, en qui elle voyait la dissolution de la République, mais n'avait pas moins horreur de voir la Révolution, immense et féconde, débordante et regorgeante de sentiments, d'idées, de vie, se resserrer tout à coup, se châtier et faire pénitence, prendre cette sagesse moyenne qui supprime les jets vivants les plus vigoureux au profit de la discipline et de l'unité d'organisation*.

Les Jacobins contenaient-ils la Révolution? Non. Ils n'étaient pas même la Montagne tout entière.

Sans parler des Montagnards neutralistes, Barère, Grégoire et autres, les Montagnards dantonistes, hommes d'élan, de passion, Desmoulins, Fabre d'Églantine, Legendre, Philippeaux, Thuriot, qu'ils eussent ou qu'ils n'eussent pas le diplôme jacobin, étaient opposés à l'esprit de la société jacobine.

Il faut en dire autant des Montagnards illustres par leurs spécialités (militaire, financière, administrative), Cambon, Carnot, Prieur, Lindet, qui étaient généralement peu amis des Jacobins, et n'y mirent jamais les pieds.

Dans les deux sens, comme passion et comme spécialité, la Montagne débordait la société jacobine. Mais la Montagne elle-même était bien loin de contenir la Révolution.

Dès le lendemain du 2 juin, on commence à voir des horizons nouveaux, immenses. — La Révolution semblait grande. Elle apparaît infinie.

« Au delà de Marat, avait dit Desmoulins, il

faut dire ce que les anciens géographes mettaient sur leurs cartes, pour les terres non visitées : « *Terra incognita.* »

C'est cette *Terra incognita* qui commence à apparaître.

Du côté de Lyon, on voit poindre le mysticisme révolutionnaire de Chalier.

Vers le Nord, en Picardie, se remarque le grand partageur Babeuf, qui imprime dès 90, et qui en 92 et 93 est fort maltraité par les Montagnards.

Au Centre, un monde surgit sous nos pieds, une tentative hardie de religion nouvelle, l'essai de donner à la Révolution (non française seulement, mais universelle) son organe universel, le culte de la Raison. Qui fait cela? C'est Paris. Paris déborde la France, la dépasse, et suit sa route dans la voie du genre humain.

A toutes ces grandes choses, que fera la société jacobine? Il ne suffirait pas de les nier, de vouloir les tuer en n'en parlant pas.

La révolution politique pourrait-elle subsister sans devenir une révolution sociale et religieuse?

La révolution classique de Rousseau et de Robespierre vivra-t-elle en sûreté dans la sombre salle de la rue Saint-Honoré, sans tenir compte de l'autre, la révolution romantique, qui mugit, confuse, hors des murs, comme une voix de l'Océan?

Sans bien s'expliquer tout cela, la Montagne

sentait d'instinct que mettre la Révolution dans la main pure et patriote, mais exclusive et serrée, de la dictature jacobine, c'était rejeter une infinité de forces vives qu'on n'étoufferait jamais, et qui, si on les étouffait, de leur mort ou de leur absence dessécheraient, stériliseraient la République, la laissant sans sève et sans vie.

Voilà pourquoi la Montagne, trois mois durant, au risque de tout perdre, recula avec une sorte d'horreur devant la nécessité de faire un gouvernement. Il n'y en avait qu'un possible, le gouvernement jacobin. Elle estimait les Jacobins, elle admirait Robespierre, et elle frémissait de la pente fatale qui emportait tout vers lui. Elle croyait (je pense, à tort) qu'il désirait le pouvoir. Il ne voulait rien que l'autorité.

C'était moins, et c'était plus. Il avait le tempérament prêtre, et, comme tel, ambitionnait, avant tout, la domination des esprits.

La Convention, très éloignée de deviner ce caractère, crut n'avoir pas un moment à perdre, en rentrant le 3 juin, pour lui fermer le pouvoir.

Un Montagnard *modéré*, Cambacérès, collègue de Cambon dans le département de l'Hérault, et qui, sans être dantoniste, avait deux fois, dans deux grandes circonstances, exprimé la pensée de Danton et celle de l'Assemblée, cette fois encore, sans phrase, sans passion, formula en une seule ligne le sentiment de la Convention :

« L'Assemblée change ses Comités, *moins* son

Comité de Salut public. » — Voté unanimement.

Ce qui voulait dire :

1° La Convention subira le fait accompli ; elle ouvre à la Montagne ses Comités, que remplissait la Gironde ;

2° Elle n'ouvre pas son Comité de Gouvernement à l'homme qui couvre l'insurrection de son autorité morale ;

3° Ce Comité qui, presque uniquement, a protesté d'avance contre le 31 mai, qui a entravé, tant qu'il a pu, le 2 juin, elle le maintient et le défend pour avoir défendu la Loi.

Ce vote était très propre à calmer les départements, conforme aux paroles que leur portèrent ou leur firent porter les conciliateurs Danton, Cambon, Barère et Lindet.

Trois autres décrets solennels marquent les journées du 3 et du 4 :

Commencement *des travaux du Code civil*, par une *section* spéciale *de législation ;*

L'instruction nationale basée sur de bons livres élémentaires, dont on encourage la composition ;

Le partage des biens communaux, ordonné en août 92 par la Législative, est réglé par la Convention. Tout habitant, homme, femme, enfant, les absents et les présents, tous ont droit d'avoir une part ; si le tiers des voix dans la commune est pour le partage, il est décidé.

Grandes mesures, et habiles. Cependant la

question d'urgence restait tout entière : Comment faire un gouvernement?

La Convention ajourna cette question. Elle ne se préoccupa que de la réconciliation de la France. Elle jugea qu'il fallait avant tout détromper les Girondins de bonne foi, finir le malentendu. On leur disait que la Montagne voulait refaire la royauté. « Présentons-leur, en réponse, dit-elle, une Constitution fortement républicaine, solidement démocratique. Jusque-là, rien n'est possible. Il faut éclairer la France, lui rendre son *unité*. Unie, elle peut braver le monde. »

L'ennemi attendrait-il? Il y avait bien lieu d'en douter.

Quoi qu'il en soit, l'Assemblée et son Comité de Salut public ne firent rien de sérieux* qu'en vue de la France seule et de la question intérieure. Ils ne tinrent compte du monde.

Surprenant spectacle! objet d'admiration pour les uns, pour les autres de dérision? Un peuple cerné de partout, ayant à la gorge cinq cent mille épées, mordu au cœur par la Vendée, au moment d'avoir de plus une seconde guerre civile, s'occupe impassiblement d'une idée abstraite, d'une forme inapplicable et des Lois de l'avenir.

« L'armée du Rhin se retire, celle du Nord se désorganise, l'Autrichien est à Valenciennes... — Préparons la Constitution. — Les Pyrénées sont franchies, les Alpes vont l'être, Lyon fait signe aux Piémontais... — Dressons plus haut que les

Alpes le drapeau, la Constitution ! — Mais si les Vendéens arrivent?... Les voici déjà à Saumur... — Avec la Constitution, nous les attendrons de pied ferme. »

Qui refuserait à ce siècle le titre qu'un Allemand illustre lui donna : *l'Empire de l'esprit*, en le voyant finir par cet acte étonnant de foi à l'idée ? — Et qui lui disputerait ce que Saint-Just réclame pour lui : « *Le dix-huitième siècle au Panthéon !* »

La Constitution de 93, comme le monde, fut faite en six jours. Présentée le 10, votée le 24, acceptée en juillet de toute la France, montagnarde et girondine (avec peu d'exceptions). On sentait parfaitement qu'elle était inexécutable, mais on n'en croyait pas moins que cette puissante formule, par une sorte de vertu magique, opérerait le salut.

La population parisienne, section par section, venait, avec des musiciens, au sein de la Convention, apporter son acceptation, jeter des fleurs, chanter des hymnes, comme les Israélites qui chantaient, dansaient devant l'Arche.

Le plus merveilleux, c'est que l'ennemi ne profita pas de cette absorption de la France, uniquement occupée d'elle-même, de sa dispute intérieure et de sa réconciliation.

Elle resta ainsi trois mois sans gouvernement ni défense, à la garde d'une idée, ferme dans sa foi scolastique, n'opposant rien aux dangers, au menaçant accord du monde, que la formule abstraite de la démocratie.

§ II. — ABSENCE DE TOUT GOUVERNEMENT
(JUIN 1793)

Un meneur du 31 mai avait dit avant l'événement :

« Rappelez-vous le 10 Août ; le coup fait, tout s'est tu... Eh bien, cette fois encore, la France subira les faits accomplis. » Inexact rapprochement entre deux faits si dissemblables : au 10 Août, la France prit un mouvement immense, le plus grand qui fut jamais ; au 2 juin, elle resta frappée d'une fatale inertie.

Les mesures révolutionnaires que la Gironde entravait ne furent prises que trois mois après son expulsion.

Le premier Comité de Salut public existait à peine. Le second commença le 10 juillet, n'agit qu'en septembre, ne se compléta qu'en novembre. Il fut très longtemps inactif. C'est ce que témoignent ses registres que j'ai sous les yeux. Notre situation militaire particulièrement alla empirant jusqu'à la fin d'août.

Le 2 juin avait offert un spectacle singulier : une victoire sans vainqueur.

Où était la force ?

Elle n'était pas dans la Convention, qui faisait des lois pour la France, mais qui n'eût osé donner un ordre au général Henriot.

Elle n'était pas dans Robespierre, qui, le 2, s'était vu un moment réduit à trente fidèles, lorsque toute l'Assemblée sortit de la salle.

Était-elle dans la Commune? Généralement on le croyait. La Montagne le croyait. Le soir du 3, des Montagnards, rencontrant aux Jacobins un homme de la Commune, lui dirent avec amertume : « C'est donc vous qui êtes rois? »

Il était visible pourtant, et très positif, que la Commune était traînée plutôt qu'elle ne marchait, qu'elle suivait, bon gré mal gré, le Comité d'Insurrection.

La force était donc dans ce Comité? Il se composait de neuf jeunes gens, alors inconnus, Rousselin, Auvray, etc. Ces rois imberbes étaient-ils réellement reconnus et obéis, comme les vrais vainqueurs du 2 juin? On en jugera tout à l'heure.

Rappelons d'abord les autorités régulières de la capitale. Elles étaient divisées d'esprit, et ne siégeaient pas au même lieu. Sans parler du département qui siégeait à la place Vendôme, sans parler du maire Pache qui siégeait à la Police, — à l'Hôtel de Ville siégeait la Commune proprement dite, c'est-à-dire le Conseil général, Chaumette, procureur de la Commune, et son substitut Hébert. Tous deux étaient Cordeliers.

Sous leur accord apparent, il était aisé pourtant de saisir leurs dissidences. Hébert alla à l'Évêché, la nuit du 31 mai, lorsqu'on sonna le tocsin. Et Chaumette, l'entendant de l'Hôtel de Ville, se mit à pleurer : « Nous avons préparé, dit-il, la contre-révolution. » Chaumette essaya d'empêcher qu'on ne tirât le canon d'alarme.

Voilà l'ancienne Commune, modérée relativement, et qui n'inspirait aucune confiance aux hommes de l'insurrection, aux meneurs de l'Évêché. Ceux-ci ne pardonnèrent pas à leur président d'avoir pactisé avec la Commune et consenti de siéger avec Pache et Chaumette. On a vu comment la Commune écarta les hommes de l'Évêché, et reconnut pour *Comité central révolutionnaire* ces Neuf, que les autorités du département avaient nommés dans la salle des Jacobins, sous l'influence jacobine.

Mais pourquoi des inconnus ? Sans doute parce que les Jacobins n'y voulaient aucun Jacobin marquant. Ils laissèrent cette besogne à des jeunes gens sans conséquence, et, quoique décidés à la violation de l'Assemblée, ils n'y voulurent pas compromettre directement la grande société, amie de l'ordre et des Lois.

Il en résulta une chose, c'est que, les Cordeliers étant écartés, les Jacobins s'effaçant, la Convention étant brisée, la Commune dominée, le jeune *Comité central* n'ayant aucun poids, l'autorité ne fut nulle part.

Était-elle rentrée dans le peuple, à sa source naturelle ? Nullement : les sections étaient muettes et bridées. Leurs Comités révolutionnaires les avaient domptées, subjuguées.

A vrai dire, qu'auraient-elles fait ? Comme le parti girondin, auquel elles appartenaient en grande majorité, elles résistaient, voilà tout ; mais elles ne voulaient rien. Elles n'auraient rien fait que prolonger l'impuissance et l'inertie qui étaient la mort de la France.

Ces Comités révolutionnaires, minorité si minime, imperceptible dans l'océan des sections qu'ils menaient et terrorisaient, étaient violents en proportion de leur extrême faiblesse, prodigieusement défiants ; décidés à sauver eux-mêmes la patrie sans se remettre à personne, ni consulter le pouvoir central, ils traitaient fort légèrement le Comité insurrectionnel.

Tout ceci est parfaitement mis en lumière par un fait, l'arrestation de Prudhomme, le célèbre imprimeur des *Révolutions de Paris.*

Prudhomme, véritable marchand, avait regardé toute sa vie la girouette de l'esprit public et s'y conformait à merveille, payant toujours des auteurs qui suivaient le mouvement. Avant la Révolution, il fit *Les Crimes des Rois ;* après, *Les Crimes révolutionnaires.* On a vu son succès énorme quand il employait Loustalot et qu'il tira parfois jusqu'à deux cent mille. Prudhomme, en 93, avait été très violent pour demander la mort du

Roi. Il avait défendu Marat en avril, Hébert en mai, s'était prononcé avec force contre la Gironde, qui arrêtait *Le Père Duchêne.* Il est vrai qu'obéissant à la masse de ses abonnés, il avait parlé avec indignation des violences qui précédèrent le 2 juin. Ce jour même, à onze heures du matin, il fut arrêté.

Spectacle étrange! le défenseur de Marat et d'Hébert traité comme royaliste !

C'était le Comité révolutionnaire de sa section qui l'arrêtait, si l'on en croit Prudhomme, sur la dénonciation d'un ennemi personnel. Il fait avertir la Commune, c'est-à-dire Chaumette, qui ordonne sur-le-champ son élargissement.

Une heure après, sous un prétexte, on le rappelle au Comité de sa section, et là, on lui déclare qu'il est de nouveau arrêté. Par quel ordre ? Par celui du *Comité central* des Neuf. On le lui montre et il lit : « Considérant que la liberté accordée au citoyen Prudhomme lui a été donnée *sans réfléchir*, etc. »

Le lundi 3, à dix heures, le *Comité central*, sans doute à la prière de Chaumette, élargit Prudhomme. Mais cette mesure particulière est contrariée par une mesure générale : le même *Comité central* avait donné ordre au général Henriot d'arrêter les journalistes non patriotes. A midi, on vient encore chez Prudhomme pour l'emprisonner de nouveau; on ne trouve que son commis; n'importe, le commis est de bonne prise.

Le malentendu s'explique. Nouvel ordre du *Comité central* pour élargir l'imprimeur. Mais violente réclamation du Comité de section, qui proteste que le prisonnier est coupable, et déclare d'un ton menaçant *que le Comité central est responsable des suites de cette démarche.*

Ce ne fut que le 4, à midi et demi, après trois emprisonnements et trois élargissements en trois jours, que Prudhomme fut définitivement élargi.

Nous avons donné ce fait tout au long pour faire comprendre la lutte des trois autorités rivales : de la Commune, du Comité central d'Insurrection et des Comités révolutionnaires de sections.

Le *Comité central*, isolé, sans force ni base, ne pouvait tarder de se retirer. Sa retraite le délivrait lui-même, le dispensant de tenir au peuple la grande promesse de l'insurrection, celle de le nourrir et le solder, de lui créer *l'armée révolutionnaire.*

§ III. — L'ARMÉE RÉVOLUTIONNAIRE
(JUIN 1793)

Cet épouvantail des riches et de la propriété, cette terrible machine à ouvrir les coffres, desserrer les bourses, dans un grand besoin public, paraît avoir été surtout une idée des Cordeliers.

Le premier essai fut fait par un dantoniste,

Dubois-Crancé, à Lyon. Il a très bien dit lui-même comment, abandonné du Centre et n'en ayant plus nouvelle, serré entre trois dangers, Lyon, Marseille et le Piémont, qui allait passer les Alpes, ne sachant qui invoquer, l'enfer ou le ciel, il prit son parti, s'unit fortement à Chalier et aux *enragés* de Lyon et leur mit en main cette épée, l'*armée révolutionnaire*. Que voulait-il? Contenir Lyon, repousser l'invasion, et, au défaut d'autres ressources, faire manger Lyon, s'il le fallait, par l'armée des Alpes.

A Paris, il y eut une autre raison, bien forte, pour solder le peuple, c'est qu'on ne savait plus comment le nourrir. L'*armée révolutionnaire* en ferait vivre une partie, ferait financer les riches, contiendrait les pauvres.

Dès 90, il y avait cent vingt mille pauvres à Paris; et à Versailles, quarante mille (sur soixante mille habitants*).

La récolte de 92, bonne en froment, avait été nulle pour tout le reste. Tout fut épuisé de bonne heure et il y eut une sorte de disette au printemps de 93.

Ce terrible problème : Comment nourrir le peuple? se présenta de mars en mai, en juin et jusqu'en septembre, comme un sphinx effrayant, à dévorer tous les partis !

La Commune fut ainsi poussée, par la nécessité et par le péril, à faire ce qu'on faisait à Lyon, une *armée révolutionnaire*. Les patriotes lyonnais, huit jours avant de commencer, avaient envoyé à Paris un des leurs, le jeune Leclerc, éloquent et violent, amant de Rose Lacombe, qui couchait chez elle, courait Paris avec elle, jurait sang, mort et ruines. Ce frénétique raviva les fureurs des Cordeliers. Le 13 (au jour même où Crancé accordait à ceux de Lyon leur armée révolutionnaire), les Cordeliers, par l'organe de l'Administration de Police, qui dépendait d'eux, en firent la *proposition* au Conseil général de la Commune, qui décida que la demande serait faite à la Convention.

Le même jour, Robespierre, ne voulant pas sans doute rester en arrière des Lyonnais et des Cordeliers, fit la même *proposition* dans la société des Jacobins, enchérissant et demandant qu'on salariât les patriotes qui assisteraient aux séances des sections.

Les Cordeliers, les Jacobins, entendaient-ils de même ce mot d'*armée révolutionnaire?* voulaient-ils la même chose?

Nullement. Les Jacobins, Robespierre, voulaient seulement se créer une arme contre la Gironde, et, d'autre part, lever l'emprunt, les réquisitions, par une voie expéditive, par le bras du peuple.

Mais les Chalier, les Gaillard, les Leclerc, de Lyon; les Gusman, les Jacques Roux, les Varlet, de Paris; les Cordeliers extrêmes, ceux que Marat appela *enragés*, imaginaient autrement la chose. Poètes furieux de la Révolution, ils voulaient, de cette armée, faire un apostolat, celui de la guillotine. L'*armée révolutionnaire* devait, selon eux, le bourreau en tête, courir toute la France, jugeant et exécutant, fanatisant par le vertige, convertissant par la terreur. Dès lors, le pain à bon marché : *les laboureurs tremblants ouvriraient tous leurs greniers; les riches, leurs coffres*. La France, mise en possession de toutes ses ressources, se trouverait tout à coup une incalculable force; elle serait, sans difficulté, nourrie, défendue.

Les politiques de la Montagne étaient très opposés à cette idée sauvage. Robert Lindet, surtout, affirmait que c'était un sûr moyen d'organiser la famine, et peut-être la guerre civile, par les furieuses résistances qu'on trouverait chez le paysan.

Ce terrible mot d'*armée révolutionnaire* est répété avec un accroissement alarmant de chiffres par les différents partis, comme une espèce d'enchère, à mesure que le flot monte dans les derniers jours de mai.

Au 31 mai, le dantoniste Lacroix désarme les *enragés*, en s'emparant de leur *proposition*, et demandant lui-même cette armée pour *six mille* hommes.

Dans la nuit du 1er juin, le Comité d'Insurrection, voyant le mouvement languir, veut réveiller l'enthousiasme, et dit au Conseil général que l'*armée révolutionnaire* sera portée à *vingt mille* hommes, à deux francs par jour.

Le 2 juin, Lacroix essaye d'étouffer le mouvement en faisant accorder aux insurgés l'*armée* pour *seize mille* hommes. La chose est décrétée ainsi.

Elle n'était pas embarrassante pour le Comité d'Insurrection, autorité transitoire, qui pouvait partir et laisser à d'autres le soin d'accomplir ses promesses.

Elle restait un grand embarras pour la Commune, pour Robespierre, qui en avaient fait les premières *propositions*, et qui avaient vu la chose croître et grossir à un point où personne ne pouvait plus satisfaire les espérances du peuple.

« Où trouverez-vous tant d'argent? » avait dit Chaumette. Donnerait-on à seize mille hommes la solde de deux francs pour rester tranquillement à Paris, quand *nos soldats du Rhin, du Nord*, en présence de l'ennemi, exténués, à peine nourris, depuis si longtemps ne recevaient rien?

Si l'on créait cette armée, on la donnait aux *enragés*, un poignard dans la main d'un fou! et si on ne la créait pas, on risquait une insurrection, mais celle-ci très sérieuse, celle de la misère et de la faim.

On vit alors un spectacle curieux, Chaumette et le Père Duchêne, effrayés et dépassés, prêchaient la modération. Ils avaient arrêté Gusman; ils tâchaient de faire taire Leclerc : « Qui veut le sang, disait Hébert, n'est pas un bon citoyen. »

On composa. Le Comité d'Insurrection exigea

qu'au moins l'*armée* fût votée pour *six mille hommes*. Il en fut ainsi, et le Comité, à ce prix, se déclara dissous (6 juin).

Mais une circonstance imprévue permit d'éluder ce vote. Les canonniers de Paris, corps d'élite, de grand courage (on le vit à Nantes et partout), mais de grandes prétentions, formaient déjà une espèce d'*armée révolutionnaire*. Ils s'opposèrent hardiment à ce qu'il en fût créé une, dont ils n'eussent été qu'un corps accessoire. Ils jurèrent de ne pas se dissoudre, de rester serrés ensemble et de s'aider les uns les autres.

Cela rendit du courage à tous ceux qui craignaient l'*armée révolutionnaire*, aux ennemis des *enragés*, à Robespierre, aux Jacobins, à la Commune, à Chaumette.

Le 11 juin, la section des Piques (ou de la place Vendôme), section de Robespierre, entraîna quelques autres sections. Elles allèrent à l'Évêché, au centre des *enragés*. Sans doute la salle était vacante. Elles siégèrent à leur aise, et votèrent, au nom de l'Évêché, une demande d'ajourner l'*armée révolutionnaire*. Les Cordeliers furent furieux; le soir même ils signalèrent cette surprise, et accusèrent violemment la section de Robespierre.

L'armée n'en resta pas moins ajournée.

Déjà depuis quelque temps, avant même la chute de la Gironde, l'instinct prévoyant des riches, éclairé par la terreur, leur disait que Robespierre, Marat même, se trouveraient, par leur opposition naturelle aux *enragés*, les modérateurs de la situation et les défenseurs de l'ordre. Sans se piquer de fidélité à la Gironde, qui manifestement enfonçait, sans scrupule d'opinion, ils s'adressaient à la Montagne, au plus haut de la Montagne, tout droit à Marat : Marat, cruel en paroles, était vaniteux, sensible aux caresses, à la confiance.

Il raconte lui-même un fait significatif :

Quelque temps avant le 31 mai, un banquier estimé, M. Perregaux (prédécesseur de M. Laffitte), l'invita à dîner chez lui.

Marat ne refusa pas. Mais, avec beaucoup de prudence, il voulut avoir un témoin de ses paroles, et il emmena Saint-Just. Il y avait à table deux ou trois banquiers ou négociants. Au dessert, timidement, ils se hasardèrent à demander au grand patriote ce qu'il pensait qu'on dût croire des *projets de loi* agraire, de partage des propriétés, etc. Marat haussa les épaules, les rassura pleinement, renvoyant ces utopies à des époques tout autres et des sociétés différentes. Ils se relevèrent rassurés, et pleins de confiance dans ce bon M. Marat.

CHAPITRE II

LA CONSTITUTION DE 1793

Mérite de cette Constitution. — Comment se fit la Constitution. — Elle menait à la dictature. — Attaques dont elle est l'objet. — Du parti prêtre à la Convention. — Du parti contraire. — Robespierre blesse le parti contraire. — Opinion des Montagnards en mission. — Efforts de conciliation. — Les Girondins se perdent eux-mêmes. — La Convention pouvait-elle traiter avec les départements ? — Les Girondins confondus avec les royalistes. — Les robespierristes au Comité de Salut public. — Stratégie de Robespierre.

§ I. — MÉRITES DE CETTE CONSTITUTION ATTAQUES DONT ELLE EST L'OBJET

LA Constitution de 93, ébauche improvisée pour le besoin d'une crise politique, a toutefois le caractère de répondre, par quelques traits originaux et forts, au cœur du genre humain.

Elle répond d'abord à l'antique, à l'invariable besoin de ce cœur. *Elle parle de Dieu.*

Elle en parle, il est vrai, en terme abstrait, vague, équivoque. Mais par cela seul qu'elle le nomme, elle se sacre elle-même dans la pensée du peuple, et devient une Loi populaire. Ce n'est plus une œuvre fortuite de savants ou de philosophes. Elle se fonde et s'harmonise dans la tradition, dans le sens commun de l'humanité.

Le second point original, c'est que cette Constitution, écrite pour un grand empire, prétend réaliser ce qui est si difficile dans les plus petites sociétés : *l'exercice universel et constant de la souveraineté populaire.*

Noble utopie d'un gouvernement simple, où, ne se remettant à personne, le peuple commande et n'obéit, comme Dieu, qu'à ce qu'il a voulu.

Le troisième point, très grave, et par lequel cette Constitution, telle quelle, efface celles qui l'ont précédée, c'est la pensée, indiquée pour la première fois, que la Loi n'est pas seulement une machine à gouverner l'homme, mais qu'elle s'inquiète de lui, *qu'elle veut garantir sa vie,* qu'elle ne veut pas que le peuple meure.

A quoi reconnaîtrons-nous la Loi ? Au trait touchant qui distingue la vraie mère de la fausse, dans le jugement de Salomon, et lui fait adjuger l'enfant. La vraie mère s'écria : « Qu'il vive ! »

« Les secours publics sont une dette sacrée. *La société doit la subsistance aux citoyens mal-*

heureux, soit en leur procurant du travail, soit en assurant les moyens d'existence à ceux qui sont hors d'état de travailler. »

Énoncé faible encore du premier devoir de la Fraternité. Ce n'en est pas moins l'ouverture première des âges meilleurs, l'aurore du nouveau monde.

Remontez à 92, au *projet de Constitution* girondine écrit par Condorcet : rien de pareil encore. L'auteur, il est vrai, promettait la loi *sur les secours publics*, mais une loi à part, comme si cette loi, ce devoir de fraternité, ne doit pas figurer en tête de la Constitution.

C'est bien pis si vous remontez à l'Assemblée constituante. L'école anglo-américaine y règne sans partage. Les rapports, les discours de La Rochefoucauld et autres philanthropes, sortis de l'école égoïste du *laissez faire* et *laissez passer*, sont peu philanthropiques, si vous les comparez au grand cœur de 93, à son amour du peuple, à ses fondations innombrables, qui font de cette année maudite une grande ère de la Fraternité sociale.

Voilà les trois points capitaux qui caractérisent la Constitution de 93. On voudrait seulement que ces grandes choses fécondes, Dieu, la Fraternité, n'apparussent pas seulement en deux articles isolés, sans liaison avec l'ensemble, comme des ornements ajoutés. Il faudrait, au contraire, qu'ils en fissent la tête et le cœur; bien plus, le sang, la vie, le fluide vital, qui eût circulé partout, et fait de l'œuvre entière une création vivante.

Le malheur, trop visible, c'est que les rédacteurs, obligés de répondre immédiatement au besoin de la circonstance, mirent sur la table, devant eux, un mauvais *projet de Constitution*, celui de la Gironde. Ils l'abrègent, le corrigent, l'améliorent. Infaillible moyen de ne rien faire de bon. Il eût fallu le laisser entièrement de côté et donner, d'un seul jet, une œuvre née d'elle-même.

Les changements néanmoins, souvent heureux, témoignent d'un meilleur esprit.

J'aime, par exemple, qu'en parlant de la propriété, du droit que l'homme a d'en jouir, la Constitution de 93 substitue au mot *capitaux* qu'on lit dans l'œuvre girondine : « *le fruit de son travail.* »

Un mot très beau est celui-ci. Dans l'énumération des moyens par lesquels on acquiert le Droit de citoyen, la Loi ajoute : « En adoptant un enfant, en nourrissant un vieillard. »

La Constitution girondine, par une insigne imprudence, donnait la même influence à la France des campagnes et à celle des villes, c'est-à-dire qu'elle donnait aux barbares aveugles, serfs d'une servitude invétérée, aux tourbes fanatiques, jouet des prêtres et des nobles, les moyens de se perdre eux-mêmes et de perdre la République. La Constitution jacobine proportionne l'influence aux lumières et donne l'ascendant aux villes.

Comment se fit cette œuvre si rapide ?

Toutes les sociétés populaires la demandaient, la voulaient à l'instant. Personne ne voulait l'anarchie, pas même ceux qui la faisaient. Tous avaient faim et soif des Lois.

Tous, dans la foi naïve de cet âge, croyaient que la vérité n'avait qu'à paraître pour vaincre ; ils faisaient cet honneur à leurs ennemis, de croire qu'en présence de la Liberté et de la Justice, nettement formulées dans la Constitution, ils jetteraient les armes, que tout céderait, passions, intérêts et partis.

Cette impatience semblait rendre la tâche des rédacteurs facile. Un peuple si pressé d'avoir des lois devait les prendre de confiance et chicaner peu le législateur.

D'autre part, la Constitution rencontrait une difficulté bien grave dans la situation. Elle devait répondre à deux conditions absolument contraires :

Née du 31 mai, elle avait à se justifier en faisant oublier le *projet* girondin, en se montrant plus populaire. Il lui fallait *primer la Gironde en démocratie ;*

Et elle devait en même temps faire la chose opposée : *Organiser un gouvernement fort.* La France périssait faute de gouvernement.

On s'en remit à Robespierre. La Montagne, qui venait de lui refuser le pouvoir, lui remit en réalité la Constitution.

Elle fut faite, sous son influence, par cinq

représentants qu'on adjoignit au Comité de Salut public. Ce Comité, usé, brisé, n'avait qu'un mois à vivre. Il laissa faire. Les adjoints furent les deux hommes de Robespierre, Couthon et Saint-Just. Plus, trois insignifiants, pour faire nombre : un dantoniste fort léger, Hérault de Séchelles, le bel homme à tête vide, qui avait fait, sans le savoir, la révolution du 2 juin; enfin deux légistes de profession, nullement politiques, Berlier et Ramel; trois voix acquises à Couthon et Saint-Just, c'est-à-dire à Robespierre.

On n'osait, on ne pouvait demander la dictature, sans laquelle tout périssait. On essaya de la faire sortir de la Constitution même, et de la plus démocratique qui fut jamais.

Étrange dérision du sort ! Robespierre avait au cœur l'idéal de la démocratie; il voulait moins le pouvoir que l'autorité morale, au profit de l'Égalité. Ce qu'il ambitionna réellement toute sa vie, ce fut d'être le dictateur des âmes et le roi des esprits par une triomphante formule qui résumerait la foi jacobine, et devant laquelle Girondins, Cordeliers, la France, le monde, tomberaient à genoux. Le jour arrive, et Robespierre est à même de dicter les Lois, mais c'est au moment où la situation ne comporte plus les Lois. Ce grand œuvre lui vient quand une nécessité suprême de situation ne permet plus de le faire dans la vérité !

Organiser le pouvoir, c'était la chose nécessaire,

et de nécessité suprême. Mais comment le hasarder, quand, le 10 mai, Robespierre lui-même, un mois juste avant le 10 juin, où fut présentée sa Constitution, venait de prononcer un discours infiniment défiant, hostile au pouvoir, qui faisait de la vie publique une guerre contre le magistrat?

Rien n'étonna l'audace de Saint-Just et de Couthon. Ce pouvoir qu'on ne pouvait constituer expressément, ils le firent en n'en parlant pas. Ils prirent tout simplement le médiocre *projet* girondin que Condorcet avait déjà présenté, découpèrent, supprimèrent les articles de garanties, de barrières au pouvoir. Celui-ci fut ainsi créé par omissions et par coups de ciseaux:

1º La *censure universelle* de l'individu et du peuple, sur *les abus de l'administration*, est effacée dans la Constitution jacobine;

2º Ainsi que le *grand jury national* pour juger les crimes de trahison, le Corps législatif, dit-on, peut accuser les ministres; mais devant quel tribunal? On ne le dit pas;

3º Les ministres nommés par le peuple, dans le *projet* de 92, sont, dans la Constitution de 93, nommés par une double élection, *par un corps d'électeurs* que le peuple nommera;

4º Les commissaires de la Trésorerie, auxquels les agents des Finances doivent rendre compte, étaient nommés par le peuple dans le *projet* girondin; *ils sont nommés par les ministres* dans le *projet* jacobin, *surveillés non plus par des membres du Corps législatif* (comme Cambon, etc.), mais par des employés que nomme le Corps législatif.

Ce qui étonna le plus les hommes de tous les partis, ce fut cette création de *corps électoraux*.

Tout le monde crut reconnaître ceux de la Constituante ; on craignit la fondation d'une nouvelle aristocratie.

En vain, le rapporteur Hérault de Séchelles dit que si le pouvoir exécutif n'était point nommé par le peuple, c'était *pour diminuer son importance*. On répondait : « Que ces corps électoraux, perpétués aisément par l'ascendant des Jacobins, donneraient au pouvoir exécutif l'appui fixe d'une caste. La Constitution de 91 appuyait sa royauté sur ses corps électoraux de Notables. La Constitution de 93 appuiera sa dictature sur des corps électoraux de Jacobins, aristocratie sans-culotte, non moins redoutable que l'autre. »

Il aurait fallu pouvoir être franc, pouvoir dire que, dans la mobilité infinie des partis, on ne reconnaissait de sol ferme où l'on pût mettre le pied que la société jacobine ; qu'en ce moment tout, excepté elle, fuyait et fondait.

Pour faire avaler au peuple cette résurrection du pouvoir exécutif, la Constitution de 93 lui fait une belle, grande et magnifique promesse, celle de le faire *voter lui-même sur toutes les lois*. Le Corps législatif ne fait *que les proposer*.

C'est le plus complet hommage qu'on ait

jamais rendu au peuple, la concession la plus large qu'on ait faite nulle part à l'instinct des masses illettrées. On suppose que, sur les sujets les plus délicats, les plus spéciaux, les plus difficiles, la simple lumière naturelle suppléera à tous les secours de la science.

Mais ce magnifique don fait à peine au peuple, on le lui reprend en réalité. Ce vote sur toutes les lois devient illusoire :

« Quarante jours après la *proposition de la loi*, si, dans la moitié des départements, le dixième des assemblées primaires *n'a pas réclamé*, le *projet* devient *loi*. »

Ainsi : *Qui ne dit rien consent*. Il est indubitable que pour les lois qui règlent des questions difficiles (telles sont la plupart des lois dans une société telle que la nôtre, d'intérêts si compliqués), les masses n'auront ni le temps, ni la volonté, ni le pouvoir de se mettre à l'étude; elles ne feront la Loi que par leur silence.

Pour dire le vrai, les deux Constitutions, la girondine et la jacobine, étaient ou peu applicables ou très dangereuses.

La girondine est uniquement une machine de résistance contre l'autorité qui n'est pas encore et qui, avec elle, ne pourrait pas commencer; elle n'est que liens, barrières, entraves de toutes sortes : si bien qu'une telle machine resterait immobile et ne bougerait. C'est la paralysie constituée.

La Constitution jacobine, toute démocratique qu'elle est, mène droit à la dictature. C'est son défaut, et c'était son mérite, au moment où elle fut faite et dans la crise terrible dont la dictature semblait le remède.

Elle fut lue le 10 et patiemment écoutée à la Convention. Mais, le soir même, on put voir qu'elle était peu acceptée, même des hommes du 2 juin. Ce fut précisément au sein de la société jacobine, à qui cette Constitution remettait la France, qu'eut lieu la vive explosion des critiques.

Chabot, l'impudent, le cynique, qui plus que personne avait conspué la Gironde, fut presque aussi injurieux pour la Constitution de Robespierre. Sans nulle attention au lieu, aux personnes, il dit crûment, sans embarras : « Que la nouvelle Constitution était un piège, qu'elle surprenait la dictature, qu'elle recréait un monstre de pouvoir exécutif, indépendant de l'Assemblée, un pouvoir colossal et liberticide, qu'elle recommençait la royauté... »

Robespierre, saisi, surpris, ne trouva que cette réponse : « Que lui-même proposerait d'ajouter à la Constitution des articles populaires. »

Mais Chabot ne s'arrêtait pas ainsi, une fois en verve. Il demanda où étaient les articles qui touchaient vraiment le bonheur du peuple. Un seul, qui fait « des secours publics une dette sacrée, » faible et sec énoncé du principe, sans rien dire des voies et moyens. « Est-ce là, dit Chabot, tout ce que le peuple vainqueur devait s'attendre à recueillir le lendemain de sa victoire ? ».

Le silence fut terrible, Chabot s'épouvanta lui-même de voir qu'on ne répondait pas. Il se crut un homme perdu. Et il le crut bien plus encore quand il vit, aux jours suivants, les *enragés* s'emparer de ses arguments et en faire la base d'une pétition insolente à la Convention. Désespéré alors d'avoir eu tellement raison, décidé à se laver par une lâcheté quelconque, il prit l'occasion d'une brochure anonyme de Condorcet contre la Constitution. Chabot le dénonça, fit décider son arrestation et poursuivit sa mort, croyant se sauver lui-même.

L'homme, du reste, importait peu. Chabot, quelque Chabot qu'il fût, sur le dernier point avait touché juste. La Constitution de 93 était, comme tant d'autres, une machine sans vie, une roue sans moteur : il y manquait justement ce qui l'eût mise en mouvement.

En vain, le rapporteur Hérault avait dit que les lois sociales viendraient après la Constitution, suivant la vieille méthode qui pose d'abord un mécanisme, le met à terre et puis regarde s'il va tourner. Il faut créer le moteur, en déduire le mécanisme : celui-ci n'a de valeur qu'autant qu'il peut obéir à l'autre et le seconder. Religion, éducation, moralité fraternelle, lois de charitable équité et de mutuelle tendresse, voilà ce qu'il faut organiser d'abord, mettre dans la Loi et aux cœurs; tout cela est antérieur, supérieur au mécanisme politique *.

§ II. — SUITE DE LA CONSTITUTION
L'ÊTRE SUPRÊME

Chabot avait été bien loin, et pourtant il n'avait pas dit ce qui blessait le plus les cœurs du plus grand nombre des révolutionnaires, et même des *modérés*, de la majorité de la Montagne.

On a vu que l'une des causes principales qui isolèrent les Girondins, c'est qu'attachés généralement à la tradition philosophique du dix-huitième siècle, ils blessèrent ceux des Conventionnels qui ménageaient l'ancien culte. Leur suppression du dimanche dans les Administrations fut un crime impardonnable.

Le prêtre Sieyès au centre, Durand-Maillane et autres à la droite, dans leur mutisme habituel, n'en exerçaient pas moins une assez grande influence à la Convention. Les prêtres y étaient fort nombreux, et il y avait quatorze évêques, dont moitié à la Montagne. L'un de ces évêques montagnards avait été professeur de Robespierre. Tous se retrouvaient confrères et votaient ensemble dans des circonstances où leur robe était intéressée. La Révolution avait pu briser tout un monde ; elle n'avait pas brisé le rapport du prêtre au prêtre.

L'œil clairvoyant de Robespierre n'avait pas été sans remarquer qu'indépendamment de la division locale des partis en côtés droit, gauche et centre, il y avait aussi comme un parti épars sur tous les bancs de l'Assemblée, celui de tous les membres plus ou moins attachés aux idées religieuses.

S'il s'attachait ce parti, assez fort, surtout à droite, il pouvait y trouver un appui, et même, au besoin, contre la Montagne, contre cette variable, cette indisciplinable Montagne, qui l'avait laissé, au 2 juin, réduit à trente fidèles. Qu'arriverait-il si, un jour, emportée par Danton ou quelque autre des Cordeliers, elle désertait encore ? Donc il défendit la droite, la garda précieusement et l'augmenta, *comme une réserve future*, de tous ceux qui, à gauche, au centre, voulaient conserver quelque chose de l'ancienne religion.

Dans la discussion récente où l'on avait examiné si l'on mettrait le nom de l'*Être suprême* en tête de la Constitution, l'Assemblée avait ajourné, c'est-à-dire écarté indéfiniment la *proposition*. Robespierre, sans en tenir compte, écrivit à la première ligne de sa Déclaration des Droits :
« *En présence de l'Être suprême* [*]. »

C'est ce mot spécialement qui signe la Constitution du nom de Robespierre. Nul des rédacteurs, sans son influence, n'aurait songé à l'y mettre. Il avouait ainsi cet acte, et défiait les haines d'une grande partie de la Montagne.

Un résultat naturel de la lutte que l'esprit moderne a soutenue si longtemps dans les supplices et les bûchers contre les *hommes de Dieu*, c'est que le nom de Dieu était suspect : il ne rappelait aux esprits que la tyrannie du Clergé qu'on avait brisée à peine.

Un mot éclaircira ceci.

A l'époque où Diderot écrivait les procédés des arts dans l'*Encyclopédie*, il se trouvait un jour chez un tourneur et le regardait tourner. Un de ses amis survint, et Diderot, s'élevant de cet art inférieur à l'idée de l'art éternel, se mit à parler de la création et du Créateur avec une éloquence extraordinaire. L'autre, cependant, changeait de visage. Enfin les larmes lui viennent. Il se jette à genoux devant Diderot, lui prenant les mains et sanglotant : « Ah ! mon ami ! ah ! mon ami, de grâce, ne parlez pas ainsi... Je vous en prie, je vous conjure... oh ! plus de dieu, plus de dieu ! »

Il voulait dire évidemment : « Plus de Clergé, plus de moines, plus d'Inquisition, plus de bûchers, etc., etc. »

Une scène tout analogue se passa au temps dont nous écrivons l'Histoire. Un de ces fougueux disciples de Diderot, un soir de 93, arrive défait et pâle dans la petite rue Serpente, dans une famille dont il était ami, celle du libraire Debure. On s'étonne : « Qu'avez-vous ? auriez-vous été dénoncé ? — Non. — C'est donc un de vos amis qui est en péril ? » — Enfin, répandant des larmes et faisant effort pour répondre : « Rien de tout cela... Ce scélérat de Robespierre fait décréter l'*Être suprême !* »

Ce fanatisme d'athéisme se trouvait particulièrement chez les Cordeliers. La plupart se croyaient athées, et ne l'étaient pas. Comme leur maître Diderot, c'étaient des sceptiques pleins de foi. Les uns, comme Danton, sentaient Dieu dans les énergies créatrices de la Nature, dans la femme et dans l'amour. Les autres, comme le pauvre Clootz, l'orateur du genre humain, le sentaient dans l'âme du peuple, dans l'Humanité, dans la Raison universelle. L'unité de la Grande Cause put leur échapper sans doute, mais, par l'instinct et le cœur, ils virent, ils reconnurent plusieurs des faces de Dieu.

Les Cordeliers furent bien mêlés. Ils eurent des hommes d'une sève, d'un cœur admirable, comme Desmoulins et Clootz, des intrigants comme Hébert et Ronsin. Mais ils n'eurent point d'hypocrites.

Ils crurent que la Révolution ne devait point s'arrêter devant la question religieuse, mais l'embrasser et l'envelopper, qu'elle n'avait aucune sûreté, tant qu'elle laissait cette question hors d'elle-même. Ils n'éludèrent pas la religion en lui accordant un mot. Ils proposèrent leur symbole contre celui du moyen âge. Les Jacobins, pour l'avoir ménagé par une équivoque, ont vu revenir celui-ci, tout mort qu'il était, et ce revenant étrangler la Révolution.

On ne fonde rien sur l'équivoque. Rien n'était plus vague, plus trouble que ce mot : l'*Être suprême*.

Rousseau, auquel il appartient, y avait trouvé son succès. Robespierre y chercha le sien.

Ce mot, d'un sens indécis, est ce qui recommanda l'*Émile* aux croyants comme aux philosophes. Les uns y virent l'ancien dieu ; et les autres, le nouveau.

Tous ceux qui, par sentiment, sans souci de la logique, tenaient à l'ancienne religion et qui la sentaient enfoncer sous eux, passèrent avec empressement sur la planche mal assurée que Rousseau tendait à tous.

Cette formule convenait à tous, parce qu'elle disait très peu. *Suprême !* expression vide et creuse (pardonnez-moi, grand homme, le mot qui m'est échappé). Elle est bien pauvre, du moins, pour dire le tout puissant Générateur des globes, disons mieux, la grande Mère, la toute féconde, qui, par minutes, enfante les mondes et les cœurs. Omettre l'efficacité de Dieu, pour dire seulement qu'il est *suprême*, au fond, c'est l'anéantir. Dieu agit, engendre, ou n'est pas. Ce pauvre titre le dépouille, le destitue, le relègue là-haut, je ne sais où, au trône du Rien-faire, où siégeait le dieu d'Épicure.

Il ne faut pas parler de Dieu, ou en parler clairement.

Telle est la force féconde de ce seul nom, que, mal dit, il sera horriblement fécond de maux et d'erreurs.

Que signifie l'*Être suprême*? Est-ce le dieu du moyen âge, l'injuste dieu qui sauve les élus, ceux qu'il aime et qu'il préfère, les favoris de la Grâce? ou bien le Dieu de Justice, le Dieu de la Révolution?... Prenez garde. Mortelle est l'équivoque. Vous rouvrez la porte au passé. Il faut choisir. Car des deux sens vont dériver deux politiques tout à fait contraires. Du Dieu juste dérive une société juste, démocratique, égale. Et du dieu de la Grâce, qui ne sauve que ses élus, vous n'arriverez jamais qu'à une société d'élus et de privilégiés.

Trente ans s'étaient écoulés depuis Rousseau. L'équivoque n'est plus permise. Il ne fallait pas s'en servir. Au lieu de l'*Être suprême*, qui n'est qu'une neutralité entre le Dieu juste et le dieu injuste, il fallait confesser l'une ou l'autre foi, ou reculer dans le passé, comme l'Empire a fait franchement, ou suivre la voie révolutionnaire contre la théologie arbitraire de la Grâce et du privilège, et mettre en tête de la Loi le nom du Dieu nouveau : Justice.

Cette première ligne écrite et la religion fondée, la Constitution de 93 n'aurait pas pu faire la chute qu'elle fait à la seconde ligne, où, pour but, à la société elle assigne : *le bonheur* (le bonheur commun).

La Constitution girondine donnait à la société pour but : *le maintien des Droits.* Et Robespierre lui-même indiquait ce but dans sa première *Déclaration* présentée aux Jacobins. Solution plus élevée sans doute que le bonheur, mais toutefois incomplète, négative plus que possible, de défense plus que d'action, plutôt privative de mal que créatrice de bien.

Ni la Constitution girondine, ni la jacobine, ne partent de la Justice et du Devoir. De là, leur stérilité.

Rapprochons de la Constitution une loi fort importante (22 juin). Sur la *proposition* de Robespierre, la Convention *exempta de l'emprunt forcé ceux qui avaient moins de dix mille livres de rentes,* c'est-à-dire à peu près tous les propriétaires. Il n'y avait guère au-dessus que des fortunes d'émigrés, qui, devenues biens nationaux, étaient hors de la question, ou des fortunes de banquiers, la plupart étrangers, et, partant, insaisissables. Il n'y avait pas alors cette foule de grandes fortunes qui se sont faites depuis par l'industrie, le commerce ou l'usure.

Cette *proposition* d'excepter véritablement tout le monde était un ménagement habile et politique, mais véritablement excessif pour la propriété. Car enfin dix mille livres de ce temps-là font quinze aujourd'hui. Nombre de ces exemptés qui avaient moins de dix mille livres de rentes étaient cependant des gens fort aisés. Et il était à craindre qu'en n'exigeant rien que des gens plus riches, on ne trouvât personne sur qui lever le milliard.

Du reste, rien n'était plus capable de ramener la bourgeoisie, de la rallier à la Constitution, de briser et dissoudre le parti girondin, composé en partie des gens aisés que l'on épargnait.

Résumons.

Par sa Constitution, par cette loi favorable à la propriété, par l'ajournement du grand épouvantail (l'armée révolutionnaire), Robespierre devenait l'espoir de trois classes absolument différentes, jusque-là divisées de vues :

1° Des Jacobins, qu'il appelait au pouvoir ;

2° *Des propriétaires*, qui virent en lui leur défenseur ;

3° Des amis du passé, des prêtres même, qui, dans sa formule de l'*Être suprême*, dans cette neutralité philosophique entre le Christianisme et la Révolution, voyaient avec juste raison que les institutions antiques, toujours subsistantes en dessous, reparaîtraient un matin, pour étouffer, faire avorter la création nouvelle.

§ III. — LES GIRONDINS (JUIN 1793)

Avons-nous oublié la Gironde? On pourrait le croire.

Elle est déjà reculée dans le temps. Elle enfonce d'heure en heure. Elle précipite encore sa chute en la méritant, par l'appel à la guerre civile.

Les réclamations de la droite pour obtenir qu'on juge les membres détenus reviennent de moment en moment, toujours moins entendues, comme une voix tardive, un impuissant écho des abîmes du passé.

Peu de jours après le 2 juin, la Convention reçut une lettre de deux Montagnards arrêtés par les Girondins du Calvados, Romme et Prieur de la Côte-d'Or : « Confirmez notre arrestation, et constituez-nous otages pour la sûreté des députés détenus à Paris. »

Admirable abnégation, qui montre tout ce qu'il y eut de dévouement et de ferme douceur d'âme dans ces hommes héroïques, dignes de l'antiquité.

Remarquez que cette arrestation avait cela d'odieux que les deux représentants, envoyés à l'armée des côtes, étaient là pour assurer la défense du pays, pour protéger contre les flottes anglaises la population égarée qui les arrêtait.

Quand on lut la lettre à la Convention, quelqu'un fit observer que peut-être « ils avaient été forcés. » — « Vous vous trompez, dit Couthon, Romme serait libre au milieu de tous les canons de l'Europe. »

L'auvergnat Romme, esprit roide, âpre et fort, portait dans la Liberté l'esprit rigoureux des mathématiques. Libre en Russie, libre au Calvados, comme dans la Convention, il crut à la Révolution quand personne n'y croyait plus. Dans la réaction qui suivit Thermidor, il défendit les *furieux*, dont il n'avait pas imité les excès, et jusqu'à se perdre lui-même. L'émeute de Prairial, qui tuait la République, tua Romme aussi. Condamné pour avoir pris le parti du peuple affamé, il prévint l'échafaud et se perça le cœur.

Dans cette cruelle circonstance du 2 juin et de son arrestation par les Girondins, Romme ne tergiversa pas. Inflexible contre lui-même dans la théorie du Droit révolutionnaire, il dit froidement aux insurgés (comme plus tard en Prairial) : « Persuadés qu'on vous opprime, vous usez légitimement du *droit de résistance à l'oppression*. »

L'autre député, Prieur, mathématicien, comme Romme, et officier de Génie, illustre comme fondateur de l'École polytechnique, fut le second de Carnot dans la défense de la France. Comme lui, il était député de la Côte-d'Or ; comme lui,

il avait l'âme généreuse du pays des bons vins, des cœurs chaleureux. Je croirais volontiers reconnaître sa main dans une Adresse touchante que la Côte-d'Or adressa aux départements girondins : « Non, vous ne prendrez pas les armes ! vous ne persisterez pas dans l'aveugle mouvement où vous pousse le délire de la Liberté... Tremblez des crimes où l'amour même de la patrie peut porter la vertu... S'il était vrai que les paroles fraternelles de vos amis de la Côte-d'Or ne pussent arrêter cet élan de guerre, ils iront au-devant de vous, sans armes, et vous diront : « Frappez !... Avant d'immoler la patrie, immo-
« lez-nous... Si nous apaisons votre fureur, nous
« aurons assez vécu. »

Cet appel de fraternité partait de Dijon, du pays le plus montagnard de la France. Et c'était le cri de la France même. Les Cordeliers, si violents, mais sensibles aux grandes choses, avaient vivement applaudi la motion suivante que fit un des leurs : « Je propose que trois mille des nôtres marchent à la rencontre de nos frères des départements qui viennent contre Paris ; mais sans armes, pour les embrasser ! »

La section de Bondy déclara qu'elle irait aussi, mais avec un juge de paix et une branche d'olivier.

Rien ne fut plus touchant que de voir à une fête des Champs-Élysées les canonniers de Paris, ce corps montagnard s'il en fut, verser des larmes au moment de partir pour le Calvados : « En vain, disaient-ils, on voudrait nous inspirer la haine contre les autres citoyens de la France... Ce sont nos frères, ils sont républicains, ils sont patriotes... S'ils marchent vers Paris, nous irons au-devant d'eux, non pour les combattre, mais pour les embrasser, pour jurer avec eux la perte des tyrans et le salut de la patrie. »

Les Montagnards en mission, qui voyaient l'état des départements, furent accablés de la nouvelle du 2 juin.

Carnot protesta.

Le jurisconsulte Merlin de Douai écrivit à la Convention son opinion sur cette violation du Droit national et sur le danger où elle mettait la France. Cette Adresse fut signée de Gilet, Sevestre, Cavaignac.

Lindet à Lyon, Treilhard à Bordeaux, n'essayèrent pas de justifier l'événement : ils dirent seulement que, dans la situation de la France, il fallait accepter le fait accompli, et se rallier au seul centre possible, à la Convention.

Beaucoup de citoyens de Paris s'offraient comme otages pour rassurer, calmer les départements.

Danton s'offrait de nouveau, et d'autres. Couthon même s'offrit.

Deforgues, agent de Danton, avait été de bonne heure dans le Calvados s'entendre avec Prieur et Romme. Les bonnes paroles, l'argent, les promesses, rien ne fut épargné pour calmer la Normandie. La voie fut ainsi ouverte à la sagesse de Lindet, qui, Normand lui-même, ménagea habilement ses compatriotes.

Les Girondins, il faut le dire, contribuèrent beaucoup à leur perte.

Le sentiment de leur honneur, de leur innocence, poussa Vergniaud et Valazé à repousser tout compromis. Ils déclarèrent ne vouloir que justice. Très mal gardés dans les commencements, ils pouvaient échapper, comme d'autres. Ils restèrent à Paris, prisonniers volontaires, avec une douzaine de leurs amis, résignés à périr, s'ils n'obtenaient leur réintégration et la victoire du Droit. Loin de se laisser oublier, de moment en moment, ils écrivaient à la Convention des paroles violentes, lui lançaient un remords. Ils ne demandaient rien que ce qu'elle avait décrété elle-même ; ils s'en tenaient à sa décision du 2 juin : La Commune fournira les pièces, et le *rapport sera fait sous trois jours* : « Qu'ils prouvent, disait Vergniaud, qu'ils prouvent que nous sommes coupables ; sinon qu'*ils portent eux-mêmes leur tête sur l'échafaud.* »

Quand Barère, le 6 juin, vint au nom du Comité de Salut public demander à la Montagne de donner des otages aux départements, les Girondins qui restaient à la Convention, Ducos, Fonfrède, s'y opposèrent : « Cette mesure, dirent-ils, *est mesquine et pusillanime.* » Ils soutinrent, avec Robespierre, qu'*il fallait un jugement.* Ils prétendaient être jugés par la Convention ; Robespierre entendait qu'ils fussent envoyés au Tribunal révolutionnaire.

Le soir même du 6, soixante-treize députés de la droite firent une *protestation* secrète contre le 2 juin. Quelques-uns étaient royalistes ou le devinrent ; mais la plupart, comme Daunou, Blanqui, etc., étaient républicains sincères et crurent devoir protester pour le Droit.

Le jugement, en réalité, était impossible et le devenait de plus en plus.

Vouloir que la Convention réformât le 2 juin, c'était vouloir qu'elle s'avilît, qu'elle avouât avoir succombé à la crainte, à la violence, qu'elle annulât tout ce qu'elle avait fait depuis ce jour.

Non coupables de trahison, les Girondins n'étaient pourtant pas innocents. Leur faiblesse avait encouragé tous les ennemis de la République. Leur lutte obstinée avait tout entravé et désarmé la France au moment du péril. Manquant de faits précis contre eux, la Convention eût bien été obligée de les recevoir, et ils l'auraient forcée de poursuivre leurs ennemis, de faire un autre 2 juin en sens inverse.

Tout accabla les Girondins, et la fuite de plusieurs des leurs et l'appel de ces fugitifs à la guerre civile. Les violences, les fureurs de la Gironde départementale, la guillotine dressée à Marseille et à Lyon contre les Montagnards, les outrages subis en Provence par les représentants du peuple, c'étaient autant de coups sur les Girondins de Paris. On s'en prenait à eux de tout ce qui se faisait par les leurs aux extrémités de la France, des crimes mêmes que les royalistes faisaient en leur nom.

L'expédient des otages refusé par eux-mêmes n'était plus acceptable. L'imposer à la Montagne, c'était humilier l'Assemblée devant les départements, c'était relever, enhardir, non seulement les Girondins, mais la détestable queue de la Gironde, le royalisme masqué ; c'était confirmer la dissolution de la République, déjà tellement avancée par la mollesse du gouvernement des parleurs.

L'Assemblée aurait traité avec les départements d'égal à égal ! Mais traiter avec qui ? C'est ce qu'on ne savait même pas. Ce qu'on appelait très mal, très vaguement *parti girondin* était un mélange hétérogène de nuances diverses. Les réunions qui se formèrent pour organiser la résistance girondine, à Rennes par exemple, furent des monstres et de vrais chaos.

Robespierre s'opposa à tout compromis, et sans nul doute il eut raison.

Les événements accusaient la Gironde. Les mauvaises nouvelles des victoires royalistes, des résistances girondines tombaient pêle-mêle et comme une grêle sur la Convention.

On apprit en même temps et les mouvements

royalistes de la Lozère et la formation du Comité girondin des départements de l'Ouest, à Rennes.

On apprit en même temps et la victoire des Vendéens à Saumur et l'organisation militaire des forces girondines de Bordeaux, d'Évreux, de Marseille, les décisions menaçantes de plusieurs départements contre la Convention, etc., etc.

La Montagne, les Jacobins, les meilleurs patriotes, se trouvèrent ainsi dans ce qu'on peut appeler un cas d'ignorance invincible. Il était presque impossible de ne pas croire que les faits qui arrivaient en même temps fussent sans liaison entre eux. Le soir du 12, quand Robespierre annonça aux Jacobins la défaite de Saumur, qui mettait les Vendéens sur la route de Paris, la fureur fut extrême, mais contre les Girondins, contre la droite de la Convention. L'honnête et aveugle Legendre dit qu'il fallait arrêter, détenir comme otages, jusqu'à l'extinction de la Vendée, les membres du côté droit.

Un Montagnard très loyal, et franc comme son épée, le vaillant Bourbotte, envoya de l'Ouest une preuve qu'un des Girondins était royaliste. On conclut que tous l'étaient.

Les Girondins retirés dans le Calvados, Pétion, Buzot, etc., brisés par les événements, usés, blasés et finis, se laissèrent dominer par les gens du Calvados. Ceux-ci avaient pris pour chef militaire un royaliste constitutionnel, le général

Wimpfen. Louvet, plus clairvoyant, avertit Buzot, Pétion, leur dit que cet homme était un traître et un royaliste. Ils répondirent mollement qu'il était homme d'honneur et que, seul, il avait la confiance des troupes et des Normands. Wimpfen se démasqua bientôt, parla d'appeler les Anglais. Les Girondins refusèrent, mais ils n'en furent pas moins perdus, et parurent avoir mérité leur sort.

Tout ceci fit donc décidément croire une chose très fausse: *Que la Gironde était l'alliée de la Vendée.*

Le 13, l'Assemblée recevant à la fois cette terrible nouvelle de Saumur, et d'autre part une lettre insolente où Wimpfen lui annonçait qu'il avait arrêté deux de ses membres, le nœud fut tranché.

Danton, déjà accusé aux Cordeliers, aux Jacobins, crut ne plus pouvoir se taire sans se perdre, dans la vive émotion où paraissait l'Assemblée. Il invectiva contre la Gironde, loua le 31 mai, et dit qu'il l'avait préparé.

Couthon saisit ce moment où la Montagne semblait décidément une par cette explosion de Danton. Il proposa et fit décréter la *déclaration* suivante : « Au 31 mai et au 2 juin, le Conseil révolutionnaire de la Commune et le peuple ont puissamment concouru à sauver la Liberté, l'unité, l'indivisibilité de la République. »

§ IV. — ROBESPIERRE ENTRE LES GIRONDINS ET LES ENRAGÉS (JUIN 1793)

Robespierre avait vaincu, et le même jour, 13 juin, il entra réellement au Comité par ses hommes, Couthon et Saint-Just.

Delmas, qui en était membre, ayant hasardé de défendre une des Administrations inculpées, était lui-même l'objet des accusations jacobines. Il se créa un moyen de salut en ouvrant la porte du Comité aux robespierristes. Le 12, il proposa une distribution du Comité en sections, et dans cette division on leur fit la meilleure part *.

La section principale, celle qui donnait tout le maniement des affaires *(correspondance générale)*, se composa de Couthon et de Saint-Just, de plus, du juriste Berlier, homme spécial, nullement politique, qui ne gênait guère ses collègues. Le quatrième membre enfin fut Cambon, fort attaqué et inquiet, absorbé et englouti dans l'enfer de nos Finances, vivant, mangeant et couchant à la Trésorerie ; tiraillé de cent côtés, dévoré par les mille besoins de l'Intérieur et de la Guerre, poursuivant dans le chaos sa création nouvelle, comme une île volcanique sur la mer de feu où la Révolution devait jeter l'ancre : c'est la création du *Grand-Livre*.

Donc, la section principale du Comité gouvernant fut en deux hommes seulement. Cette section de *correspondance générale* ne correspondait pas seulement par écrit ; elle répondait de vive voix aux membres de la Convention, aux députations, aux particuliers. Tous ceux enfin qui avaient affaire au Comité de Salut public étaient reçus par Couthon et Saint-Just *dans la salle à deux colonnes.* Tout le grand mouvement du dehors venait se heurter aux deux immobiles. Couthon l'était de nature et de volonté ; le paralytique Auvergnat, dans sa douceur apparente, avait le poli, le froid, la dureté du silex de ses montagnes. Le chevalier de Saint-Just (comme l'appelle Desmoulins), dans son étonnante roideur jacobine, le cou fortement serré d'une cravate empesée, ne tournait qu'en entier et tout à la fois ; immobile en soi lors même qu'il se transportait d'un point à un autre. Certes, dans le tourbillonnement d'une situation si confuse on n'eût jamais pu trouver une image plus arrêtée d'un gouvernement immuable.

Cette fixité draconienne et terrible des deux hommes de Robespierre l'autorisait singulièrement. Si tels sont les disciples, disait-on, quel est donc le maître? La force de son autorité morale parut spécialement dans le coup qu'il frappa sur les Cordeliers, sur les *enragés* qui, à ce moment, s'étaient emparés de leur Club. Ils avaient repris le rôle de Marat, ses thèses les plus violentes ;

ils les mêlaient d'attaques contre la Constitution, c'est-à-dire contre Robespierre.

Le 24, l'enragé des *enragés*, le cordelier Jacques Roux, au nom de sa section, celle des Gravilliers, apporta à la barre une violente pétition, qu'il rendit plus violente en l'ornant d'additions improvisées. Tout n'était pas absurde dans cette furieuse remontrance à la Convention. Il reprochait à la Montagne *de rester immobile* « sur son immortel rocher, » et de ne rien faire.

Avec un impitoyable bon sens, les tribunes applaudirent. La Montagne, furieuse, ne se connaissait plus. Elle se leva tout entière, Thuriot en tête, contre le malencontreux orateur, et Legendre le fit chasser de la barre.

Qu'était-ce au fond que Jacques Roux? Ses discours, visiblement mutilés, sa vie violemment étouffée par un surprenant accord de tous les partis, ne le font pas deviner.

Nous le voyons accouplé dans les malédictions du temps avec le jeune Varlet, hardi prêcheur de carrefour; d'autre part, avec Leclerc, le jeune Lyonnais, ami de Chalier, qui en mai était venu s'établir chez sa maîtresse, Rose Lacombe, chef et centre des *femmes révolutionnaires*. Quelles étaient les doctrines de Roux? jusqu'à quel point était-il en rapport avec Lyon, avec Chalier, son apôtre? ou bien avec Gracchus Babeuf, qui avait publié, dès 90, son *Cadastre perpétuel*, et s'agitait fort à Paris?

Nous ne pouvons malheureusement répondre à ces questions.

Les registres des Cordeliers nous manquent pour cette époque ; ceux de la section des Gravilliers, le grand centre industriel de Paris, mentionnent Roux, en bien, en mal, fréquemment, mais brièvement.

Je croirais volontiers que la Montagne n'en savait guère plus que nous, et n'en voulait pas savoir davantage sur ce *monstre*, objet d'horreur. Les *républicains classiques* avaient déjà derrière eux un spectre qui marchait vite et les eût gagnés de vitesse : *le républicanisme romantique* aux cent têtes, aux mille écoles, que nous appelons aujourd'hui le socialisme. Entre les uns et les autres, il y avait un abîme qu'on croyait infranchissable : l'idée très différente qu'ils avaient de la propriété. Marat, Hébert, quoique parfois dans leur violence étourdie ils aient paru autoriser le pillage, n'en étaient pas moins défenseurs du droit de la propriété.

Que feraient les Cordeliers ? Ils avaient d'abord ordonné l'impression de la pétition de Jacques Roux. Roux, Leclerc, à ce moment, c'étaient leurs apôtres. Les *femmes révolutionnaires* venaient à cet ardent foyer mêler la dissolution, l'ivresse et l'extase. Si la chose eût suivi le cours qu'elle eût eu à d'autres époques, les Cordeliers auraient abouti à un communisme barbare, anarchique, au vertige orgiastique dont tant de fois furent saisies les démagogies antiques et celles du moyen âge.

Ces pensées, confusément entrevues, faisaient horreur à Robespierre, au plus sage des Jacobins. Ami des idées nettes et claires, arrêté dans ses principes, il frémissait de voir la Révolution subir cette transformation fantastique. Il craignait aussi, non sans apparence, les tentations de la misère, *la faim mauvaise conseillère*, les démangeaisons de pillage, qui, commençant une fois à gagner dans une ville de sept cent mille âmes (où il y avait cent mille indigents), ne pourraient être arrêtées. Le 26 et le 27 juin, des femmes saisirent un bateau de savon et se l'adjugèrent au prix qu'elles fixaient elles-mêmes. On supposa que ces violences étaient l'effet de la pétition de Jacques Roux. Robespierre, le 28 au soir, lança l'excommunication contre lui aux Jacobins. Roux voulut se justifier à la Commune ; mais là, Hébert et Chaumette l'accablèrent, l'écrasèrent. Une autorité souveraine le frappa enfin, celle de Marat.

Tout cela paraissait fort. Cependant Robespierre comprit que ce serait d'un effet passager, si Roux n'était frappé par les siens mêmes, par les Cordeliers ; s'il n'était abandonné, renié d'eux et condamné. Robespierre n'avait jamais été aux Cordeliers, et il n'en parlait jamais. Il avait pour eux une profonde antipathie de nature. Il la surmonta pour cette grande et décisive occasion. Il prit avec lui celui de tous les Jacobins qui avait au plus haut degré le tempérament cordelier, le puissant acteur des Clubs, Collot d'Herbois, et de plus Hébert, délégué de la Commune, et tous trois, associés dans cette croisade jacobine du maintien de l'ordre, ils se présentèrent le soir du 30 juin aux portes du Club des Cordeliers. Ceux-ci ne s'y attendaient pas. Ils furent frappés d'une visite si imposante, si inusitée. Ils le furent bien plus encore, lorsqu'une de ces *femmes révolutionnaires*, alliées ordinaires de Jacques Roux et de Leclerc, demanda la parole contre Jacques Roux, l'accabla de moqueries, conta ironiquement ses excentricités bizarres sur son théâtre ordinaire, la section des Gravilliers. Cette violente sortie d'une femme, qui, devant Robespierre et les Jacobins, traitait l'apôtre comme un fou, humilia les Cordeliers; un seul hasarda quelque défense pour Roux et Leclerc.

La société faiblit, les raya de la liste de ses membres et promit de désavouer Roux à la barre de la Convention.

Les Cordeliers, en réalité, abdiquaient leur rôle nouveau. La plupart se jetèrent aux places, aux missions lucratives. Momoro, Vincent, Ronsin, se serrèrent tout près d'Hébert, et tous ensemble fondirent sur une proie riche et grasse, le ministère de la Guerre. Le ministre, le faible Bouchotte, serf des Clubs et du *Père Duchêne*, fut absorbé tout entier. Le petit *furieux* Vincent fut secrétaire général de la Guerre. Hébert, pour son

Père Duchêne, suça effrontément Bouchotte, en tira des sommes énormes. Ronsin, ex-vaudevilliste, bas flatteur de La Fayette, eut de tous la plus large part : nommé général-ministre, il eut en propre la grande place du pillage, celle où tout était permis, la dictature de la Vendée. L'avancement de Ronsin rappelle les plus tristes histoires des favoris de la monarchie : capitaine le 1ᵉʳ juillet, il fut, le 2, chef de brigade, et le 4, général. Trois mois après, en récompense de deux trahisons qui méritaient l'échafaud, il reçoit le poste de suprême confiance : il est nommé général de l'armée révolutionnaire !

Ces scélérats étaient parfaitement connus de Robespierre. Il les fit périr dès qu'il put. Ils lui étaient nécessaires cependant. Maîtres de la Commune, des Cordeliers, de la Presse populaire et successeurs de Marat, ils paraissaient être l'avantgarde de la Révolution. Si Robespierre eût eu la force de les démasquer, qu'eût-il fait? Il eût ouvert la porte à Jacques Roux, à Leclerc, aux *enragés*, qui les suivaient par derrière.

Il craignait encore moins les hébertistes que les *enragés*. Pourquoi? Les hébertistes ne représentaient nulle idée, ils n'avaient nulle prétention de doctrine, rien que des convoitises et des intérêts ; c'étaient des fripons qui ne pouvaient manquer un matin d'être pris la main dans le sac, et mis à la porte. Les *enragés*, au contraire, étaient des fanatiques d'une portée inconnue, d'un fanatisme redoutable, emportés par un souffle, vague encore, mais qui allait se fixer peut-être, prendre forme et poser une révolution en face de la Révolution.

Cette nécessité violente de frapper les *enragés*, d'humilier et mutiler les Cordeliers dans leur partie la plus vitale, entraînait pour la Montagne, spécialement pour Robespierre, une nécessité de bascule, celle de frapper sur la Gironde.

Le jour même où parla Jacques Roux, l'Assemblée, émue de quelques paroles attendrissantes du jeune Ducos, avait décidé que le *rapport* sur les Girondins se ferait enfin le lendemain 26. Après le discours de Jacques Roux, elle annula son décret, sur la *proposition* de Robespierre.

Le rapporteur était Saint-Just. Il avait montré d'abord des sentiments fort modérés, offrant d'aller avec Garat pacifier le Calvados. Son *rapport*, lu le 2 juillet au Comité de Salut public, fut atroce de violence. Les Girondins de Caen étaient déclarés traîtres; ceux de Paris, complices.

Personne n'objecta rien. Et Danton était présent. Sa signature se trouve au registre.

Ce fut la fin du Comité; il fut comme guillotiné moralement. On le refit, le 10 juillet, sous l'influence jacobine *.

CHAPITRE III

IMMOBILITÉ, ENNUI
SECOND MARIAGE DE DANTON

(JUIN 93)

Abattement de Marat. — Découragement général. — Danton se remarie dans une famille royaliste et devant un prêtre réfractaire.

La singularité bizarre de la situation en juin, c'est que les vainqueurs, les maîtres de la situation, se trouvèrent précisément condamnés à l'inertie de ceux qu'ils avaient remplacés. La fureur des *enragés* forçait les Jacobins d'enrayer. Ne frappant un coup à droite qu'en frappant un coup à gauche, n'avançant, ne reculant, Robespierre et Marat se trouvaient immobilisés dans un misérable équilibre. Situation imprévue! Marat était constitué gardien de la société.

C'est, selon toute apparence, de quoi il est mort. Fatigué avant le 2 juin, il n'était pas encore malade. Dès le 3, il ne vient plus ; il attendra, dit-il, le jugement des Girondins. L'Assemblée écoute à peine sa lettre, et passe à l'ordre du jour. Sans cause, il revient le 17. Absent, présent, il s'agite. L'inattention dédaigneuse de la Convention lui faisait sentir durement qu'il avait perdu l'avant-garde. La nécessité quotidienne d'arrêter les *enragés* l'attristait et l'annulait. Marat *modéré*. Qu'était-ce, sinon la mort de Marat?

Marat n'était pas seul malade... Eh! qui ne l'était? Il y avait un grand sentiment de découragement et de douleur.

Cette douleur avait mille causes. La plus forte, peut-être, c'était la contradiction fatale des discours et des pensées. On couvrait tant qu'on pouvait, sous la violence des paroles, la diminution de la foi, l'attiédissement intérieur.

« Hélas! disait Ducos, le défenseur de la Gironde, aux Montagnards *modérés*, quand je vous prends un à un, je vous vois pénétrés de respect pour la Justice ; réunis, vous votez contre. » (Séance du 24 juin.)

« Les séances de l'Assemblée sont maintenant, disent les journaux, d'une décence extraordinaire. » Elles étaient silencieuses et courtes; on décrétait à la course; on partait dès qu'on pouvait. La nécessité du mensonge et de l'exagération était trop pesante.

On était obligé de redire tout le jour ce que généralement on ne croyait pas : Que la Gironde avait trahi. Ce qu'on croyait, et qui était vrai, c'est qu'elle était inhabile, faible et molle, dangereuse, qu'elle eût perdu le pays.

Sur ce funèbre radeau de sauvetage où flottait la France naufragée, elle se voyait obligée de jeter à la mer les incapables pilotes qui l'auraient fait chavirer. Elle tâchait de les croire coupables ; pour le croire, elle le disait, et le répétait sans cesse. On jurait qu'ils étaient les amis de la Vendée ! qu'ils voulaient démembrer la France !

Le sacrifice de la Gironde nous sauvait-il pour le moment ? On était tenté de le croire. Qu'en serait-il pour l'avenir ? La Loi une fois tuée de la main du législateur, n'était-ce pas pour toujours ? Cette flagrante illégalité n'allait-elle pas fonder l'illégalité éternelle ?... Que sont les lois d'une Assemblée brisée ? Qu'elle appelle une autre Assemblée ; celle-ci, née d'un appel sans Droit, n'apportera-t-elle pas la tache originelle de sa naissance ?... Que prévoir, sinon une succession monstrueuse de coups d'État alternatifs ? La France, ne sentant plus le Droit, n'ayant nulle prise où s'arrêter, *n'ira-t-elle pas roulant comme roule un corps mort sur la vague, dont ne veut ni la mer ni la terre, et qui flotte éternellement ?*

La tristesse était la même dans les hommes des trois partis : dans les vainqueurs, comme Marat ;

dans les vaincus, comme Vergniaud ; dans les neutres, comme Danton.

Nous expliquerons tout à l'heure les secrets efforts de Danton pour pacifier la France. Ces tentatives, difficiles et périlleuses pour tous les conciliateurs, l'étaient infiniment pour lui. Il agissait pour rallier la Gironde départementale, mais toujours en parlant contre elle. Ses déclamations, habilement préparées, lancées dans la Convention avec un désordre apparent, un hasard plein de calcul, n'en étaient pas moins suspectes aux yeux clairvoyants. La haine ne s'y trompait pas. Les Cordeliers l'accusèrent, le 3 ; et les Jacobins, le 7. Robespierre le défendit, et l'enfonça d'autant plus. Au Comité de Salut public, relégué à la section diplomatique, où il n'y avait rien à faire, à la section militaire, à laquelle il était étranger, il subit, le 2 juillet, l'atroce *rapport* de Saint-Just. — Danton, où était ton âme ?

La mort venait à lui, rapide. Le dévorant Saturne, affamé de ses enfants, en avait fini avec la Gironde : de qui donc avait-il faim maintenant, sinon de Danton ?

Un homme si pénétrant ne se méprenait pas sur son sort. Que la mort vînt et vînt vite, c'était le meilleur pour lui.

Chose étrange ! Vergniaud et Danton mouraient de la même mort.

Le pauvre Vergniaud, prisonnier rue de Clichy, dans ce quartier alors désert et tout en jardins, prisonnier moins de la Convention que de mademoiselle Candeille, flottait dans l'amour et le doute. Lui resterait-il, cet amour d'une brillante femme de théâtre, dans l'anéantissement de toutes choses? Ce qu'il gardait de lui-même passait dans ses âpres lettres lancées contre la Montagne. La fatalité l'avait dispensé d'agir, et il ne le regrettait guère, trouvant doux de mourir ainsi, savourant les belles larmes qu'une femme donne si aisément, voulant croire qu'il était aimé.

Danton, aux mêmes moments, s'arrangeait le même suicide.

Nous nous arrêterions moins ici, si c'était une chose individuelle ; mais malheureusement alors, c'est le cas d'un grand nombre d'hommes. Au moment où l'affaire publique devient une affaire privée, une question de vie et de mort, ils disent : « A demain les affaires. » Ils se renferment chez eux, se réfugient au foyer, à l'amour, à la Nature. La Nature est bonne mère, elle les reprendra bientôt, les absorbera dans son sein.

Danton se mariait en deuil. Sa première femme, tant aimée, venait de mourir, le 10 février. Et il l'avait exhumée, le 17, pour la voir encore. Il y avait, au 17 juin, quatre mois, jour pour jour, qu'éperdu, rugissant de douleur, il avait rouvert la terre pour embrasser dans l'horreur du drap mortuaire celle en qui fut sa jeunesse, son bonheur et sa fortune. Que vit-il, que serra-t-il dans ses bras (au bout de sept jours !)? Ce qui est sûr, c'est qu'en réalité elle l'emporta avec lui.

Mourante, elle avait préparé, voulu son second mariage, qui contribua tant à le perdre. L'aimant avec passion, elle devina qu'il aimait et voulut le rendre heureux. Elle laissait aussi deux petits enfants, et croyait leur donner une mère dans une jeune fille qui n'avait que seize ans, mais qui était pleine de charme moral, pieuse comme madame Danton, et de famille royaliste. La pauvre femme, qui se mourait des émotions de Septembre et de la terrible réputation de son mari, crut, sans doute, en le mariant ainsi, le tirer de la Révolution, préparer sa conversion, en faire peut-être le secret défenseur de la Reine, de l'enfant du Temple, de tous les persécutés.

Danton avait connu au Parlement le père de la jeune fille, qui était huissier-audiencier. Devenu ministre, il lui fit avoir une bonne place à la Marine. Mais tout obligée que la famille était à Danton, elle ne se montra point facile à ses vues de mariage. La mère, nullement dominée par la terreur de son nom, lui reprocha sèchement et Septembre qu'il n'avait pas fait, et la mort du Roi qu'il eût voulu sauver.

Danton se garda bien de plaider. Il fit ce qu'on fait en pareil cas, quand on veut gagner son procès, qu'on est amoureux et pressé : il se repentit. Il avoua, ce qui était vrai, que les excès de l'anarchie lui étaient chaque jour plus difficiles à supporter, qu'il se sentait déjà bien las de la Révolution, etc.

S'il répugnait tant à la mère, il ne plaisait guère à la fille. Mademoiselle Louise Gély, délicate et jolie personne, élevée dans cette famille bourgeoise de vieille roche, d'honnêtes gens médiocres, était toute dans la tradition de l'ancien régime. Elle éprouvait près de Danton de l'étonnement et un peu de peur, bien plus que d'amour. Cet étrange personnage, tout ensemble *lion et homme, lui restait incompréhensible*. Il avait beau limer ses dents, accourcir ses griffes, elle n'était nullement rassurée devant ce monstre sublime.

Le monstre était pourtant bon homme; mais tout ce qu'il avait de grand se tournait contre lui. Ce mystère d'énergie sauvage, cette poétique laideur illuminée d'éclairs, cette force du puissant mâle d'où jaillissait un flot vivant d'idées, de paroles éternelles, tout cela intimidait, peut-être serrait le cœur de l'enfant.

La famille crut l'arrêter court en lui présentant un obstacle qu'elle croyait insurmontable, la nécessité de se soumettre aux cérémonies catholiques. Tout le monde savait que Danton, le vrai fils de Diderot, ne voyait que superstition dans le Christianisme, et n'adorait que la Nature.

Mais, pour cela justement, ce fils, ce serf de la Nature obéit sans difficulté. Quelque autel, ou quelque idole qu'on y présentât, il y courut, il y jura. Telle était la tyrannie de son aveugle désir. La Nature était complice ; elle déployait tout à coup toutes ses énergies contenues ; le printemps, un peu retardé, éclatait en été brûlant ; c'était l'éruption des roses. Il n'y eut jamais un tel contraste d'une si triomphante saison et d'une situation si trouble. Dans l'abattement moral, pesait d'autant plus la puissance d'une nature ardente, exigeante, passionnée. Danton, sous cette impulsion, ne livra pas de grands combats quand on lui dit que c'était d'un prêtre réfractaire qu'il fallait avoir la bénédiction. Il aurait passé dans la flamme. Ce prêtre, enfin, dans son grenier, consciencieux et fanatique, ne tint pas quitte Danton pour un billet acheté. Il fallut, dit-on, qu'il s'agenouillât, simulât la confession, profanant dans un seul acte deux religions à la fois : la nôtre et celle du passé.

Où donc était-il, cet autel consacré par nos Assemblées à la religion de la Loi, sur les ruines du vieil autel de l'arbitraire et de la Grâce ? Où était-il, l'autel de la Révolution où le bon Camille, l'ami de Danton, avait porté son nouveau-né, donnant le premier l'exemple aux générations à venir ?

Ceux qui connaissent les portraits de Danton, spécialement les esquisses qu'en surprit David dans les nuits de la Convention, n'ignorent pas comment l'homme peut descendre du lion au taureau, que dis-je ? tomber au sanglier, type sombre, abaissé, désolant de sensualité sauvage.

Voilà une force nouvelle qui va régner toute puissante dans la sanguinaire époque que nous devons raconter; force molle, force terrible, qui dissout, brise en dessous le nerf de la Révolution. Sous l'apparente austérité des mœurs républicaines, parmi la terreur et les tragédies de l'échafaud, la femme et l'amour physique sont les rois de 93.

On y voit des condamnés qui s'en vont sur la charrette, insouciants, la rose à la bouche. C'est la vraie image du temps. Elles mènent l'homme à la mort, ces roses sanglantes.

Danton, mené, traîné ainsi, l'avouait avec une naïveté cynique et douloureuse dont il faut bien modifier l'expression. On l'accusait de conspirer. « Moi! dit-il, c'est impossible!... Que voulez-vous que fasse un homme qui, chaque nuit, s'acharne à l'amour? »

Dans des chants mélancoliques qu'on répète encore, Fabre d'Églantine et d'autres ont laissé la *Marseillaise* des voluptés funèbres, chantée bien des fois aux prisons, au Tribunal même, jusqu'au pied de l'échafaud. L'Amour, en 93, parut ce qu'il est : le frère de la Mort.

CHAPITRE IV

LES VENDÉENS
LEUR APPEL A L'ÉTRANGER

(MARS-JUIN 93)

Le salut de Nantes fut celui de la France. — Machines employées pour armer la Vendée. — Henri de La Rochejaquelein. — Bataille de Saumur, 10 juin. — Rapports des Vendéens avec l'étranger (avril 93). — Ils marchent vers Nantes. — Ils essayent de s'entendre avec Charette.

DEUX phénomènes inattendus se virent à la fin de juin, l'un qui faillit perdre la France, et l'autre qui la sauva. Les trois Vendées (de l'Anjou, du Bocage et du Marais), essentiellement discordantes entre elles et communiquant très mal, s'unirent un moment, formèrent une même masse d'une grande armée barbare, et sur la Loire roulèrent ensemble, à Saumur, à Angers, à Nantes, leur épouvantable flot.

Mais voici l'autre phénomène : Les Girondins, proscrits à Paris comme royalistes, organisèrent dans l'Ouest, délaissé et sans secours, la plus vigoureuse défense contre les royalistes. Ils votèrent des troupes contre la Convention, et les envoyèrent contre la Vendée. Sauf quelques centaines de Bretons qui allèrent au Calvados, la Bretagne girondine resta dans son rôle héroïque : elle fut le vrai roc de la résistance et contre le royalisme breton qu'elle portait dans son sein, et contre l'émigration qui la menaçait de Jersey, enfin contre l'invasion vendéenne qu'elle brisa devant Nantes.

L'attaque de Nantes, fait minime si l'on considérait le nombre des morts, est un fait immense pour les résultats. L'empereur Napoléon a dit avec raison que le salut de cette ville avait été le salut de la France.

Nantes présenta de mars en juin un spectacle d'unanimité rare et formidable. Les mesures sévères, terribles, qu'exigeait la situation, furent prises par l'Administration girondine et, sur la demande des *modérés*, exécutées énergiquement par les Girondins et les Montagnards, sans distinction. Ce fut le Club girondin qui, le 13 mars, par l'organe du jeune Villenave, demanda le Tribunal révolutionnaire et l'exécution immédiate des traîtres, la guillotine sur la place, de plus, une

Cour martiale ambulante qui, parcourant le département avec la force armée, jugerait et exécuterait.

On entrevoit par ceci (et l'on verra mieux plus tard) que la France républicaine, parmi tant de dissidences extérieures et bruyantes, tant de cris, tant de menaces, conservait un fonds d'unité.

Il est curieux de voir, en opposition, combien la Coalition, si parfaitement une dans ses manifestes, était discordante, combien les Vendées, qui pour frapper Nantes prennent une apparence d'unité si terrible, combien elles étaient divisées, hostiles pour elles-mêmes.

Nous ignorions encore, en 1850, quand nous écrivîmes le tome V de cette *Histoire*, une partie des moyens tout artificiels qu'on employa pour lancer ce malheureux peuple, ignorant, aveugle, contre ses propres intérêts. Nous ne connaissions non plus que très imparfaitement les mésintelligences des chefs, la rivalité intérieure des nobles et du Clergé*.

La première machine, on l'a vu, fut l'emploi d'un paysan ignorant, intelligent, héroïque, Cathelineau, que d'Elbée et le Clergé opposèrent aux nobles. D'Elbée, Saxon de naissance, était haï et jalousé des autres chefs, officiers inférieurs et gentilshommes campagnards, généralement de peu de tête. Il n'eût pu dans les commencements commander lui-même. Le Clergé, après les affaires de Fontenay, fit parler Cathelineau. Il menaça les nobles poitevins d'emmener ses compatriotes, les paysans de l'Anjou. Lescure, *le saint du Poitou*, qui appartenait aux prêtres, appuya. Et tout dès lors fut sous une même influence, qui fut celle du Clergé.

La seconde machine employée entre les deux combats de Fontenay, lorsque les Vendéens étaient abattus de leur échec, vint à point les relever. On leur fabriqua un évêque. Un soldat républicain pris par eux, et depuis secrétaire de Lescure[*], déclara que, sous l'habit laïque, il était en réalité un des quatre vicaires apostoliques envoyés par le pape en France, de plus, évêque d'Agra. Les fameuses *sœurs de la Sagesse*, mêlées à toutes les intrigues; Brin, leur curé de Saint-Laurent; le curé de Saint-Laud d'Angers, le curé Bernier, tous tombent à genoux, demandent la bénédiction du fourbe. Le peuple est ivre de joie, il sonne les cloches à toute volée.

Le but de Lescure et des autres chefs était de faire de la Vendée une force unique, sous une même direction, et pour cela de soumettre les curés à ce prétendu évêque. Dans un acte du 1er juin, signé du nom de Lescure, on dit : « Que les curés qui n'ont pas reçu encore les pouvoirs de leurs évêques, et qui ne s'adresseront pas à M. l'évêque d'Agra, *pour qu'il règle leur conduite*, seront arrêtés. »

D'Elbée, Lescure et le Clergé firent Cathelineau général en chef. On nomma général de cavalerie un séminariste de dix-sept ans, le jeune Forestier, fils d'un cordonnier de Caudron, aventureux, intrépide et d'une jolie figure.

A l'avant-garde marchait le plus souvent un autre jeune homme, cousin de Lescure, Henri de La Rochejaquelein, *M. Henri,* comme l'appelaient les paysans. Il portait au col un mouchoir rouge; toute l'armée en porta. C'était un jeune homme de vingt et un ans, qui avait déjà six ans de service, étant entré à quinze ans dans la cavalerie. Son père était colonel de Royal-Pologne. Le jeune homme n'avait pas émigré; on l'avait fait capitaine dans la Garde constitutionnelle de Louis XVI. Ni le séjour de Paris, ni ce détestable corps, école d'escrime et d'insolence, n'avaient changé le Vendéen. Il était resté un vrai gentilhomme de campagne, grand chasseur, toujours à cheval, fort connu des paysans.

C'était une grande figure svelte, anglaise plutôt que française, cheveux blonds, l'air à la fois timide et hautain, comme sont souvent les Anglais. Il avait, au plus haut degré, une chose bonne pour l'attaque : le mépris de l'ennemi.

Ces braves, qui nous méprisaient tant, ignoraient que chez les *patauds,* dans les armées républicaines, il y avait les plus grands hommes de guerre du siècle (et de tous les siècles), des hommes d'un tout autre ordre qu'eux, les Masséna, les Hoche, les Bonaparte.

Les masses vendéennes, qui suivaient ces chefs, éparses et confuses, eurent ce bonheur à Saumur de trouver les républicains moins organisés encore. Ceux-ci avaient avec eux cependant un organisateur habile, Berthier, le célèbre chef de l'état-major de l'Empereur. Mais Berthier, Menou, Coustard, Santerre, les généraux républicains, n'arrivèrent qu'au moment de la bataille. Ils ne purent rien que payer vaillamment de leur personne; les deux premiers furent blessés et eurent plusieurs chevaux tués sous eux. Ils avaient contre eux à la fois l'indiscipline et la trahison. La veille même, La Rochejaquelein, déguisé, avait dîné dans Saumur. Un garde d'artillerie fut surpris enclouant une pièce de canon. Dans le combat même, deux bataillons à qui Coustard ordonnait de garder le pont de Saumur crièrent qu'il les trahissait, et le mirent lui-même à la bouche d'un canon.

Avec tout cela, les Vendéens eurent peine à emporter l'affaire. La Rochejaquelein chargeait obstinément sur la droite sans voir que, toujours resserré entre le coteau et la rivière, il ne pouvait se déployer avec avantage. Ce fut à sept heures du soir que Cathelineau, montant sur une hauteur, vit nettement la difficulté. Il donna à la bataille une meilleure direction. On tourna les républicains. Les bataillons, de formation nouvelle, s'effrayèrent, se débandèrent, s'enfuirent par la ville en désordre, puis par les ponts de la Loire.

A huit heures, Coustard, voyant que la gauche était perdue et l'ennemi déjà dans la ville, entreprit de la reprendre. Il ordonna aux cuirassiers commandés par Weissen de nettoyer la chaussée qui y conduisait en prenant une batterie qu'établissaient les Vendéens : « Où m'envoies-tu? dit Weissen. — A la mort! » lui dit Coustard. Weissen obéit bravement, mais il ne fut point soutenu, et revint couvert de blessures.

Le représentant Bourbotte se battit aussi comme un lion. Son cheval fut tué, et il était pris, si un jeune lieutenant, en pleine mêlée, ne fût descendu et ne lui eût donné le sien. Bourbotte admira le jeune homme, et fut plus préoccupé de lui que de son péril. Il le trouva intelligent autant qu'héroïque. Dès ce jour, il ne le perdit pas de vue qu'il ne l'eût fait général. Six mois après, ce général, le jeune Marceau, gagnait la bataille décisive du Mans, où s'ensevelit la Vendée.

Cinq mille hommes se rendirent dans Saumur et mirent bas les armes. Mais ceux qui restaient dans les redoutes extérieures ne se rendirent pas. En vain Stofflet les attaqua avec vingt pièces de canon.

La route de Paris était ouverte. Qui empêchait de remonter la Loire, de montrer le drapeau blanc aux provinces du Centre? Henri de La Rochejaquelein voulait qu'on allât au moins jusqu'à Tours.

Les Vendéens n'avaient qu'une cavalerie misérable; s'il en eût été autrement, rien n'eût empêché certainement mille hommes bien montés et déterminés de percer jusqu'à Paris.

Pour se faire suivre de la masse vendéenne, il n'y fallait pas songer. Le paysan avait fait un prodigieux effort, en restant si longtemps sous le drapeau. Parti (la seconde fois) le 9 avril, il avait à peine, en passant de Fontenay à Saumur, revu ses foyers. Plusieurs, au 9 juin, se trouvaient absents de chez eux depuis deux mois! Or, telles sont les habitudes du paysan vendéen, comme l'observe très bien Bourniseau, que, « quand il eût été question de prendre Paris, on n'eût pu l'empêcher, au bout de six jours, d'aller revoir sa femme et de prendre une chemise blanche. » Aussi Cathelineau était d'avis qu'on ne s'écartât pas beaucoup et qu'on se contentât d'Angers.

Mais les chefs généralement voulaient aller à la mer.

Lescure voulait y aller à gauche, prendre Niort et La Rochelle.

Bonchamp voulait y aller à droite, par la Bretagne, étendre la Chouannerie qui déjà avait commencé, tâter les côtes normandes, savoir si elles étaient vraiment royalistes ou girondines.

D'Elbée allait à la mer par Nantes, par l'entrée de la Loire, cette grande porte de la France. C'est l'avis qui prévalut.

Ils attendaient impatiemment les secours de l'Angleterre, et ils savaient qu'ils n'en recevraient rien tant qu'ils n'apparaîtraient pas en force sur la côte et ne pourraient pas offrir un port aux Anglais*.

Dès le lendemain de l'insurrection, les Vendéens avaient imploré les secours de l'étranger.

Le 6 avril, d'Elbée et Sapinaud chargent un certain Guerry de Tiffauges de demander de la poudre à Noirmoutier, ou, si Noirmoutier n'en a pas, de prendre tous les moyens de s'en procurer d'Espagne ou d'Angleterre.

Le 8 avril, ce n'est plus de la poudre seulement, ce sont des hommes : « Nous prions M. le commandant au premier port d'Angleterre de vouloir bien s'intéresser auprès des puissances anglaises pour nous procurer des munitions *et des forces imposantes de troupes de ligne.* D'Elbée, Sapinaud, quartier général de Saint-Fulgent. »

Sur un autre point de la Vendée, le chevalier de La Roche Saint-André écrit, dans une lettre du 8 avril : « Que les Comités royalistes ont décidé qu'il irait demander *secours* en Espagne. »

Nous ne faisons aucun doute qu'en retour de ces demandes, les Vendéens n'aient reçu ce qui passait le plus aisément, de l'or et de faux assignats.

M. Pitt ne se souciait nullement d'envoyer des hommes. Il croyait, non sans raison, que la vue des habits rouges pouvait produire d'étranges effets sur l'esprit des Vendéens, créer entre eux de grandes mésintelligences, les préparer peut-être à se rapprocher des républicains.

On s'ignorait tellement les uns les autres, que, par un double malentendu, Pitt croyait la Vendée girondine, et la Convention croyait que Nantes était royaliste.

Pitt s'obstinait donc. Ses messagers, à la fin d'août, puis en novembre, disaient : « Si vous êtes royalistes, si le pays est royaliste, qu'on nous donne un port comme gage et facilité de descente. »

Si les Vendéens eussent pris Nantes, ils devenaient, en réalité, les maîtres de la situation. Un si grand événement leur eût donné à la fois la mer, la Loire, plusieurs départements, un vrai royaume d'Ouest. La Bretagne royaliste eût secoué la girondine, qui la comprimait, et la Normandie peut-être eût suivi. Les Anglais arrivaient alors, mais comme un accessoire utile, comme auxiliaires subordonnés.

Telles sont très probablement les raisons que fit valoir d'Elbée. Il croyait avoir dans Nantes de grandes intelligences. Le paysan connaissait Nantes. Il se portait de lui-même à cette expédition peu éloignée bien mieux qu'à une course sur la route de Paris. Paris, si loin, si inconnu, ne disait rien à sa pensée. Mais son vrai Paris, c'était Nantes, la ville riche, la ville brillante du commerce des colonies, le Pérou et le Potose de l'imagination vendéenne.

La prise facile d'Angers, évacuée par les républicains, l'arrivée du jeune prince de Talmont à l'armée vendéenne, tout confirma celle-ci dans son projet d'attaquer Nantes. Talmont, second fils du duc de La Trémouille, avait des biens immenses dans l'Ouest, trois cents paroisses d'un seul côté de la Loire et peut-être autant de l'autre. Les chefs vendéens, la plupart vassaux de Talmont, furent joyeux et fiers d'avoir un prince avec eux. Ils ne doutaient plus de rien. Un prince! un évêque! Maintenant qu'ils avaient tout cela, qui pouvait leur résister?

Cependant, pour attaquer de tous côtés à la fois cette grande ville de Nantes, il fallait que l'armée d'Anjou fût aidée de la Vendée maritime, des hommes du Marais, de leur chef principal, Charette. Celui-ci n'avait nullement à se louer des nobles de la Haute-Vendée, qui ne parlaient de lui qu'avec mépris, et le prenaient jusque-là pour un simple chef de brigands, en quoi ils ne se trompaient guère.

Ceux qui voudront comprendre à fond ce singulier personnage doivent lire préalablement nos anciennes histoires des boucaniers et des flibustiers, celle de nos premiers colons du Canada et d'ailleurs, qui vivaient avec les sauvages et leur devenaient tout à fait semblables. Les Hurons leur donnaient volontiers leurs filles, pour avoir de cette race singulièrement intrépide, celle qui poussait le plus loin le mépris de la vie. Nos joyeux compatriotes passaient le temps au désert à faire danser les sauvages. Nouveau trait de ressemblance avec l'armée de Charette, où l'on dansait toutes les nuits.

Cette armée tenait beaucoup d'une bande de voleurs et d'un carnaval. Ces joyeux danseurs étaient très féroces. Le combat, le bal, la messe et l'égorgement, tout allait ensemble.

Charette était un homme sec, d'une trentaine d'années, étonnamment leste et agile. Souvent, dans les moments pressés, il passait par la fenêtre. Il avait la poitrine étroite (on l'avait cru poitrinaire), une main brûlée dans son enfance, de petits yeux noirs perçants, la tête haute, le nez retroussé, menton saillant, bouche plate, bandée comme un arc. Ce nez au vent, cette bouche, lui donnaient l'air audacieux, l'air d'un déterminé bandit *.

Ce qui étonnait le plus les républicains, c'était de voir au col de cette singulière figure une coquette écharpe noire à paillettes d'or, ornement fantasque qu'il portait en souvenir de quelque dame. Non, certes, par fidélité. Il changeait toutes les nuits. Il n'y eut jamais un pareil homme. Les grandes dames du pays, les petites filles de village, tout lui était bon. Des dames le suivaient à cheval, quelques-unes vaillantes, parfois sanguinaires. Elles passaient des nuits avec Charette, puis rentraient chez leurs maris, résignés et satisfaits, pour l'amour de l'autel et du trône.

Charette croyait être très noble. Il se faisait

venir de certains Caretti du Piémont. Il y avait cependant des Charette dans la robe. Un d'eux se fit condamner à mort dans l'affaire de La Chalotais. La mère de Charette était des Cévennes. Son père, officier, et deux autres, passaient dans un bourg près d'Uzès ; ils voient au balcon trois gentilles Languedociennes. « Ce seront nos femmes, » disent-ils ; ils montent, demandent, obtiennent. Charette naquit de ce caprice, en 1765.

Il avait vingt-huit ans en 93. Il était lieutenant de Marine, avait fait plusieurs campagnes de guerre, avait donné sa démission, et vivait dans son petit manoir de Fonteclause avec une vieille femme riche qu'il avait épousée pour accommoder ses affaires.

Il ne tint pas aux nobles qu'il ne se dégoûtât bientôt de la guerre, ne les laissât là. Ils disaient qu'il n'était pas *noble;* ils l'appelaient *le petit cadet* ou *le Savoyard;* ils assuraient qu'il était lâche, ne savait que fuir. Personne en effet n'en eut plus souvent occasion, avec les bandes qu'il menait. Il les aguerrit à force de fuir et en fuyant avec eux.

L'armée de Charette se battait pour la proie et le pillage, mais lui, pour se battre. Il leur laissait ce qu'on prenait. De même pour les guinées ; il les distribuait dès qu'il en venait. Il n'avait ni gîte ni table, mangeait chez ses officiers, couchait où et comme il pouvait.

La France a tué Charette, qui a tant répandu

son sang, mais elle ne l'a point haï. Pourquoi ? Ce brigand du moins n'était point du tout hypocrite. Il n'affectait nul fanatisme, pas même celui du royalisme. Il aimait peu les émigrés, jugeait parfaitement les princes. Ils ne lui pardonnèrent jamais sa fameuse lettre au Prétendant : « La lâcheté de votre frère a tout perdu. » Pour les prêtres, il n'en usait guère, et détestait spécialement ceux de l'armée d'Anjou*. Un jour que l'abbé Bernier lui faisait demander ce qui l'empêchait de se réunir à la grande armée, Charette, qui connaissait les secrètes galanteries de l'intrigant hypocrite, répondit plaisamment : « Vos mœurs. »

Toute la crainte des gens de Charette, c'était qu'il ne les laissât là, qu'il ne désertât pour aller se joindre aux gens de la Haute-Vendée. Une fois, dans cette crainte, ils étaient près de le tuer**. Lui, sans se déconcerter, il fondit sur eux le sabre à la main.

En réalité, Charette n'avait ni intérêt ni désir d'entrer en rapport intime avec la Vendée dévote. Quand celle-ci lui proposa de coopérer au siège, il venait de reprendre Machecoul, la porte de Nantes, et il eût fort aimé à prendre Nantes, mais seul et non avec les autres.

Nantes était la Jérusalem pour laquelle les bandes de Charette avaient une vraie dévotion. Ils la jugeaient sur les profits que donnait chaque combat, sur l'argent, sur les assignats qu'ils trouvaient en retournant les poches des *culottes de soie* (ils appelaient ainsi les Nantais). Ce que devait renfermer une telle ville, ce que la traite et le commerce des îles y entassait depuis deux siècles, c'est ce qu'on ne pouvait calculer. Les *bravi* de Charette y entraient, y rôdaient sous mille déguisements, regardant insatiablement ces sérieuses maisons, qui, sans avoir le faste de celles de Bordeaux, n'en cachaient pas moins, entassés à cinq étages, les trésors des deux mondes.

Néanmoins, Charette sentait que, s'il entrait dans la ville avec la grande armée d'Anjou, sa bande ne viendrait qu'en sous-ordre, qu'il aurait petite part.

Il vint au siège pour la forme, ne pouvant s'en dispenser, comme à un rendez-vous d'honneur. Le soir du 28 juin, il était avec son monde au pont Rousseau, à l'embouchure de la Sèvre. Pendant qu'on dressait sa batterie, ses gens, selon leur usage, se mirent à faire une ronde, et dansèrent joyeusement. Les canonniers parisiens, qui sur l'autre bord de la Loire les voyaient des hauteurs de Nantes, se piquèrent, et d'un boulet leur tuèrent trois ou quatre danseurs.

CHAPITRE V

SIÈGE DE NANTES

Noble hospitalité de Nantes.— Férocité vendéenne. — Nantes appelle à son secours. — Anarchie du ministère de la Guerre. — Les héros à 500 livres. — Difficulté de défendre Nantes. — Le maire Baco. — Le ferblantier Meuris. — Le Club de Vincent-la-Montagne. — Jalousie des Girondins. — Union des deux partis. — Arrivée des Vendéens. — Les représentants et les militaires ne croient pas pouvoir défendre la ville. — La mort de Cathelineau. — La guerre change de caractère.

§ I. — DANGER ET ABANDON DE NANTES (MARS-JUIN 1793)

LA défense de Nantes était une grande affaire, non seulement de patriotisme, mais d'humanité. Elle était l'asile général des fugitifs de l'Ouest, des pauvres gens qui n'osaient plus rester dans les campagnes, qui fuyaient leurs maisons, leurs biens, abandonnés aux brigands. C'était tout autour comme une mer de flammes et de sang. On arrivait, comme on pouvait, ruiné, dépouillé, souvent en chemise : les hommes, blessés, sanglants ; les femmes, éplorées, ayant vu tuer leurs maris, écraser leurs petits enfants. Pour tout ce peuple naufragé, le port de salut était Nantes.

Nous pouvons en connaissance de cause rendre ce témoignage aux hommes de l'Ouest : ils sont économes, ils sont généreux. La simplicité antique des mœurs, la sobriété habituelle, la parcimonie même, qui est leur caractère, leur permet dans les grandes circonstances une munificence héroïque, une noble prodigalité ; quand le cœur s'ouvre, la main s'ouvre aussi, large et grande *.

Nantes alors nourrit tout un monde ; elle devint la maison de tous ceux qui n'en avaient plus ; la grande cité ouvrit à ce pauvre troupeau fugitif de la guerre civile des bras maternels. Elle logea, solda ce peuple, remplit ses couvents déserts des habitants légitimes pour qui ils furent fondés, des pauvres.

Que telle ville, comme Valenciennes, fût prise par les Autrichiens, — ou Nantes par les Vendéens, ce n'était pas la même chose. Le Droit des gens, dans le premier cas, protégeait les habitants ; qu'avaient-ils à craindre ? Mais Nantes pris, les Nantais allaient se trouver en face d'un peuple aveugle et furieux qui abhorrait la ville du Gouvernement comme la République elle-même, qui connaissait par leur nom pour les détester ses magistrats, ses notables. Les réfugiés surtout se retrouvaient sous la main des meurtriers dont la poursuite les avait chassés de leurs maisons; la fureur des haines locales, les vengeances particulières allaient se lâcher, sans bride ni frein. Ce n'était pas la mort qu'on avait le plus à craindre, mais bien les supplices. Les Vendéens en avaient inventé d'étranges et vraiment effroyables. Quand les Nantais arrivèrent, en avril 93, à Challans, ils virent cloué à une porte je ne sais quoi qui ressemblait à une grande chauve-souris; c'était un soldat républicain qui depuis plusieurs heures restait piqué là, dans une effroyable agonie, et qui ne pouvait mourir.

On a souvent discuté la triste question de savoir qui avait eu l'initiative de ces barbaries, et lequel des deux partis alla plus loin dans le crime. On a parlé, on parle insatiablement des noyades de Carrier; mais pourquoi parle-t-on moins des massacres de Charette? L'entente des *honnêtes gens* pour réveiller sans cesse certains souvenirs, étouffer les autres, est chose admirable. D'anciens officiers vendéens, rudes et féroces paysans, avouaient naguère à leur médecin, qui nous l'a redit, que jamais ils ne prirent un soldat (surtout de l'armée de Mayence) sans le faire périr, et dans les tortures, quand on en avait le temps. Quand on n'aurait pas ces aveux, la logique seule dirait que le plus cruel des deux partis était celui qui croyait venger Dieu, qui cherchait à égaler par l'infini des souffrances l'infini du crime. Les Républicains, en versant le sang, n'avaient pas une vue si haute. Ils voulaient supprimer l'ennemi, rien de plus; leurs fusillades, leurs noyades étaient des moyens d'abréger la mort, et non des sacrifices humains. Les Vendéens, au contraire, dans les puits, les fours comblés de soldats républicains, dans les hommes enterrés vifs, dans leurs horribles *chapelets*, croyaient faire une œuvre agréable à Dieu.

La terreur trop légitime que l'attente de ces barbares répandait dans Nantes respire dans les lettres, les Adresses suppliantes et désespérées que l'Administration nantaise envoie coup sur coup aux départements voisins. Le président du département écrivait au Morbihan : « Nos maux sont extrêmes. Demain, Nantes sera livrée au pillage. Une troupe immense de brigands nous enveloppe ; ils sont maîtres de la rivière. Tous les chemins sont fermés; aucun courrier n'arrive à nous. Nos subsistances sont pillées; la famine va nous saisir. Au nom de l'humanité, donnez-nous de vos nouvelles. Adieu, frères, cet adieu est peut-être le dernier. »

On peut dire que, ni avant ni après le 2 juin, ni les Girondins ni les Montagnards ne firent rien pour Nantes *. Six cents hommes furent envoyés, en avril, à une ville noyée d'un déluge de cent mille barbares! Le 13 juin, le Comité de Salut public proposa d'envoyer mille hommes qu'offrait la Ville de Paris. Ils n'y allèrent point, sauf quatre compagnies de canonniers parisiens. Nantes écrivait des Adresses furieuses à la Convention. Le 22, elle lui apporta son dernier appel et comme son testament de mort. L'Assemblée vota un secours de 500,000 francs et l'envoi de représentants qui devaient essayer de ramasser quelques forces dans les départements voisins. Les Nantais, indignés, s'écrièrent en quittant la barre : « Vous nous abandonnez..., eh bien, le torrent vous emportera ! »

La Convention, à vrai dire, croyait Nantes garantie par une armée. Le Comité de Salut public n'avait jamais osé lui dévoiler franchement l'horreur de la situation; à chaque mauvaise nouvelle, il amusait l'Assemblée de quelques mensonges. En annonçant la défaite du 24 mai, il dit qu'on allait envoyer une armée de soixante mille hommes ! L'Assemblée se rendormit. Au dernier appel de Nantes, au 22 juin, le Comité assura que le général Biron allait faire une diversion avec son armée de trente-cinq mille hommes. Or, la revue de cette armée, faite avec soin un mois après par deux envoyés montagnards, donna ce chiffre précis : neuf mille hommes, dont trois mille ne sont pas armés et trois mille sont des recrues qui arrivent et ne savent pas tenir un fusil. Biron, en réalité, n'avait que trois mille soldats. Cette misérable troupe était cachée dans Niort, plutôt que logée ; elle n'avait pas de pain en avance pour un jour. On comptait sur elle pour couvrir, non pas Nantes seulement, mais Paris ! On voulait que Biron, avec cette triste bande, traversât un quart de la France, passât sur le corps de la grande armée victorieuse des Vendéens, et vînt se poster à Tours pour couvrir la capitale !

Tout ceci ne tenait pas seulement à la désorganisation générale, mais très spécialement à l'anarchie du ministère de la Guerre. Il était, depuis le 4 avril, dans les mains du montagnard Bouchotte, patriote, mais très faible, et qui, par un effet naturel de la situation, était le jouet des Clubs. Nul ministre n'existait qu'à condition de leur obéir, et Bouchotte avait pour premiers commis les principaux meneurs des sociétés populaires. La défiance maladive de ces sociétés, légitimée, il est vrai, par d'innombrables trahisons, leur faisait demander sans cesse d'autres généraux et dicter de nouveaux choix.

Encore le Rhin et le Nord gardaient une espèce d'ordre. L'horreur du chaos, c'était la Vendée. Là, les généraux changeaient d'heure en heure. « On faisait généraux des hommes qui n'avaient jamais monté la garde. » Le vaudevilliste Ronsin devint général en trois jours. Bouchotte eut la faiblesse de le faire son adjoint, en sorte qu'il se faisait appeler général-ministre.

Robespierre et les Jacobins, maîtres du Comité de Salut public à partir du 13 juin (par Saint-Just, Couthon, Jean-Bon Saint-André), ne pouvaient-ils faire quelque chose pour la réforme du ministère de la Guerre, misérablement abandonné aux derniers des Cordeliers ? La difficulté était celle-ci : Robespierre, comme on l'a vu à la fin de juin, avait humilié, divisé les Cordeliers. Fortifié d'une partie des Cordeliers (Marat, Legendre, Hébert, Chaumette) qui se rattachèrent à lui en cette circonstance, il avait arraché Paris aux Cordeliers *enragés* (Roux, Leclerc, etc.). Ce grand résultat fut acheté par l'influence qu'on laissa prendre aux hébertistes au ministère de la Guerre, surtout pour l'affaire vendéenne.

Paris les vomit en Vendée ; Ronsin s'y gorgea à plaisir, paradant en voiture découverte devant le front de l'armée, avec des filles publiques, avec un monde d'épaulettes, de jeunes polissons à moustaches qui n'avaient jamais fait la guerre que dans les cafés de Paris.

Ces braves avaient une excuse pour ne pas voir l'ennemi. Leurs troupes n'étaient pas formées. Les *héros à 500 livres* que l'on avait engagés étaient généralement des ivrognes indisciplinables qui commandaient à leurs chefs et, colorant leurs frayeurs de défiances fausses ou vraies, criaient aux moindres rencontres : « On nous vend... Nous sommes trahis ! » La plupart restaient à Tours, s'obstinant à attendre les canons qu'on leur promettait de Paris, protestant que, sans canons, ils ne pouvaient faire un pas.

Mais si Nantes ne recevait point de secours, elle recevait du moins des conseils. Il lui en venait de tous côtés, des conseils impérieux, car tout le monde commandait. Toute autorité avait ses agents dans l'Ouest, et le ministre de la Guerre, et le ministre des Relations extérieures, et la Commune de Paris, non seulement la Commune, mais le département, mais les sections, mais les sociétés populaires. Ronsin y vint avec ses dix aides de camp, et l'effet fut tel dans Nantes, qu'on prit le parti de chasser indistinctement tous les agents du pouvoir exécutif et de leur fermer les portes. On alla jusqu'à leur dire qu'on les ferait arrêter.

Il est curieux de savoir ce que Ronsin et Santerre proposaient pour sauver Nantes. Santerre voulait qu'on fît venir six mille hommes de Dunkerque! Ronsin, douze mille hommes de Metz! Inventions admirables, dans un danger si pressant! J'aime mieux une autre idée de Rossignol et de Santerre : « Envoyez-nous un bon chimiste... Fourcroy, par exemple. Par des mines, des fumigations ou autres moyens, on pourrait détruire, endormir, asphyxier l'armée ennemie. »

§ II. — LA RÉSISTANCE DE NANTES LE FERBLANTIER MEURIS (JUIN 1793)

Nantes étant ainsi abandonnée, que pouvait-elle pour elle-même ?

Les gens du métier prononçaient qu'on ne pouvait la défendre. Et leur avis, malheureusement, ne semblait que trop fondé en raison.

Les motifs qu'ils faisaient valoir, c'était l'immensité du circuit d'une telle ville, l'absence de barrières naturelles au nord. Point de murs, point de fossés, seulement un vieux château qui couvre tout au plus la route de Paris.

Les motifs non avoués pour abandonner la défense, c'est qu'on croyait que le royalisme avait de fortes intelligences dans Nantes, qu'elle avait dans son sein une invisible Vendée.

Tout ce qui habitait les bas quartiers, le long de la Loire, les trois mille hommes du port, les quatre mille ouvriers de la corderie, des cotons, etc., beaucoup de petit commerce, tout cela était patriote. Les armateurs de corsaires l'étaient ou le paraissaient. Mais MM. les spéculateurs, MM. les négriers enrichis, qui regrettaient amèrement les bons temps de Saint-Domingue, ne pouvaient être bienveillants pour la République. La Noblesse avait émigré, et le Clergé se cachait; la queue de tout cela restait, remuait, inquiète, intrigante, livrant la ville jour par jour. Les Vendéens savaient mieux que les Nantais ce qui se passait à Nantes. Si les bords boisés de la Sèvre couvraient les approches hardies des éclaireurs de Charette, les longs jardins murés des hauts quartiers de Nantes, les ruelles infinies qui font des deux côtés de l'Erdre d'inextricables labyrinthes, ne couvraient pas moins bien, au sein de la ville, les sourdes pratiques du monde royaliste et dévot qui appelait l'ennemi. Des tours de Saint-Pierre, où l'on avait établi un observatoire, on distinguait avec des longues-vues les bonnes femmes de Nantes qui, sous mille prétextes, allaient, venaient de la ville aux brigands, des brigands à la ville, les renseignant parfaitement, portant et reportant leurs lettres, leur indiquant les lieux, les heures, les occasions où ils pourraient à leur aise massacrer les patriotes.

Nantes, sans murs ni remparts, vaguement répandue entre ses trois fleuves, pouvait assez bien se garder encore vers la Sèvre par ses ponts, sur la Loire par son château, mais infiniment peu sur l'Erdre. La jaune rivière des tourbières, par ces labyrinthes de jardins murés qui couvrent ses bords, par ces sinistres ruelles de vieux couvents abandonnés, de maisons nobles, devenues biens nationaux, et sans habitants, donnait un trop facile accès aux loups, aux renards, qui, de nuit, venaient de près flairer la ville.

Nantes ne manquait pas de chefs militaires. La population aimait beaucoup le général des dragons Rouges de Bretagne, l'ex-chirurgien Beysser. C'était un Alsacien très brave, buveur et rieur, l'un des beaux hommes de France. Il avait fait la guerre aux Indes. Il avait une confiance incroyable, qui souvent le faisait battre. Il chansonnait l'ennemi, et fit des chansons jusque sous la guillotine. Inconséquent et léger, il n'était pas au niveau d'une affaire aussi grave que la défense de Nantes.

Un homme fort aimé aussi était le girondin Coustard, créole intrépide qui se fit Nantais, et représenta Nantes à la Convention. Nous l'avons vu héroïque à la bataille de Saumur. Lui, il voulait défendre Nantes, ou bien y périr. Sans nul doute, il avait senti que Nantes abandonnée serait l'opprobre éternel du parti girondin, la confirmation de tout ce qu'on disait de ses liaisons avec la Vendée. Nantes sauvée, au contraire, la Gironde était sauvée, du moins dans l'Histoire.

Le maire de Nantes, Baco, autre Girondin, ex-procureur du Roi, était un homme de robe fait pour les choses d'épée. Il voulait, le 13 mars, que, par toutes ses issues, Nantes sortît en armes et tombât sur l'ennemi. C'était un homme sanguin, violent, impérieux, aristocrate de caractère, républicain de principes. Il plaisait au peuple par sa vigueur, par une sorte d'emphase héroïque qu'il avait dans le commandement, par sa blanche crinière de lion qu'il secouait orgueilleusement. On l'appelait le *roi Baco*. Personne n'a eu plus d'aventures. Maire de Nantes, il sauva la ville, brava insolemment la Convention, qui faillit le guillotiner. Commissaire à l'Ile-de-France, directeur de l'Opéra, à Paris, définitivement il alla mourir à la Guadeloupe.

Les beaux registres de Nantes, admirablement conservés, restent à la gloire de cette vigoureuse dictature. On peut y voir la prévoyance universelle, l'activité infatigable, la forte décision, par lesquelles une seule ville intimida tout un monde. Ce gouvernement girondin fit précisément ce que les Montagnards auraient fait. Il convainquit les Vendéens qu'on ne mollirait jamais devant eux. Le 21 mars, on en eut la preuve. Le jury, qui venait de condamner des insurgés, fit savoir à l'Administration que, si l'on exécutait, l'ennemi mettrait à mort cent soixante patriotes qu'il avait entre les mains : l'Administration donna ordre d'exécuter sur-le-champ.

Avec tout cela, la résistance aurait été fort douteuse, si elle n'avait pris un caractère entièrement populaire, si la question ne se fût posée dans ses véritables termes entre le Nantais et le Vendéen, l'ouvrier et le paysan, les souliers et les sabots.

Si la défense eût été toute militaire, Nantes était perdue. Si elle eût été bourgeoise seulement et par la Garde nationale où dominaient les marchands, négociants, gens aisés, etc., Nantes était perdue. Il fallait que *les bras nus*, les hommes rudes, les travailleurs, prissent violemment parti contre les brigands, et devinssent une avant-garde. Les bourgeois ne manqueraient pas d'agir également par émulation. C'est précisément ce qui arriva et ce qui sauva la ville.

Le 15 mars, le lendemain de ces terribles nouvelles d'assassinats, de massacres, d'hommes enterrés vifs, il y avait une grande panique. Les femmes, dans une sorte d'agonie de peur et de défaillance, s'accrochaient à leurs maris et les retenaient. Baco et les magistrats firent une chose insolite : ils parcoururent la ville à pied, s'arrêtant, se mêlant aux groupes, demandant à chacun ce qu'il fallait faire.

Il y avait dans la Haute-Grand'Rue, tout près de Saint-Pierre, un ouvrier en boutique, ferblantier de son état, qui avait grande influence dans le quartier. Meuris, c'était son nom, était un homme marié de trente-trois ans et qui avait des enfants ; il n'en était pas moins ardent et propre aux armes. Cet homme devint le centre de la défense populaire.

Le maire voulait qu'on sortît, qu'on fondît sur les Vendéens, qu'une force armée courût le département avec une Cour martiale. Mais le commandant Wieland, bon officier suisse, méthodique et prudent, voulait qu'on ne sortît pas, qu'on se gardât seulement. C'était un moyen sûr de mourir de faim, d'être vaincu sans combat. Meuris se chargea d'organiser cette force armée qui devait courir le département. Mission vraiment hasardeuse, quand on songe au soulèvement universel des campagnes.

Cet audacieux Meuris mérite bien d'être un peu connu. Il n'était pas de Nantes. C'était un Wallon des Pays-Bas*, de cette race très particulière dont les Liégeois sont une tribu, et qui a fourni peut-être les plus fougueux soldats de l'Europe. Dans ce nombre innombrable de braves qui ont rempli les armées de la Révolution, quelques Liégeois ont marqué par une bravoure emportée, furieuse, et qu'on pourrait dire frénétique, absolument les mêmes qu'en 1468, lorsque trois cents Liégeois entrèrent dans un camp de quarante mille hommes pour tuer Charles-le-Téméraire.

Meuris avait été élevé à Tournai, ville wallonne et plus que française au milieu des Flandres, sorte de petite république, et il y avait pris de bonne heure l'esprit républicain. Comme beaucoup de dinandiers, de ferblantiers et de batteurs de fer de toute sorte, qui font volontiers leur tour de France, et s'y établissent parfois, Meuris vint jusqu'à Nantes, s'y maria, s'y fixa.

La vieille petite Tournai, qui se disait la ville de Clovis, la mère de Gand et de toute la Belgique, était l'orgueil et la guerre même. Française au sein des Pays-Bas, en vive opposition avec la lourde population flamande qui l'environne, elle a toujours exagéré les qualités françaises. Nos rois, charmés d'avoir en elle une France hors de la France, lui conservèrent des privilèges illimités. Ce petit peuple d'avant-garde, très ardent, très inquiet, qu'on croirait méridional, a vécu de siècle en siècle l'épée à la main, toujours en révolution quand il n'était pas en guerre. Un Tite-Live de Tournai a écrit en cent volumes ses révolutions, bien autres que celles de Rome. Mais l'Histoire n'est pas finie.

J'ai cité ailleurs les chansons guerrières de Tournai contre les Flamands *. La marche de Nantes et de Vendée n'a pas été moins féconde en chansons bonnes ou mauvaises. Si les gens de Charette dansaient, les mariniers de la Loire se vengeaient en chants satiriques, et parfois rapportaient dans Nantes, au bout de leurs baïonnettes, les jupes des Vendéennes.

Pour cette population gaillarde d'ouvriers, de mariniers, Meuris fut un centre électrique. A la bravoure résistante du vaillant pays de Cambronne, il ajouta la fougue, l'élan, l'étincelle. Il appartenait au Club de Vincent-la-Montagne, que venaient de fonder d'ardents patriotes, Chaux, Goullain et Bachelier.

Nous verrons les services immenses que ces hommes tant calomniés ont rendus à leur pays. Leurs lettres que j'ai sous les yeux, chaleureuses et frémissantes d'un fanatisme sublime, étonnent dans la froide vieillesse où la France est parvenue. L'église de Saint-Vincent, achetée par Chaux pour la société, devint une vraie église où vinrent jurer les martyrs; et ils ont tenu parole sur les champs de la Vendée.

Ce Club de Vincent-la-Montagne, peu nombreux au milieu d'une population essentiellement girondine, eut pourtant assez de force pour la maintenir ou la ramener dans l'orthodoxie révolutionnaire. L'Administration de Nantes, par deux fois, se laissa aller à adhérer aux Adresses bretonnes contre la Convention, mais se rétracta par deux fois. L'énergie du Club Vincent soutint Nantes dans la foi de l'*unité*.

L'Administration, qui en mars avait créé les bataillons Meuris, si utiles à la défense, voulait les dissoudre en juin, ou du moins les épurer, en faire sortir les Montagnards. Y trouvant difficulté, elle leur suscita une troupe rivale. Le 11 juin, entrèrent dans le Conseil général de jeunes Nantais, clercs ou commis, commerçants, fils de famille, qui demandaient à former un corps spécial. Ces jeunes bourgeois (dont plusieurs marquaient comme duellistes) ne voulaient pas se confondre dans les corps déjà formés. Ils s'intitulèrent eux-mêmes *légion nantaise*, nom jusque-là commun à toute la Garde nationale. L'Administration les accueillit avec tant de faveur, qu'elle leur donna une solde, dont ils n'avaient guère besoin. Justes sujets de jalousie pour les bataillons Meuris, qui déjà avaient fait leurs preuves dans un service dangereux, et méritaient tout autant de s'appeler *légion nantaise*.

La nouvelle grave et terrible de la bataille de Saumur, de l'évacuation d'Angers, la marche des Vendéens vers l'Ouest, firent taire ces rivalités. Les Montagnards furent admirables. Goullain, au nom du Club de Saint-Vincent, proposa au Club girondin et aux corps administratifs de se réunir tous à Saint-Pierre, dans la cathédrale, pour aviser au salut public et fraterniser. On convint que, tous ensemble, Montagnards et Girondins, s'inviteraient dans l'église, et, se prenant par le bras, iraient ensuite les uns chez les autres prendre le dîner de famille, et de là, toujours ensemble, travailleraient aux fortifications. Cette *proposition* excita une joie universelle. Toute la nuit, les membres des deux Clubs allèrent de poste en poste annoncer cette grande communion révolutionnaire. Elle eut lieu le lendemain ; tous y puisèrent une incroyable force et jurèrent de sauver la France (15 juin 93).

§ III. — COMBAT DE MEURIS A NORT LA DÉLIVRANCE DE NANTES (27-29 JUIN 93)

La sommation des Vendéens, apportée le 22 juin, demandait qu'on livrât la place et les deux représentants du peuple qui s'y trouvaient, promettant de garantir les personnes et les propriétés. C'était promettre plus qu'on n'eût pu tenir. Rien n'aurait arrêté la haine des paysans, ni la fureur du pillage. De trente lieues à la ronde, il venait des gens tout exprès pour piller Nantes. Naguère encore (1852), une vieille femme me disait : « Oh! oui, j'y étais, au siège ; ma sœur et moi, nous avions apporté nos sacs. Nous comptions bien qu'on entrerait tout au moins jusqu'à la rue de la Casserie. » C'était celle des orfèvres. Quiconque voit, les jours de marché, la naïve admiration des paysans plantés devant les boutiques d'orfèvres, leur fixe contemplation, tenace et silencieuse, comprend à merveille pourquoi une si grande foule grossissait l'armée vendéenne et venait fêter la Saint-Pierre à la cathédrale de Nantes (dimanche, 29 juin 93).

Combien, en réalité, pouvaient être les Vendéens? A Ancenis, d'Elbée fit préparer du pain et des logements pour quarante mille hommes. Mais ce nombre put s'accroître d'Ancenis à Nantes, par l'affluence des hommes de l'intérieur ou des côtes. Il faut y ajouter enfin l'armée de Charette, qui avait au moins dix mille hommes. Le tout pouvait s'évaluer à cinquante ou soixante mille hommes [*].

Bonchamp, avec ses Bretons, devait attaquer par la route de Paris et par le château. La division des Poitevins, sous Stofflet et Talmont, venait par la route de Vannes. La troisième, la plus forte, l'armée d'Anjou, suivait la route centrale, celle de Rennes, sous Cathelineau. Sous d'Autichamp, quatre mille hommes remontaient la rivière d'Erdre, pour passer à Nort et rejoindre l'armée d'Anjou. Quant à Charette, on le laissa de l'autre côté de la Loire, du côté où Nantes est le moins prenable. On se contenta de son assistance lointaine, de sa canonnade. La grande armée, maîtresse de la Loire, aurait pu certainement amener des barques et le faire passer.

Toutes les routes étant prises ainsi, les vivres devenaient rares dans Nantes et d'une cherté excessive. Tout le peuple était dans la rue ; l'Administration, très inquiète. Par deux fois, elle défendit aux sections de se réunir et de rester en permanence.

La responsabilité était grande pour les représentants du peuple Merlin et Gillet. Merlin de Douai, le célèbre jurisconsulte, esprit vif et fin, caractère équivoque et timide, n'était nullement l'homme qui pouvait prendre une initiative héroïque dans cette grande circonstance. Il n'était d'ailleurs nullement soutenu du Centre. Nantes semblait plus isolée de Paris que de l'Amérique.

Merlin, pendant tout le mois, eut beau écrire lettre sur lettre, il n'obtint pas une ligne du Comité de Salut public. Le 28, il reçut un mot, absolument inutile à la défense de Nantes.

Il avait eu le bon esprit de retenir pour commander un excellent officier, l'ex-marquis de Canclaux, général destitué, esprit froid et ferme, connu par de bons ouvrages sur la tactique militaire. Son avis, toutefois, conforme à celui du commandant de l'artillerie et du château, était qu'on ne pouvait défendre la ville. Canclaux, arrivé à l'âge de cinquante-quatre ans, avec une bonne réputation militaire, se souciait peu de la compromettre.

Canclaux ne croyait guère qu'aux troupes de ligne, et il n'en voyait que cinq bataillons de cinq régiments différents. C'est tout ce qu'on avait pu tirer des côtes, qu'on n'osait trop dégarnir. Il ne savait que penser de tout le reste, simples Gardes nationaux de Nantes ou des départements, qui, touchés de son péril, lui avaient envoyé quelques bataillons. Les Côtes-du-Nord avaient envoyé les premières, puis Ille-et-Vilaine, Mayenne et Maine-et-Loire, Orne et Seine-Inférieure, Seine-et-Marne et Seine-et-Oise, enfin la Charente. Chose admirable, le Bas-Rhin, si exposé et si loin, envoya aussi ! mais n'arriva pas à temps. Dans ces Gardes nationales, ce que Canclaux avait de meilleur sans comparaison, c'étaient les quatre compagnies des canonniers de Paris.

Tout cela ensemble faisait une force peu considérable, en tout dix ou onze mille hommes, nombre bien petit pour garder l'immense étendue de Nantes.

Quand la sommation arriva, le commandant de l'artillerie déclarant qu'il ne répondait nullement de défendre la ville :

« Eh bien ! moi, dit le maire, je la défendrai !

— Et moi aussi ! dit Beysser. Honte aux lâches ! »

Ce mot ramena les autres. On se rangea à l'avis de Baco.

La situation où les deux partis se trouvaient dans Nantes ne contribua pas peu à faire prendre cette grande initiative au maire girondin et aux généraux du parti Beysser et Coustard. Les Montagnards voulaient la défense ; et Meuris, envoyé avec son bataillon au poste lointain et dangereux de Nort, avait juré de tenir ou de se faire tailler en pièces ; et, en effet, le bataillon périt.

En présence de cette rivalité héroïque des deux partis, Merlin ne pouvait pas aisément abandonner la ville. Il la déclara en état de siège, soumettant tout à l'autorité militaire, à son général Canclaux, et se réservant ainsi d'évacuer Nantes, si tel était décidément l'avis des hommes du métier.

Dans le *rapport* qu'il a fait après la victoire, Canclaux dit qu'à l'approche de l'armée vendéenne, se voyant si faible, il sentit qu'il ne pouvait livrer la bataille *et qu'il se rapprocha de Nantes*. La municipalité affirme que, s'il s'en rapprocha, ce n'était pas pour y entrer, mais bien pour reculer vers Rennes, *les représentants du peuple ayant décidé que Nantes serait abandonnée*.

La grande armée vendéenne environnait déjà

la ville. C'était le 28 au soir. On voyait sur les collines et dans les prairies de grands feux qui s'allumaient. Des fusées d'artifice qui montaient au ciel étaient les signaux que, de la rive droite, l'armée faisait à Charette qui était sur la rive gauche. Les assiégeants arrivaient très confusément, s'appelaient par de grands cris pour se réunir par paroisses; ayant encore peu de tambours, ils y suppléaient en hurlant dans des cornes de bœuf. Ces sons barbares et sinistres, qui semblaient moins des voix d'hommes que de bêtes, remplissaient tout de terreur; on disait dans les rues de Nantes :

« Voilà les brigands ! »

Le peuple était fort ému, frémissant à la fois de crainte et de courage; plus on craignait, plus on sentait qu'il fallait combattre à mort. Malheureusement, les soldats de Ligne (qui pourtant se battirent très bien) goûtaient fort l'avis de leurs chefs qui étaient pour la retraite. On en jugera par ce fait : Un Nantais (M. Joly) rentrant en ville avec du blé, les soldats veulent le lui prendre. « Pourquoi me prenez-vous mon blé, quand vous ne manquez pas de pain ? — C'est, disent-ils, pour que les Nantais, n'ayant pas de vivres, n'essayent pas de se défendre [*]. »

L'évacuation commençait. Les canons, les caisses d'argent, les voitures du général, du représentant, tout était prêt au départ. Un événement populaire changea la face des choses.

Un bateau ramena par l'Erdre ce qui restait du glorieux, de l'infortuné bataillon Meuris, une trentaine d'hommes sur cinq cents. Le bataillon avait tenu son serment. Il s'ensevelit à Nort, pour donner huit heures de délai à la ville de Nantes. L'attaque, ainsi retardée, manqua, Nantes fut sauvée. Disons mieux, la France le fut. « Son salut, dit Napoléon, tenait au salut de Nantes. »

Lorsque la France se souviendra d'elle-même, deux colonnes, l'une à Nort, l'autre à Nantes, rappelleront ce que nous devons à l'immortel bataillon et au ferblantier Meuris.

Il faut dire que le bataillon avait trouvé dans Nort même, cette toute petite bourgade, une admirable Garde nationale. Nort, la sentinelle de Nantes, parmi les tourbières de l'Erdre, était constamment aux mains. Rien n'était plus patriote. Émigrée une fois tout entière devant l'ennemi, elle s'était reconquise elle-même. Nantes lui avait, à cette occasion, voté un secours d'honneur, de reconnaissance. Les hommes du Club Vincent, Chaux surtout, dont se retrouve partout la main dans les grandes choses, avait formé, choyé cette vaillante avant-garde de la capitale de l'Ouest.

Nort n'a ni mur ni fossé, sauf l'Erdre qui passe devant, et elle tint tout une nuit. A la vivacité du feu, les Vendéens ne soupçonnèrent pas *le petit nombre de ses défenseurs. Au petit jour, une femme de Nort* fit semblant de poursuivre une poule, passa la rivière à gué, montra le gué aux Vendéens. Cette femme a vécu jusqu'en 1820, en exécration dans tout le pays.

Les cavaliers vendéens, prenant chacun en croupe un Breton (ces Bretons étaient d'excellents tireurs), passèrent et se trouvèrent alors front à front avec Meuris.

Meuris, entre autres vaillants hommes, avait avec lui deux capitaines qui méritent bien qu'on en parle. L'un était un très beau jeune homme, aimé des hommes, adoré des femmes, un Nantais de race d'Irlande, le maître d'armes O'Sullivan, tête prodigieusement exaltée, noblement folle*, à l'irlandaise ; c'était une lame étonnante, d'une dextérité terrible, dont tout coup donnait la mort. L'autre, non moins brave, était un nommé Foucauld, véritable dogue de combat, dont on a trop légèrement accusé la férocité ; eût-il mérité ce reproche, ce qu'il a fait pour la France dans cette nuit mémorable a tout effacé dans nos souvenirs.

Ces hommes obstinés, acharnés, disputèrent tout le terrain pied à pied, à la baïonnette ; puis, quand ils eurent perdu Nort, ils continuèrent de se battre sur une hauteur voisine, jusqu'à ce qu'ils fussent tous par terre entassés en un monceau. L'Irlandais, percé de coups, dit à Meuris : « Pars ! laisse-moi, et va dire aux Nantais d'en faire autant ! »

Meuris empoigna le drapeau. Il ne voulait plus

que trente hommes autour de lui. Ils reviennent ainsi à Nantes, couverts de sang. Qu'on juge de l'impression quand on vit ces revenants, quand on apprit qu'un bataillon avait arrêté une armée, quand on demanda où il était, ce corps intrépide, et qu'on sut qu'il était resté pour garder éternellement le poste où le mit la Patrie.

Les trente étaient encore si furieux du combat, qu'ils ne sentaient pas leurs blessures. Foucauld était effroyable par un coup bizarre qui lui abattit la peau de la face; le dur Breton, sans s'étonner, avait ramassé son visage, et, en allant à l'hôpital, il criait de toutes ses forces : « Vive la République! »

Le peuple grandit en ce moment d'une manière extraordinaire. Il parla avec autorité à ses magistrats. Il fit revenir Merlin, qui était déjà parti. On le retint chez Coustard, qui enfin lui fit entendre raison. Du reste, on avait coupé les traits des chevaux et dételé les voitures. Merlin, le jurisconsulte, fut forcé d'être un héros.

Si Meuris n'avait tenu huit heures à Nort, Autichamp et ses Vendéens seraient arrivés le soir, et le combat eût commencé, comme il était dit, à deux heures de nuit, un moment avant le jour. Il ne commença que fort tard, à dix heures, en pleine et chaude matinée. Charette avait tiré à deux heures, et se morfondait dans l'attente, ne sachant comment expliquer le silence de la grande armée.

Il lui manquait ce corps d'élite, ces tireurs bretons retardés à Nort, quatre mille hommes qui, faute de barques, durent sans doute venir à pied. Ce corps venu et reposé, l'attaque commença vivement par les routes de Paris, de Vannes, et au centre par celle de Rennes.

Beysser, voyant bien que Charette ne ferait rien de sérieux, prit des forces au pont coupé qui se gardait de lui-même, les porta sur la route de Paris, chargea Bonchamp avec une fureur extraordinaire et le repoussa.

Au centre, sur la route de Rennes, où était l'affaire la plus chaude*, Cathelineau eut deux chevaux tués sous lui, sans pouvoir forcer le passage. L'artillerie républicaine, servie admirablement par les canonniers de Paris, arrêtait les Vendéens. Là se tenait, froid et paisible, Canclaux, observant le combat. Là, Baco, le vaillant maire, remarquable par sa forte tête couverte d'épais cheveux blancs, dans sa juvénile ardeur, encourageait tout le monde, jusqu'à ce qu'une balle le forçât de quitter la place. On le mit dans un tombereau. Mais lui, souriant toujours, criait : « Ne voyez-vous pas? c'est le char de la Victoire. »

Les Vendéens étaient parfaitement instruits de l'état intérieur de la place, de la rivalité, des défiances mutuelles des Montagnards et des Girondins. Ils employèrent une ruse de sauvages, qui témoigne également de leur perfidie et de leur dévouement fanatique. Trois paysans, l'air effrayé, viennent se jeter aux avant-postes, se font prendre. Des grenadiers d'un bataillon de Maine-et-Loire leur demandent comment vont les affaires des Vendéens. « Elles iraient mal, disent simplement ces bonnes gens, si nous n'avions pour nous un représentant du peuple qui est depuis longtemps à Nantes et nous fait passer des cartouches. — Comment se nomme-t-il ? — Coustard*. »

Cette accusation, jetée en pleine bataille, était infiniment propre à diviser les assiégés, à susciter des querelles entre eux, qui sait? peut-être à les mettre aux prises les uns contre les autres.

Cathelineau, selon toute apparence, n'avait attaqué de front la route de Rennes que pour occuper la meilleure partie des forces nantaises. Pendant que cette attaque continuait, le chef rusé, qui connaissait à merveille les ruelles de Nantes, les moindres passages, prit avec lui ses braves, sa légion personnelle, ses voisins du Pin-en-Mauges; il se glissa entre les jardins, et il arriva ainsi au coin de la place Viarme. Avant qu'il fût sorti encore de la rue du cimetière pour déboucher dans la place, un savetier, qui se tenait à sa mansarde (du n° 1), vit l'homme au panache blanc avec l'état-major brigand, appuya tranquillement son fusil sur la fenêtre, tira juste... L'homme tomba.

La Vendée, frappée du coup, n'alla pas plus loin. Ils l'avaient crue invulnérable; ils furent tous blessés à l'âme, si profondément blessés, qu'ils ne s'en sont jamais relevés.

Au moment même où il tomba, ils commencèrent à réfléchir. Ils n'avaient réfléchi jamais.

Ils commencèrent à avoir faim, et à remarquer que le pain manquait.

Ils s'aperçurent aussi qu'un canon était démonté, et qu'il était tard pour refaire la batterie.

Ils apprirent que Westermann, l'étourdi, l'audacieux, avait percé au fond de la Vendée; qu'il allait prendre Châtillon, pendant qu'ils ne prenaient pas Nantes.

Extraordinairement refroidis par ces graves réflexions, ils se mirent, de côté et d'autre, à faire leurs arrangements et replier leurs bagages. En avançant dans la journée, et le soir, il se trouva que tous étaient prêts à partir. Leurs généraux, qui le voyaient, se hâtèrent d'en donner l'ordre, de peur qu'ils ne s'en passassent.

Pour célébrer leur départ, et de crainte de quelque surprise, Nantes illumina le soir et toute la nuit. Chacun mangea sous les armes; on dressa des tables tout le long du quai magnifique, par-devant la grande Loire, sur une ligne d'une lieue. Debout, Gardes nationaux et soldats, Nantais, Parisiens, Français de tout département, prirent ensemble le repas civique, buvant à la République, à la France, à la fin de la guerre civile, à la mort de la Vendée.

Charette, qui, par-dessus les prairies, voyait

l'illumination, et Nantes resplendissante de cette fête nationale, voulut avoir la sienne aussi. Il s'ennuyait là depuis vingt-quatre heures; la grande armée était partie sans songer seulement à l'avertir. Il dédommagea la sienne en lui donnant les violons. Après avoir quelque peu canonné encore, jusqu'au soir du lendemain, pour montrer que même seul il n'avait pas peur, le soir il ouvrit le bal. Selon l'usage consacré de nos pères, qui ne manquaient jamais de danser dans la tranchée, les joyeux bandits de Charette firent des rondes, et, pour dire à Nantes le bonsoir de cette noce, tirèrent quatre coups de canon.

Ce jour fut grand pour la France. Il établit solidement le divorce des Vendées.

La mort de Cathelineau y contribua. On fit d'Elbée général, sans daigner consulter Charette (14 juillet).

« Cet homme-là, dit naïvement un historien royaliste, portait avec lui une source intarissable de bénédictions qui disparut avec lui. » Rien de plus vrai. Cathelineau avait en lui, sans nul doute, les bénédictions de la guerre civile. Pourquoi? C'est que, dans la contre-révolution, il représentait encore la Révolution et la démocratie.

Ce qu'il était en lui-même, on le sait peu. On ne peut dire jusqu'où et comment les fourbes qui menaient l'affaire abusaient de son ignorance héroïque. Ce qui est sûr et constaté, c'est qu'en lui furent les deux forces populaires de la Vendée, et qu'elles disparurent avec lui : la *force de l'élection*, la *force de la tribu*.

Élu du peuple, élu de Dieu, tel il apparaissait à tous. Lui vivant, nous le croyons, la sotte aristocratie du Conseil supérieur n'eût pas osé toucher à l'élection populaire. Lui mort, elle la supprime, déclarant que les Conseils des localités élus par le peuple *sont incompatibles avec le gouvernement monarchique*. et décidant qu'ils seront désormais nommés... par qui? par elle-même, par le Conseil supérieur, une douzaine de nobles et d'abbés !

Ce n'est pas tout. L'insurrection avait commencé par paroisses, par familles et parentés, par tribus. Cathelineau lui-même était moins un individu qu'une tribu, celle des hommes du Pin-en-Mauges. En toute grande circonstance, elle était autour de lui, et elle l'entourait encore quand il reçut le coup mortel. Cette guerre par tribus et paroisses, où chacun se connaissait, se surveillait, pouvait redire à la maison les faits et gestes du combattant d'à côté, elle donnait une extrême consistance à l'insurrection. Or, c'est justement ce que les sages gouverneurs de la Vendée suppriment à la mort de Cathelineau. Dans leur règlement idiot du 27 juillet 93, ils défendent (article 17) *de classer dans une même compagnie les cultivateurs d'une même ferme ou les habitants d'une même maison.*

Ils ignoraient parfaitement le côté fort et profond de la guerre qu'ils conduisaient. Ils ne pouvaient pas sentir l'originalité vendéenne, *cette fermeté*, par exemple, *dans la parole donnée qui tenait lieu de discipline* (dit le général Turreau). Tout homme allait, de temps à autre, voir sa femme, et revenait exactement au jour qu'il avait promis. L'abbé Bernier traitait ces absences de désertions, ne voyant pas que la Vendée devait finir le jour où elle ne serait plus spontanée; il proposait d'instituer des peines dégradantes pour qui s'absentait, le fouet et les étrivières! Admirable moyen de convertir la Vendée et de la refaire patriote.

LIVRE XII

CHAPITRE PREMIER

EFFORTS DE PACIFICATION
MISSIONS DES DANTONISTES, MISSIONS DE LINDET

(JUIN-JUILLET 93)

Comment Danton et Robespierre jugeaient la situation. — Missions des Dantonistes. — Missions de Lindet.

ON a vu dans ce qui précède, et l'on verra mieux encore, que les deux hommes dont l'opposition fut le nœud même de la Révolution, Danton et Robespierre, eurent sur l'affaire girondine deux opinions diverses, mais nullement contradictoires, toutes deux judicieuses, et que l'événement justifia.

Robespierre crut avec raison qu'il ne fallait point de faiblesse ni de compromis, *que, le 2 juin étant fait, l'Assemblée devait le maintenir;* qu'elle ne devait point traiter avec les départements, qu'elle devait ne leur demander rien que leur soumission. Il soutint fermement cette thèse, en présence du danger épouvantable de la guerre civile, compliquant la guerre étrangère. Contre le sentiment public, presque seul il résista; il sauva l'autorité, en qui seule était le salut. Il l'empêcha de se dissoudre et de s'abandonner elle-même, et fut dans ces grandes circonstances le ferme gardien, le Terme, le fixe génie de la République.

Danton crut avec raison, par l'instinct de son cœur et de son génie, *à l'unité réelle de la France républicaine*, quand le monde croyait la voir irrémédiablement divisée, brisée d'un éternel divorce. Il laissa dire que les Girondins étaient royalistes, mais il vit parfaitement qu'en très grande majorité ils étaient républicains, et agit en conséquence. Et il eut le bonheur de les voir, en moins de trois mois, presque tous ralliés à la Convention.

Les violences, les fureurs, les folies des Girondins ne lui imposèrent pas. Il ne fit nulle attention à toutes leurs grandes menaces. Il crut qu'en réalité, ils ne feraient rien, rien du moins de décisif contre *l'unité*. Au total, il eut raison.

Nantes, qui menaçait la Convention, ne frappa que la Vendée. Bordeaux, avertie heureusement par l'insolence des royalistes, qui déjà vexaient les Girondins, Bordeaux revint à la Montagne. Pour Marseille, le général Doppet, montagnard et jacobin, affirme que la grande majorité de Marseille était dévouée à la République, qu'elle n'était qu'égarée, qu'on lui avait fait croire *que la Montagne voulait faire roi Orléans, et que les troupes montagnardes portaient la cocarde blanche.* « Les Marseillais, dit-il, furent bien surpris de voir que mes soldats portaient toujours, comme eux, la cocarde tricolore. »

Le seul point où l'on pût douter, c'était Lyon, Lyon qui venait de verser par torrents le sang montagnard. Toute une armée royaliste, prêtres et nobles, était dans Lyon, et avec tout cela, le Lyon commerçant resta si bien girondin, qu'il proscrivit jusqu'au dernier jour du siège les insignes royalistes, et chanta le chant girondin : *Mourir pour la patrie,* sous les mitraillades de Collot d'Herbois.

Sauf Lyon, où Danton voulait une répression forte et rapide, il désirait qu'on n'employât contre la France girondine que des moyens de pacification.

Voilà le point de vue général sous lequel ces deux grands hommes envisagèrent la situation. Robespierre voulut le maintien de l'autorité, et il réussit. Danton voulut la réconciliation de la

France, et, comme on va le voir, il y contribua puissamment par lui et par ses amis.

Ils étaient les deux pôles électriques de la Révolution, positif et négatif; ils en constituaient l'équilibre.

Qu'ils aient été chacun trop loin dans l'action qui leur était propre, cela est incontestable. Je m'explique. Dans sa haine du mal et du crime, Robespierre alla jusqu'à tuer ses ennemis, qu'il crut ceux du bien public.

Et Danton, dans l'indulgence, dans l'impuissance de haïr qui était en lui, voulant sauver tout le monde *(s'il eût pu, Robespierre même;* ce mot fort est de Garat), Danton eût amnistié non seulement ses ennemis, mais peut-être ceux de la Liberté. Il n'était pas assez pur pour haïr le mal.

Dès le lendemain du 2 juin, Danton avait fait envoyer dans le Calvados un agent très fin, Desforgues, avec un quart de million. Il ne croyait pas les Normands invincibles aux assignats.

Il y envoya peu après, comme militaire, avec les forces de la Convention, un intrigant héroïque qu'il aimait beaucoup, Brune (de Brives-la-Gaillarde), légiste, officier, ouvrier imprimeur, prosateur et poète badin, qui venait de publier un voyage en partie rimé (moitié Sterne, moitié Bachaumont). C'était un homme de taille magnifique, de la figure la plus martiale, la plus séduisante. On connaît sa destinée, ses victoires, sa disgrâce sous l'Empereur, sa triste mort à Avignon (1815).

Cet homme si guerrier fut mis par Danton dans les troupes envoyées en Normandie, non pour combattre, au contraire, pour empêcher qu'on se battît.

Ce furent des moyens analogues qui réussirent à Lindet, dans sa pacification de la Normandie.

Ce qui la rend très remarquable, c'est que Lindet n'était nullement *indulgent* comme Danton et les dantonistes. Il savait haïr et haïssait spécialement les Girondins de la Convention, moins Roland, qu'il estimait comme un grand et honnête travailleur, et le candide Fauchet, qu'en sa qualité d'homme d'affaires, il regardait sans doute comme un simple ou comme un fou.

Lindet était, comme Roland, un terrible travailleur : jusqu'à près de quatre-vingts ans, il écrivait quinze heures par jour. Matinal, ardent, exact, serré, propre dans sa mise, âpre d'esprit, de paroles, amer, mais si sage pourtant qu'il dominait ce caractère. Il tenait beaucoup, en bien et en mal, de l'ancien parlementaire, mais avec une originalité spéciale de grand légiste normand, de ces Normands d'autrefois qui gouvernèrent au moyen âge les Conseils, les Parlements, la Chancellerie, l'Échiquier de Normandie, de France et d'Angleterre.

Lindet était cruellement haï des Girondins,

moins pour sa *proposition du Tribunal révolutionnaire*, moins pour ses discours haineux (il montait peu à la tribune), que pour son opposition persévérante dans les Comités, pour son attitude critique, ironique, dans la Convention, pour sa bouche amèrement sarcastique et voltairienne, qui, même sans rien dire, déconcertait parfois leurs plus hardis discoureurs.

Il se trouvait, au 2 juin, que Brissot, dans une brochure, venait d'attaquer Lindet avec une extrême violence, accusant *son air hyène*, son amour du sang. Ce fut justement cette attaque qui permit à Lindet d'être *modéré*. Cette brochure, à laquelle il répondit avec amertume, ce précieux brevet d'*hyène* que lui décernait la Gironde, le couvraient parfaitement et lui permettaient de faire des choses sages et humaines que personne n'eût pu hasarder.

Personne n'eût pu essayer de sauver Lyon, comme il tenta de le faire, ni dire pour elle les paroles qu'il prononça à la Convention. Notez qu'il avait singulièrement à se plaindre des Lyonnais, qui l'avaient tenu comme prisonnier.

Mais la gloire de Robert Lindet, comme homme et homme d'affaires, c'est la prudence extraordinaire par laquelle il sauva la Normandie.

Il connaissait parfaitement ses compatriotes, savait que c'est un peuple essentiellement gouvernemental, attaché à l'ordre établi, ami du Centre, pourvu que Paris achète ses beurres et ses œufs. Évreux était mauvais, mais l'Eure, en général, très bon. On n'avait pu l'égarer qu'en lui faisant croire que l'Assemblée était prisonnière et qu'il fallait la délivrer.

Lindet fit d'abord donner par la Convention un délai aux Normands pour se rétracter ; puis décréter une levée de deux bataillons d'hommes sans uniformes *pour aller observer Évreux et fraterniser avec nos frères de Normandie.* Ce ne fut pas sans peine qu'on trouva cette petite force. Lindet fut obligé de presser la levée lui-même de section en section. Le chef fut le colonel Hambert, brave et digne homme, d'un caractère doux. Danton y mit pour adjudant général Brune, dont il savait la dextérité.

Nous avons dit comment les Girondins réfugiés à Caen, brisés de leur naufrage, et ne songeant qu'à se refaire, laissèrent les gens du Calvados prendre un général royaliste. Louvet et Guadet essayèrent en vain d'éclairer leurs collègues. Heureux d'être arrivés à Caen, dans cette ville lettrée et paisible, ils ne voulaient rien qu'oublier. Ils avaient vécu ; le temps les avait déjà dévorés. Barbaroux, l'homme jeune et terrible de 92, le défenseur des hommes de la Glacière, l'organisateur des bandes marseillaises du 10 Août, semblait mort en 93. A vingt-huit ans, déjà gras et lourd, il avait la lenteur d'un autre âge.

Les chaleurs de juillet furent extrêmes cette année, les Girondins restent à Caen, se tiennent frais et font de petits vers. Caen les imite et ne fait rien. Elle donne trente hommes; Vire en donne vingt. La petite bande, d'un millier d'hommes peut-être, avance jusqu'à Vernon, sous le lieutenant de Wimpfen, l'intrigant Puisaye, le célèbre agent royaliste. Parisiens et Normands, on se rencontre et l'on se parle. Puisaye, logé dans un château voisin, et craignant les siens autant que l'ennemi, veut rompre la conversation, ordonne le combat. Tout s'enfuit aux premières décharges (13 juillet). Le reste ne fut qu'une promenade. Déjà, le 8, le peuple de Caen avait protesté qu'il ne voulait pas de guerre.

En sa qualité de Normand, Lindet voulut être seul chargé de l'affaire; il ferma le pays, renvoya les imbéciles et les maladroits qu'on lui envoyait et prépara les matériaux d'un *rapport* contre les fédéralistes. En novembre, de retour au Comité, accablé de travaux immenses, il ne pouvait faire son *rapport*, mais il allait le faire toujours le mois prochain sans faute. Chaque fois que les Normands tombaient dans les mains de Fouquier-Tinville, Lindet lui écrivait : « Tu ne peux procéder avant que j'aie fait mon *rapport* qui est presque terminé. » Il gagna ainsi du temps jusqu'au 9 Thermidor, et alors déclara « qu'il n'y avait jamais eu de fédéralisme, » que personne n'avait songé à démembrer la France[*].

On attribue à Lindet une belle et forte parole,

qui très probablement ne sortit pas de sa bouche prudente, mais qui exprime parfaitement sa conduite et sa pensée. On assure qu'au Comité de Salut public, où il était chargé de l'affaire des subsistances de l'intérieur et de l'approvisionnement des armées, il aurait dit à ses collègues qui lui demandaient d'apposer sa signature à un ordre de mort : « Je ne suis pas ici pour guillotiner la France, mais pour la nourrir. »

CHAPITRE II

MISSION DE PHILLIPPEAUX
MORT DE MEURIS

(JUILLET 9C)

Mission de Philippeaux. — Mort de Meuris. — Baco a la Convention, 2 août 93. — Philippeaux à Nantes (août-sept. 93).

De tous les dantonistes, le meilleur, sans comparaison, fut l'infortuné Philippeaux. Seul pur, irréprochable, il est mort avec eux, non comme eux par ses fautes, mais martyr du devoir, victime de sa véracité courageuse, de son éloquence héroïque et de sa vertu.

Qu'il y ait eu quelques illusions dans son ardent patriotisme, qu'il ait, dans la violence de sa douleur pour la patrie trahie, trop étendu ses défiances et ses accusations, cela se peut. Ce qui est sûr, c'est que Philippeaux seul, quand les chefs même de la Révolution fermaient les yeux sur des excès infâmes, osa les dénoncer. Dénoncé à son tour, poursuivi, tué, hélas ! par des patriotes égarés, il a pour lui dans l'immortalité la voix des héros de l'Ouest, Kléber, Marceau, Canclaux, la voix de l'armée mayençaise, livrée barbarement par la perfidie de Ronsin au fer des Vendéens, et qui, attirée dans ses pièges, presque entière y laissa ses os. L'accusation de Philippeaux reste prouvée par les pièces authentiques. Deux fois, au 17 septembre, au 2 octobre, Kléber, attiré par le traître au fond de la Vendée, abandonné, trahi (comme Roland à Roncevaux), fut tout près d'y périr et y perdit tous ses amis, ceux qui devant Mayence avaient arrêté, tout l'été, l'effort de l'Allemagne et sauvé la France peut-être. Il suffit d'un bateleur, d'une plume, d'un mensonge, pour briser l'épée des héros, les mener à la mort.

Merci à Philippeaux, merci éternellement pour n'avoir pas fait bon marché d'un sang si cher, pour n'avoir pas, comme d'autres, toléré de tels crimes. Si l'on élève un jour à l'armée de Mayence le monument qui lui est dû, parmi les noms de ces intrépides soldats qu'on écrive donc aussi le nom de leur défenseur, qui pour eux demanda justice et qui mourut pour eux.

Les résultats de sa mission, en juin-juillet 93, furent vraiment admirables. Les accusations girondines contre la Convention, furieuses, insensées, mêlées de calomnies atroces, avaient troublé tous les esprits. La France ne savait plus que croire ; une nuit s'était faite dans l'incertitude des opinions. En cet état de doute, tout élan s'était arrêté, toute force alanguie. Philippeaux, qui avait le grand cœur de Danton (et d'un Danton sans vices), trouva les partis en présence, se menaçant déjà ; il les enveloppa de sa flamme, les mêla comme en une lave brûlante où se fondirent les haines ; hier ennemis acharnés, ils se retrouvèrent unis au sein de la patrie.

Quand il n'y aura plus de France, quand on cherchera sur cette terre refroidie l'étincelle des temps de la gloire, on prendra, on lira, dans les *rapports* de Philippeaux, l'histoire de sa course héroïque de juillet 93. Ces pages suffiront, la France pourra revivre encore.

Ce caractère antique pouvait seul imposer aux Girondins de l'Ouest, orgueilleux du succès de Nantes, leur révéler ce qu'ils ne sentaient point, le souverain génie de la Montagne, et les vaincre dans leur propre cœur.

La Gironde était deux fois impuissante, et contre les royalistes et contre les *enragés*, les fous de la Terreur. Laissée à elle-même, elle était absorbée par les uns et entraînée au crime, ou bien dévorée par les autres, qui ne voulaient qu'exterminer. Il fallait la sauver de sa propre faiblesse, nullement composer avec elle ni entrer dans ses voies, mais la dominer puissamment, en lui montrant un plus haut idéal de dévouement et de sacrifice. C'est ce qu'elle eut en Philippeaux.

Au cri désespéré de Nantes (24 juin), Philippeaux avait reconnu l'agonie de la patrie. Il se fit donner par l'Assemblée la mission hasardeuse de prêcher la croisade de département en département. Il partit dans un tourbillon, n'ayant rien avec lui, qu'un homme, un Nantais, qu'il montrait à tous comme il eût montré Nantes, et qui répétait avec lui le cri de sa ville natale.

La France était si pauvre, tellement dénuée de ressources, de direction, de gouvernement, qu'il fallait aller quêter de porte en porte les moyens de la défense nationale.

Les aventures de cette mendicité sublime fournissent mille détails touchants.

Seine-et-Oise était ruiné de fond en comble, d'hommes et d'argent; Versailles, anéantie. Quarante mille pauvres dans une ville! Déjà seize mille hommes aux armées. Mais on se saigne encore pour Nantes. Un bataillon, un escadron, partiront sous huit jours.

Eure-et-Loir, qui a déjà perdu un bataillon à la Vendée, et qui a sa récolte à faire, laisse là sa moisson et part.

. La Charente a donné vingt-six bataillons! Elle en donne encore deux. La Vienne, la Haute-Vienne et l'Indre, chacun plus de mille hommes.

Les Deux-Sèvres n'ont plus d'hommes. Elles donnent du grain.

Mais la plus grande scène fut au Mans. Rien ne pouvait s'y faire qu'on n'eût réuni les partis. La ténacité obstinée de cette forte race de la Sarthe rendait l'obstacle insurmontable. Philippeaux disputa quarante heures, et enfin l'emporta. Le second jour de dispute, à minuit, Girondins, Montagnards, tous cédèrent, s'embrassèrent. Cela se passait sur la place, devant vingt mille hommes qui fondaient en larmes.

Deux bataillons, deux escadrons, furent généreusement donnés à Philippeaux.

Après ce tour immense, le 19 juillet au soir, Philippeaux, arrivé à Tours, où était la Commission directrice des affaires de l'Ouest, vit le soir arriver son collègue Bourbotte, l'Achille de la Vendée, qui, sanglant et meurtri, échappé à peine à la trahison, revenait de notre déroute du Vihiers. L'armée était restée vingt-quatre heures sans avoir de pain; elle était partie de Saumur sans qu'on avertît seulement l'armée de Niort, qui eût fait une diversion. On sut bientôt que les Vendéens, vainqueurs, avaient les Ponts-de-Cé, qu'ils étaient aux portes d'Angers.

Philippeaux veut partir, se jeter dans Angers. Ronsin l'arrête : « Que faites-vous? lui dit-il. Vous serez pris par les brigands... Prenez du moins le détour de La Flèche. » — D'autres surviennent, appuient. — « Mais je perdrais cinq heures, » dit Philippeaux. — Il se tourne vers son Nantais : « Qu'en dis-tu ? Nous suivrons la levée de la Loire, chaussée étroite et sans refuge... N'importe ! ils ne pourront se vanter de nous prendre vivants... Voici la liberté. » Et il montrait ses pistolets. Le Nantais était Chaux, du Club de Vincent-la-Montagne, l'intrépide patriote qu'on a vu dans l'affaire Meuris. Un tel homme pouvait comprendre ce langage. Il suivit Philippeaux, et l'eût suivi au bout du monde.

Ils coururent toute la nuit ce défilé de douze lieues ; à la pointe du jour, ils trouvèrent la route pleine de fugitifs, vieillards, femmes et enfants. A chaque relais, on refusait les chevaux : « Où allez-vous ? Les brigands sont tout près ; vous êtes perdus. » Non loin d'Angers, le postillon, voyant des gens armés, veut couper les traits et s'enfuir. Philippeaux le menace ; il avance : c'étaient des amis.

Angers désespérait, s'abandonnait lui-même. Toutes les boutiques étaient fermées. Les militaires allaient évacuer ; déjà le payeur était parti, les fournisseurs emballaient. Il n'y avait en tout que quatre bataillons, et qui venaient de fuir ; tous s'accusaient les uns les autres. Philippeaux les excuse tous, les ranime, jure de mourir avec eux. Le courage revient, on se hasarde, on sort, on va voir les brigands. La terrible armée vendéenne repasse prudemment les ponts, les coupe derrière soi. Sans se reposer sur personne, le représentant du peuple, accompagné de Chaux, alla deux fois au pont sur la brèche reconnaître l'arche coupée. Les canons, gueule à gueule, tiraient d'un bord à l'autre, à cent pieds de distance. A la seconde fois, dit Chaux dans sa lettre aux Nantais*, Philippeaux entonna l'hymne des Marseillais, et tout le monde avec lui; les canons ennemis se turent.

L'émotion fut telle que nos cavaliers, sans savoir si on pouvait les suivre, se lançaient dans le fleuve ; Philippeaux fit venir tous les charpentiers de la ville, et bravement fit rétablir l'arche. Les postes de la rive opposée furent repris par les troupes qui avaient fui la veille.

Frappant contraste. A Angers, devant l'ennemi, Philippeaux rétablit les ponts ; et à Saumur, à douze lieues de l'ennemi, Ronsin fit couper le pont de Saint-Just.

Ces deux hommes étaient désormais ennemis mortels. Philippeaux, à Angers, avait accueilli, écouté des familles en pleurs, d'excellents patriotes, qui avaient vu leurs femmes massacrées, leurs filles violées par les bandes de Ronsin. Pour les faire taire, il les emprisonnait. Tel fut le sort horrible de la femme, de la fille d'un maire d'une ville importante, qui toutes deux en moururent de douleur.

Ronsin et Philippeaux représentaient deux systèmes de guerre. Le premier venait d'obtenir du Comité de Salut public (26 juillet) l'ordre de faire de la Vendée un désert, de brûler les haies, les enclos, et de faire refluer loin du pays toute la population. Le Comité paraissait ignorer qu'une moitié des Vendéens étaient d'excellents patriotes, qui, réduits à eux seuls, avaient une première fois, en 92, étouffé la Vendée. Leur récompense était donc la ruine. De toute façon, il était singulier d'ordonner à une armée vaincue un tel abus de la victoire.

Philippeaux désirait deux choses : sauver Nantes, y faire triompher la Montagne, en amnistiant, dominant la Gironde ; et de Nantes, ainsi réunie, entraînant avec soi la Vendée patriote, frapper et terrasser la Vendée royaliste.

Généreuse entreprise, difficile, qui devait le perdre. Il avait dans la Montagne même des ennemis tout prêts à écouter Ronsin. Plusieurs, du reste excellents patriotes, étaient indisposés contre Philippeaux pour des causes personnelles : Levasseur, pour une rivalité d'influence locale ; Amar, pour l'appui donné par Philippeaux à une pétition que cinq cents détenus de l'Ain avaient faite contre lui ; Choudieu enfin, commissaire à Saumur, trouvait mauvais qu'il voulût réunir l'armée auxiliaire loin des bandes de Saumur. Choudieu, Amar, hommes de l'ancien régime, l'un magistrat, l'autre trésorier du Roi, ne trouvaient leur salut que dans les ménagements pour les *exagérés*. C'étaient des voix tout acquises à Ronsin.

Philippeaux, ainsi compromis dans la Montagne, allait l'être bien davantage par la folie des Girondins de Nantes qu'il venait sauver. Avant qu'il arrivât, et malgré l'insigne service qu'il leur avait rendu par la délivrance d'Angers, ils lui en voulaient d'avoir pris pour adjoint le plus rude patriote de Nantes, le plus dévoué aussi, Chaux, le fondateur du Club Vincent-la-Montagne.

Le premier remercîment fut un outrage qu'on lui fit dans la personne de Chaux, qu'un commis insulta de paroles. Des Gardes nationaux, en les voyant passer tous deux, firent le mouvement de les coucher en joue. Cette insolence, qu'on excusa fort mal, avait un caractère bien grave, lorsque les Girondins venaient de tuer l'héroïque défenseur de Nort, Meuris, l'homme qui, par ce combat, donna huit heures à Nantes dans son grand jour pour la préparation de la défense et la sauva peut-être.

L'origine première de ce malheur fut la rivalité de la *légion nantaise*, corps girondin composé de jeunes bourgeois, et des bataillons Meuris, corps en grande partie montagnard, mêlé d'ouvriers et d'hommes de toute classe.

M. Nourrit (depuis intendant militaire), capitaine dans la *légion*, qui eut le malheur de tuer Meuris, excuse ainsi la chose. Le bataillon de Meuris était contre Beysser; la *légion*, pour lui. La dispute de corps menaçait de devenir sanglante; il en fit une dispute individuelle; il s'en prit à Meuris et le défia. La jeunesse nantaise avait, dit-il, en ces sortes d'affaires une tradition, une réputation qu'on voulait soutenir. Meuris eut la simplicité de se battre avec un officier inférieur, un jeune homme inconnu qui, de toute manière, trouvait son compte à croiser l'épée avec un héros.

Il fut tué le 14 Juillet, le jour anniversaire de la prise de la Bastille, de la naissance de la Révolution*.

Cruelle douleur pour les hommes de Vincent-la-Montagne, pour la population nantaise, en général bonne et généreuse! que ce pauvre étranger qui avait si bien servi la ville au jour le plus glorieux de son Histoire, eût quinze jours après péri sous l'épée d'un Nantais!

Voilà un grave obstacle au rapprochement des partis, aux vues de Philippeaux, qui arrive le 1er août. Le sang de Meuris fume encore.

L'Administration girondine avait beaucoup à expier. Après le 29 juin, et lorsque le péril n'excusait plus sa dictature, elle l'avait continuée; elle avait audacieusement déclaré, le 15 juillet, qu'elle fermerait les portes aux commissaires de la Convention. Elle avait adhéré aux arrêtés de Rennes; Beysser, son général chéri, avait signé l'adhésion.

Elle eut lieu de s'en repentir, lorsque le général Canclaux (ex-marquis, et craignant d'autant plus d'irriter la Montagne) refusa de signer; il commandait l'armée, alors à Ancenis.

Nantes, si elle persévérait, risquait d'avoir

contre elle deux armées de la République, celle de Canclaux et celle de Biron, fidèles à l'Assemblée. Les Girondins cédèrent, firent voter la Constitution, annonçant toutefois par un placard que, la Convention devant sortir bientôt, la Constitution subirait une *revision* immédiate.

Le maire Baco, insolent, intrépide, voulut porter lui-même l'outrage à la Convention. Dans l'Adresse qu'il lui présenta, on exprimait, entre autres vœux, celui « que la Convention *remît bientôt le gouvernement à des mains plus heureuses, en sorte qu'on ne pût plus désespérer du salut de la patrie.* »

Cette bravade souleva la Montagne.

Danton, qui présidait, répondit sévèrement, pour adoucir, en s'y associant, l'irritation de l'Assemblée, et toutefois il accordait à la députation les honneurs de la séance.

Nouvelle fureur de la Montagne. « Arrêtez-le, » dit l'un. Et l'autre : « N'est-il pas vrai, Baco, que, pendant le siège de Nantes, une maison fermée contenait un repas de douze cents couverts préparé pour les Vendéens ?... »

A cette attaque absurde, Baco, ne se connaissant plus et oubliant où il était : « Tu en as menti ! » s'écria-t-il.

On l'envoya à l'Abbaye.

Il l'avait bien gagné. Sa blessure, toutefois, qui n'était pas fermée encore, parlait et réclamait pour lui.

Coup fatal pour Danton, pour Philippeaux, et qui rendait la conciliation à peu près impossible.

A la nouvelle de cette arrestation *du héros de la ville, du bon, du grand Baco, blessé pour la patrie*, il était fort à craindre que Philippeaux ne fût traité comme Meuris, tout au moins arrêté.

Philippeaux avait blessé Nantes par trois côtés : en empêchant l'élargissement aveugle, indistinct, des *suspects;* en exécutant à la lettre la loi contre les assignats royaux ; une loi enfin sur l'embargo des marchandises. Des lettres anonymes, furieuses, le menaçaient de mort.

Que faisait le grand patriote ? Riez, hommes du temps.

Riez, dévots perfides qui arrangiez alors les fourbes vendéennes et l'évêque d'Agra.

Riez, aveugles patriotes, qui croyez que la Liberté est une massue, un boulet, qui ne savez pas que c'est chose de l'âme.

Beaucoup s'en sont moqués. Et nous pourrions en rire aussi, nous, ennemis des tentatives des compromis bâtards qu'essayait Philippeaux.

Le pauvre homme, dans ce centre de fanatisme, entre la barbare et grossière idolâtrie vendéenne et le matérialisme du scélérat Ronsin, essayait de parler au cœur : il rédigeait un catéchisme.

Une faible, impuissante conciliation, entre la Révolution et le Christianisme.

Ce qui dans cette œuvre vaut mieux, ce n'est pas l'idée : c'est le cœur, c'est la bonne volonté.

L'infortuné doit y périr; et c'est ce qui en fait le charme moral. On sent que cet homme généreux va mourir impuissant sous le faible drapeau qu'il essaye un moment de soulever entre les partis.

NOTES

Page 34 *

La lecture de Buchez m'avait pris des années (40 volumes). Celle des 12 volumes de M. Louis Blanc m'a pris bonne partie de 1868. Je respirais à peine. Un ami m'arrive chargé du livre de M. Hamel, concentré en trois tomes compacts de très fin caractère. « Je t'en avais comblé, je t'en veux accabler..... » École redoutable par sa fécondité. Que de temps pour lire tout cela ! que de temps pour répondre ! Comme je suis attaqué de page en page, j'ai calculé qu'au minimum il y faut dix années. Les vivrai-je ? j'en doute. Mais si cela arrive, je ferai une telle critique de la critique qu'il leur faudra aussi des années pour la lire. Je la commence, et les en préviens loyalement. Croient-ils donc avoir seuls de l'encre et du papier ? Ainsi, de part et d'autre, de réponse en réplique, nous avons de quoi faire un heureux emploi de la vie. — Notez que c'est une guerre sans conciliation possible. Nos livres suivent deux méthodes diamétralement opposées, et dont l'opposition se reproduit à chaque ligne. Ce sont des politiques qui ont à enseigner une idée politique (bonne ou mauvaise, je ne l'examine pas). Pour l'inculquer, ils prennent un type, un individu légendaire. Procédé bien connu : on blanchit le saint tant qu'on peut, et l'on dore l'auréole ; et plus on fait un dieu, plus on s'éloigne de la Nature et du bon sens. — C'est là l'Histoire autoritaire, qui tire d'en haut la lumière, la sagesse. Que ce soit Robespierre, au lieu de Lycurgue ou Numa, il n'importe, c'est toujours un sage, un haut législateur, au-dessus de l'humanité. — Moi, au contraire, j'ai pris l'Histoire en bas, dans les profondes foules, dans les instincts du peuple, et j'ai montré comment il mena ses meneurs. — Voilà les deux méthodes en face : ils ont un saint ; je n'en ai pas. Sur tant de milliers de critiques qu'ils font dans le détail, les deux tiers au moins tiennent à l'opposition de méthode. — Ils disent très faussement que j'ai pris Danton pour héros ; j'ai noté sévèrement les variations, les éclipses, les taches de cette grande figure. C'est surtout sa mollesse fatale en novembre 93 que je n'ai pu jamais pardonner. J'ai plongé un regard terrible dans ses lâchetés. Mon père et ma mère même, mon dix-huitième siècle, mon Voltaire, est-ce que je les ai ménagés ? J'ai rudement montré plusieurs Voltaire, pitoyable en Choiseul, et sublime en Calas. Telle est la vraie nature : elle ondule et monte et descend. Mon seul héros, le peuple, l'ai-je flatté ? ai-je faibli pour lui ? Point du tout. J'ai montré et ses heureux élans et ses promptes rechutes. Exemple, le dégoût, l'ennui, la mollesse ou la peur, qui, après le *Chant du Départ*, saisit Paris, le fit rentrer chez lui.

Voilà l'Histoire, messieurs, voilà le juste Juge. L'Histoire, c'est Brancaleone, c'est l'inflexible podestat qui, avant de juger, peut jurer à la porte qu'il n'a dans cette ville ni parents ni amis. Et c'est à ce prix-là qu'il a la grande épée. Je l'ai juré sans peine, à l'entrée de ce livre. Mais vous ne pouvez pas le jurer. Vous avez dans la ville un parent, qui est Robespierre.

La parenté, la thèse à soutenir, l'intérêt spécial, est une tentation continuelle d'arranger et d'interpréter, surtout

de grouper les faits, ou de les diviser quand réunis ils seraient clairs. J'ai bien noté cela dans la grosse compilation de Buchez : en mettant le début d'un fait au XXX° volume, par exemple, et la fin au XXXI° ou XXXII°, il l'obscurcit au profit de son héros (décembre 93, janvier 94).
— M. Louis Blanc (par mégarde, je pense), par des coupures étranges, désorganise aussi les choses. Exemple, les faits compliqués de novembre 93, qu'il divise, sépare entre plusieurs volumes, de sorte que le mouvement religieux, le nouveau culte, semble un effet sans cause, pure sottise et grossière orgie que Robespierre condamne aux Jacobins. Le changement subit des Jacobins, leur intérêt à suivre Robespierre, le pouvoir sans contrôle de tous leurs petits Comités, c'est brouillé, omis, dispersé, de sorte qu'on n'y comprend rien. Or, c'est le fond du fond. C'est ce qui fera l'explosion. L'irresponsabilité des 44,000 Comités jacobins est ce qui excéda la France et précipita Robespierre.

Observation fondamentale. Mais si j'entrais dans le menu de notre polémique, il me serait facile aussi de montrer qu'on est trop adroit, que souvent l'on se joue des mots. Par exemple, je reprochais à M. Louis Blanc d'avoir prêté au prodigue Calonne d'excellentes *intentions*. Il me répond qu'il a blâmé ses mauvaises *opérations*. Est-ce que ces mots sont synonymes ? La tentative désespérée du joueur ruiné qui se donne au diable, M. Louis Blanc la présente comme un plan préconçu, un profond calcul d'homme d'État qu'il aurait apporté à son début. Pure hypothèse, sans preuve, et que dément d'ailleurs toute la vie de cet étourdi.

Les actes de 93 et 94 sont si souvent obscurs par leur brièveté, si contractés, si étranglés, qu'on est forcé, pour les comprendre, de rapprocher les précédents, les conséquents, de sonder à fond les motifs, surtout de *dater finement*, je veux dire, de saisir le caractère précis du moment et de la minute ; car, le moment d'après, tout change. C'est ce que j'ai fait pour la journée des *Lois de la Terreur* (5 septembre 93). J'en ai disculpé Robespierre. Pourquoi ? C'est qu'à ce moment même, par un profond calcul (qui l'eût fait adorer), il essayait à Lyon des moyens de douceur. — Voici précisément ce qui eut lieu. Paris, quoique affamé, ne bougeait pas. Hébert et les *exagérés*, a qui le Comité fermait enfin la caisse de la Guerre, poussaient un mouvement contre le Comité, peut-être un 2 Septembre. On n'y réussit pas. Robespierre dit fort sagement que ce n'était « qu'un complot *d'intrigants*. » Le 5, on pousse la Commune, quelques mille ouvriers, sur la Convention. Robespierre était président. Mais le 5 était le dernier jour de sa présidence. Jamais il n'avait été aux grands mouvements. Fut-il présent à celui-ci pour tenir tête, non sans danger, à ceux qu'il nommait *intrigants*? Je ne le crois point du tout. Je crois, avec Buchez, contre M. Hamel, que c'est Thuriot qui tint le fauteuil en son absence. La réponse qu'on fit à la foule n'est nullement dans les formes de Robespierre. Il vint après l'orage, un peu avant la fin de la séance, pour céder la place au nouveau président, Billaud-Varennes.

Robespierre était las de porter le fardeau de l'alliance d'Hébert, qu'il subissait depuis plusieurs mois. Son gros péché, qui l'accablait, était la patience avec laquelle il avait enduré que cet Hébert manipulât, gâchât la Guerre, y mît ses furieux bavards et paralysât tout, de juin en août. Un homme de beaucoup de verve et de talent, M. Tridon, a essayé de nous blanchir Hébert (sans donner ni preuves ni pièces). Il dit fort bien pour les vols de jeunesse de son héros qu'ils ne sont pas prouvés. Il dit (chose certaine) qu'Hébert eut de l'esprit, était fin, élégant; qu'il a parfois écrit des choses excellentes contre la superstition, pour la diffusion des lumières, etc. Mais ce bon sens, cette finesse, en contraste si grand avec le ton de son journal, n'excuse aucunement, elle accuse plutôt le calcul de ce fin Normand, qui, criant, hurlant la Terreur, l'exploita et poussa (le dirai-je?), terrorisa Robespierre même, le jeta hors des voies qu'il avait essayées à Lyon. Ainsi le grand homme de tactique, piqué de cette mauvaise mouche, alla hors de toute tactique, se perdit, nous perdit. D'autre part, cet homme de ruse, Hébert, dans sa comédie de fureur, fit un énorme tort à la Commune bienfaisante de 93, à Chaumette et à Clootz, au nouveau culte, au grand mouvement de charité qui se faisait; autrement dit, sécha, stérilisa le vrai côté fécond de la Révolution.

Page 50 *

Les royalistes l'ont dit, *cette histoire est une épopée*, autrement dit, un poème tissu de fictions. Jamais je n'aurais déterré le vrai sous les épaisses alluvions de mensonges que chaque publication à son tour a jetées dessus, si ces mensonges ne se contredisaient. Tous mentent, mais en sens divers. Leurs sanglantes rivalités, continuées dans l'Histoire, y jettent à chaque instant plus de jour qu'ils ne voudraient. Souvent, sans s'en apercevoir, ils défont ce qu'ils ont fait. Les premiers s'évertuaient à montrer que c'était un mouvement vraiment populaire. Les derniers, maladroitement et pour flatter la Noblesse, ont rattaché l'insurrection vendéenne à la conjuration nobiliaire de Bretagne, qui n'y a aucun rapport.

Page 64 *

J'admire la puissance des historiens royalistes. Ils trouvent des garnisons pour les villes qui n'en avaient pas; ils créent des armées entières pour les faire battre par les Vendéens. Nous avons des détails plus précis dans les historiens militaires. (Voir un ouvrage très riche en pièces originales: *Guerre des Vendéens*, par un *Officier supérieur*, 1824, 6 vol. in-8; et *Dix années de guerre intestine*, par le colonel *Patu-Deshautschamps* (1840), ouvrage publié avec approbation du ministre de la Guerre.)

Page 90 *

Danton était-il complice de Dumouriez, pour l'élévation de la maison d'Orléans? était-il en rapport intime avec cette maison? — Il faut distinguer les dates. Danton, en 91, était en rapport avec Orléans, par une maîtresse commune. En 92, Orléans était impossible, et peut-être Danton pensa un moment à son fils. Dès la fin de 92, la République était tout à la fois la raison et la fatalité ; Danton avait trop de bon sens pour vouloir des choses impossibles. La maison d'Orléans, assez embarrassée du triste patronage du transfuge Dumouriez, n'a rien négligé pour faire croire, à certaines époques, qu'elle avait eu celui de Danton. Il n'y a pas la moindre preuve, sauf certaines traditions orales, qui n'ont peut-être d'autre origine que les intéressés. Je regrette que M. de Lamartine, dans sa crédulité magnanime, ait si facilement accueilli des choses si peu prouvées. Par exemple, en son livre V, c'est-à-dire *en mars*, il met un grand complot de Danton pour la royauté d'Orléans. Danton, pour envoyer un message au duc, alors absent, emprunte à sa seconde femme (la première est morte le 10 février), Danton emprunte à sa seconde femme 50 louis qu'il lui a donnés pour présent de noces. Or, remarquez que Danton *ne s'est remarié que le 17 juin*, lorsque les deux Orléans, l'un parti avec Dumouriez, l'autre en prison à Marseille, étaient devenus l'objet de l'exécration publique et n'étaient plus, à coup sûr, des candidats pour le trône. Le message et le complot sont de pures fictions.

Page 157 *

Fermé, ou occupé par la Révolution elle-même, son vainqueur et son seul habitant légitime. Qu'elle l'occupe, ce palais, de ses tragiques ombres, des effigies de ses héros, de celles de ses victimes. Nul autre emploi raisonnable d'un tel lieu. C'est l'idée qui fut proposée par M. Maurice en 1848 : établir aux Tuileries un *Musée de la Révolution*.

Page 165 *

Il faut ici bien distinguer les dates. C'est le 4 et le 5 mars (et non en mai), c'est sous la menace de l'assassinat, que Vergniaud avait écrit aux Bordelais les lettres qu'on lui a reprochées et que l'on répandit en mai, comme s'il venait de les écrire. Il leur écrit, non de partir, mais : « Tenez-vous prêts; *si l'on m'y force*, je vous appelle de la tribune pour venir nous défendre. Si vous développez une grande énergie, *vous forcerez à la paix* les hommes qui provoquent à la guerre civile. » Bordeaux, à ce moment où ses Gardes nationaux, avant Paris, avant toute la France, allaient combattre la Vendée, Bordeaux apparaissait alors comme ce qu'il y avait de plus républicain dans la République. Il n'en fut pas ainsi plus tard. Du reste, l'appel de Vergniaud n'était nullement menaçant : « Vous forcerez à la paix... » L'homme qui, le 20 avril, poussa la crainte de la guerre civile jusqu'à repousser la convocation pacifique des assemblées primaires, avait-il pu, le 5 mars, exprimer le vœu impie d'un conflit à main armée ? — Les Jacobins eux-mêmes, quoiqu'ils eussent à volonté une petite armée dans Paris, n'avaient rien négligé pour appeler des forces départementales. Le 17 avril, le jacobin Desfieux rappelait à la société « qu'elle avait envoyé deux courriers pour appeler des Marseillais, qu'ils étaient en marche pour venir, qu'ils arrivaient au nombre de six mille. »

Page 192 *

Ce qui est risible et triste, c'est que Brissot fut jugé *fédéraliste*, partisan du démembrement, parce qu'il avait loué *Le Fédéraliste*, publication américaine en faveur de l'*unité*.

Page 192 **

Brissot avait défendu Dumouriez, la Gironde l'avait défendu. Mais tout le monde l'avait défendu, tout le monde était coupable. Robespierre disait, le 10 mars : « J'ai de la confiance en lui. » Marat en dit autant le 12. Billaud-Varennes le défendit chaudement aux Jacobins.

Ceux-ci avaient montré une partialité étrange pour Dumouriez contre Cambon. Ils n'avaient pas voulu croire ce que tous les patriotes revenus de Belgique leur disaient de ses complots. Un entre autres, Saint-Hurugue, offrait d'en donner des preuves. Les Jacobins ne voulurent pas seulement l'entendre; ils le mirent honteusement à la porte, le rayèrent, l'exclurent à jamais de la société.

Page 205 *

L'Évêché fut plus habile qu'on ne l'eût attendu d'une telle assemblée. Pour obtenir que les sections lui envoyassent de nouveaux délégués, il varia les moyens, selon le caractère des sections. Il en invita plusieurs, non par lui-même, mais par l'intermédiaire d'autres sections amies, voisines, qui pouvaient les entraîner : l'Arsenal, par exemple, fut prié par les Quinze-Vingts d'envoyer à l'Évêché. A ceux qui demandaient le but de la réunion, on faisait diverses réponses : aux timides, on répondait que c'était uniquement *pour dresser une pétition* contre le règlement qui fermait les assemblées à dix heures du soir; aux autres, on avouait que c'était *pour prendre des mesures* qu'exigeait le salut public. Bonconseil, Bondi, envoyèrent, mais seulement *pour pétitionner.* Les Amis-de-la-Patrie envoyèrent *seulement pour délibérer.* Les Piques (place Vendôme, la section où demeurait Robespierre) nommèrent bien des commissaires, mais ne les firent point partir. L'Observatoire se montra, de toutes les sections, la plus dédaigneuse pour l'Évêché. Elle ne voulut pas croire *les envoyés de Maillard,* leur demanda leurs pouvoirs, les prit pour les examiner et les leur rendit ornés de vers de Voltaire, de quolibets, de chansons.

Page 207 *

Nous avons perdu ses procès-verbaux, mais nous en sommes assurés par ceux de la Commune, où le Finistère vient décliner toute part dans le mouvement.

Page 208 *

Cinq seulement mentionnent des pouvoirs illimités (Halle-au-Blé, Arcis, Arsenal, Droits-de-l'Homme, Sans-Culottes ou Jardin-des-Plantes). J'y joins *trois autres qui ne les accordent que d'une manière douteuse ou tardive*, quand l'affaire a éclaté (Lombards, Pont-Neuf, Bonne-Nouvelle). *Cinq, qui n'en font pas mention,* les auront donnés certainement (Montmartre, Quatre-Nations, Halles, Beaubourg et Quinze-Vingts). Ajoutons-en deux, les Gravilliers et le Luxembourg, dont je n'ai pas les procès-verbaux, mais dont l'opinion est bien connue. — *Quatre sections refusèrent* : la Butte-des-Moulins, le Mont-Blanc, les Invalides et le Finistère (Gobelins). (*Archives de la Préfecture de Police.*)

Page 209 *

Le mannequin chargé de jouer ce tour fut un homme inconnu, Dobsent. Chose remarquable ! plusieurs des grandes journées de la Révolution ont en tête des espèces de fantômes sans caractère, sans nom, sans précédents, sans conséquents. Tel fut Huguenin au 10 Août. Tel Dobsent au 31 mai. On ne sait rien de lui, avant ce jour, sauf qu'il était des Deux-Sèvres, quasi Vendéen. On ne fit rien pour lui en 93 ; on le laissa aux fonctions obscures, odieuses, de juge révolutionnaire. Au 9 Thermidor, Dobsent n'alla pas à la Commune, mais à la Convention, de quoi il fut récompensé, nommé par les Thermidoriens président du Tribunal.

Page 238 *

Les inexactitudes volontaires et involontaires du *Moniteur* sont tellement nombreuses que je ne les relève pas. La plupart sont volontaires. (*Voyez*, dans les papiers de Robespierre, l'aveu naïf du directeur du journal sur ses mutilations calculées.) — Au 10 avril, *Le Moniteur*, encore sous l'influence girondine, mutile un discours de Robespierre. Au 29 mai et jours suivants, le procès-verbal, arrangé et falsifié par la main des Jacobins, nomme Vergniaud parmi ceux qui réclamaient les assemblées primaires, chose bien peu vraisemblable après le discours si récent où il avait établi que la convocation de ces assemblées serait la perte de la France. — Des livres tout entiers sont sortis du *Moniteur*. Les *Mémoires de Levasseur*, écrits par M. Roche, suivent *Le Moniteur* pas à pas (sauf la partie militaire, elle-même bien romanesque) et participent à son inexactitude habituelle. Le récit du 31 mai y est tellement en contradiction avec les actes authentiques, qu'on peut affirmer que Levasseur, très âgé alors, n'a donné aucun renseignement.

Page 248 *

Ce fait grave et d'une importance extrême n'est point relaté dans les minutes ni les registres du Comité de Salut public *(Archives nationales)*. Il n'en est pas moins certain : on le trouve attesté dans les procès-verbaux de la Commune *(Archives de la Seine)* qui sont imprimés.

Page 251 *

C'est, je crois, la cause profonde de la très juste haine que Robespierre conçut pour les hommes de ce parti. Il n'avait pu arrêter leur violence en octobre 92 ; il en fut lui-même entraîné au 2 juin 93. Gusman savait parfaitement qu'il était perdu, inscrit par Robespierre sur des tables où rien ne s'effaçait. Il demanda en grâce à Camille Desmoulins de lui faire donner un grade dans l'armée, une occasion d'aller se faire tuer. Il périt, en effet, mais ici, sur la guillotine, enveloppé dans la *conspiration des étrangers*.

Page 281 *

La Presse, déjà captive, couvre avec soin tout cela. *Le*

Moniteur spécialement, très habilement mutilé, efface tout élan indiscret de la passion et de la nature. L'indocilité, l'indiciplinabilité de la Montagne, tant savamment cachée qu'elle ait été par les journaux et par les procès-verbaux, corrigés, tronqués, falsifiés, n'en éclatera pas moins, et dans les fureurs concentrées de juin on pressent déjà Thermidor. — Bourdon de l'Oise, ennemi des Girondins et non moins de Robespierre, est accusé par les Cordeliers d'un fait singulier. Sa haine pour Robespierre l'emporta si fort au 31 mai, qu'il oublia un moment qu'il voulait la mort de la Gironde, traversa la salle et s'approcha pour serrer la main de Vergniaud. — *Procès-verbaux du Club des Cordeliers*, minutes sur feuilles détachées, placées au second registre, 3 vend. (24 septembre). (*Archives de la Préfecture de Police.*)

Page 285 *

C'est ce qui ressort des registres du Comité de Salut public. (*Archives nationales.*)

Page 293 *

La misère semblait d'autant plus cruelle que les derniers temps de Louis XVI, parmi le déficit, la banqueroute imminente, les embarras croissants, avaient pourtant présenté une surexcitation singulière du travail. Il semblait que, sûr de périr et débarrassé de la prévoyance, on n'eût plus rien à ménager. Par le faux mouvement de Calonne, par la magnificence de MM. les Fermiers généraux, ruinant les uns pour enrichir les autres, englobant dans l'octroi les énormes faubourgs de Paris, les travaux avaient pris une fiévreuse activité : la rue Royale achevée, le pont Royal commencé, le Palais-Royal bâti, des rues, des places, des théâtres, des quartiers entiers (quartiers Odéon, Vivienne), toutes nos massives barrières, bastilles du fisc, l'immense et gigantesque enceinte de Paris, tout cela se fit à la fois. Il semblait que Paris prenait sa robe neuve pour recevoir triomphalement la Révolution. — Elle arrive, cette Révolution féconde qui devait engendrer une France de plus de dix millions d'hommes en trente années, et doubler la richesse de l'ancienne. Elle arrive..., et avec elle d'abord la misère, la faim. — J'ai cherché curieusement dans les procès-verbaux des sections de Paris ce que demandait ce peuple affamé. Il ne demande généralement que du travail. Ces procès-verbaux, pleins de fraternité, de secours mutuels, d'adoptions d'enfants, de charités du pauvre au pauvre, sont bien souvent édifiants. Le pauvre faubourg Saint-Marceau voudrait que l'on commençât quelque grand ouvrage d'utilité publique : il prie le faubourg Saint-Antoine de s'unir à lui pour obtenir qu'on fasse le pont du Jardin-des-Plantes, qui unirait les deux faubourgs. (*Procès-verbaux des sections*, Quinze-Vingts, 22 novembre 92.)

Page 310

Toutes les Constitutions modernes, je n'en excepte aucune, me pénétrent d'ennui et de tristesse. Toutes sont écrites dans le genre ennuyeux, dans un pesant esprit mécanique. Il n'y manque que deux choses, l'homme et Dieu, c'est-à-dire tout.

La Loi y est si modeste, qu'elle se resserre et se restreint dans certains petits côtés de l'activité humaine qu'elle croit pouvoir mécaniser. Pour tout ce qui est grand, elle se récuse. Elle s'occupe de contributions, d'élections. Mais l'âme de celui qui paye, l'intelligence de celui qui élit, elle ne s'en occupe pas. « Vous voulez parler morale, religion ? allez ailleurs ; cela, c'est le métier du prêtre, du philosophe, dit la Loi. Moi, je reste ici à mes urnes de scrutin, à mes registres, à mon comptoir, à ma caisse. A d'autres l'autorité morale, les choses de Dieu, à d'autres de former les âmes, de tenir les cœurs dans leurs mains. C'est là le *spirituel*, voyez-vous, la part de Marie. Le *temporel* est mon affaire, la part de Marthe. » Le ménage, balayer et tourner la broche. Pauvre Loi, ne sentez-vous pas que qui a l'esprit a tout?

Page 311 *

Prudhomme, ami de Chaumette, et probablement enhardi par lui, s'exprima avec plus de liberté qu'on ne l'eût attendu de la Presse, déjà craintive, sur ce retour religieux. Il dit assez durement : « Nos législateurs ont fait là un pas d'écrevisse. »

Page 327 *

Registres du Comité de Salut public, 13-15 juin, p. 96, 107. *(Archives nationales.)*

Page 334 *

Les *Mémoires* de Barère prétendent que ce fut Danton qui fit le second Comité de Salut public. Erreur. Il n'y eut dans ce Comité que deux dantonistes, Thuriot et Hérault; le premier n'y fut que deux mois et donna sa démission. — Les éditeurs de ces *Mémoires*, hommes honorables et consciencieux, en ont relevé quelques fautes; ils auraient pu en indiquer d'autres. — C'est Danton qui a *prolongé la Vendée!* Danton était *acharné au supplice des Girondins!* Danton a fait *donner cent mille écus à M. de Staël, qui, au lieu de les porter en Suède, est resté à Coppet; on n'en a plus entendu parler!* Apparemment, M. de Staël partagea avec Danton! — Dans le partage hypothétique de la France, où les alliés s'attribuaient d'avance ce qui touchait leurs États, *la Prusse aurait pris la Flandre!* — Pour expliquer son mot fameux : « Qu'il n'y a que les morts qui ne reviennent pas, » Barère assure que les Anglais épargnés par Houchard *(le 7 septembre)* vinrent ensuite assiéger Valenciennes (prise *le 28 juillet*). — Il est évident que ce sont des *notes* écrites négligemment et sur les vagues souvenirs d'un homme qui avait alors plus de quatre-vingts ans.

Page 346 *

Je donnerai plus loin le détail des miracles grossiers de physique et de magie blanche qu'on fit pour faire prendre les armes aux infortunés Vendéens. Les prêtres et les nobles employèrent habilement des domestiques et des paysans à eux. Le fameux Souchu n'était pas juge, comme je l'ai dit, mais serviteur de la famille Charette. De ces domestiques, le plus énergique et le plus indépendant fut le garde-chasse Stofflet, que son maître avait amené de Lorraine. Escamoteur habile, il étonnait aussi les paysans par les phénomènes de l'aimant. Ils le croyaient sorcier. C'était un homme d'humeur sombre, faible de corps, d'apparence timide, mais d'une audace indomptable. Ce tartuffe, en 92, disait toujours aux paysans : « Mes enfants, mes enfants, obéissons aux *Lois*. » Et à la mort de Louis XVI : « Voilà que le Roi a été égorgé pour Notre-Seigneur J.-C. On peut venir nous égorger chacun dans notre maison : il faut nous mettre en défense, avoir des armes, de la poudre. » — Stofflet haïssait et méprisait les nobles ; on verra qu'il leur fit à Granville l'affront le plus sanglant. (*Mémoires inédits de Mercier Du Rocher*, administrateur du département de la Vendée. Une copie de ce manuscrit se trouve dans la collection inestimable de MM. Dugast-Matifeux de Montaigu et Fillon de Fontenay.)

Page 347 *

Tout ceci est parfaitement établi dans le procès de l'imposteur Guillot de Folleville, ex-curé de Dol. M. de Lescure, fort dévot, favorisa visiblement cette fraude pieuse, qu'il crut utile à la guerre sainte. Guillot voyageait dans sa voiture, et M. de Lescure mourut dans ses bras, quoique à cette époque il fût déjà démasqué. (*Procès manuscrit de Guillot, collection de M. Dugast-Matifeux.*) On y voit, entre autres choses curieuses, que, quand les Vendéens le prirent, ils lui trouvèrent sa carte de Jacobin. Et quand les républicains le prirent, ils lui trouvèrent un cœur d'or qui contenait, selon le procès-verbal, « des ordures religieuses » (des reliques peut-être), et des cheveux qu'une femme, dit-il, lui avait donnés. Il était joli homme, de belles manières, nul d'esprit, doux et béat.

Page 352 *

Dès 1791, à l'époque de la fuite du Roi, cent gentilshommes voulaient s'emparer des Sables. Une frégate et quatre petits bâtiments chargés de soldats tentèrent de débarquer. Ce fut encore les Sables que les Vendéens attaquèrent le 29 mars 93, jour du vendredi saint. On voit combien ils tenaient à avoir un port. (*Mémoires manuscrits de Mercier du Rocher.*) — Les trois faits que j'indique ensuite sur leur appel à l'étranger *sont constatés par trois pièces* d'une autorité incontestable, les deux premières imprimées dans la brochure de M. Fillon : *Pièces contre-révolutionnaires du commencement de l'insurrection vendéenne*, 1847, Fontenay. Cette brochure infiniment importante jette un jour tout nouveau sur l'histoire de la Vendée. — La troisième pièce, du 8 avril, est la lettre autographe du chevalier La Roche Saint-André, que possède M. Dugast-Matifeux.

Page 355 *

J'ai vu chez M. Sue (l'aimable et gracieux statuaire) un monument bien étrange : c'est le plâtre complet de la tête de Charette, moulé sur le mort. J'ai été frappé de stupéfaction. On sent là une race à part, fort heureusement éteinte, comme plusieurs races sauvages. A regarder par derrière la boîte osseuse, c'est une forte tête de chat. Il y a une bestialité furieuse, qui est de l'espèce féline. Le front est large, bas. Le masque est d'une laideur vigoureuse, scélérate et militaire, à troubler toutes les femmes. L'œil arrondi, enfoncé, pour d'autant mieux darder l'éclair de fureur et de paillardise. Le nez est le plus audacieux, le plus aventureux, le plus chimérique qui fut et sera jamais. Le tout effraye, surtout par une légèreté incroyable, et pourtant pleine de ruse, mais jetant la vie au vent, la sienne et celle des autres. — Un mot fait juger Charette : son lieutenant Savin disait à sa femme : « Je crains moins pour toi l'arrivée des Bleus qu'une visite de Charette. »

Page 357 *

Comment expliquer la suppression de la *Vie de Charette* par Bouvier-Desmortiers, en 1809? En quoi pouvait-il déplaire à la Police? Il n'y a pas un mot contre le gouvernement. Ceux à qui cette apologie de Charette déplaisait certainement, c'étaient les grands noms aristocratiques ralliés à l'Empereur et très influents près de lui. Ce livre, naïf dans sa partialité même, dérangeait cruellement l'épopée convenue de la Vendée. On chercha tous les moyens de l'enfouir dans la terre. — Il en a été à peu près de même pour Vauban, sur Quiberon, le rôle du comte d'Artois, etc. (*Voir* sur tout ceci l'article *Charette* et autres que M. Lejean a mis dans la *Biographie bretonne*, tous d'une critique pénétrante, aussi fermes qu'ingénieux, et de main de maître.)

Page 357 **

Le vrai rival de Charette fut un Bordelais, Joly, homme vraiment extraordinaire, ignorant, qui savait d'instinct tous les arts : excellent tailleur, horloger, peintre, architecte, cordonnier, forgeron, chirurgien. Il était d'une bravoure et d'une férocité extraordinaires. Il fit fusiller son fils qui servait les patriotes. Il méprisait les nobles (comme Stofflet), et détestait Charette, qui le fit tuer.

Page 360 *

Tels ils étaient alors, tels je les ai trouvés, quand dans ce grand naufrage je suis venu poser ici mon mobile foyer.

Mon cœur s'est réchauffé en voyant que la France est toujours la France. Il ne tenait qu'à moi d'user très largement de cette noble hospitalité. — Un brave Vendéen tout d'abord, excellent patriote, sachant que j'écrivais ici la Vendée de 93, vint m'offrir de me prendre dans sa voiture et de faire avec moi, pour moi, la visite de toutes les localités devenues historiques ; je refusai de lui faire faire ce dispendieux voyage. Alors, il s'enhardit, et m'avoua qu'il avait un autre but auquel il voulait en venir, *de m'offrir sa maison de Nantes.* — D'autres personnes ont aussi voulu également s'emparer de moi et me conduire partout. — Qu'ils m'excusent de n'avoir rien accepté. Le lien fort et sacré de l'hospitalité antique, égal à celui de la parenté, n'en est pas moins formé entre eux et moi. Ceux de la sympathie existaient dès longtemps. Les premières pages de ma *Description de la France* (t. II de mon *Histoire*) le témoignent assez. — Ce dont j'avais besoin, en sortant de Paris, c'était d'être éclairé, soutenu dans mon travail par les précieux documents que contiennent les dépôts publics, les collections particulières de Nantes. Ils m'ont été ouverts avec une libéralité dont je resterai toujours reconnaissant. La bibliothèque, les archives de la mairie, du département et des tribunaux, m'ont révélé un monde que je ne soupçonnais même pas. L'historien a pu dire, comme Thémistocle sorti d'Athènes : « Nous périssions, si nous n'eussions péri. » — Qu'aurais-je fait, même à Paris, si je n'avais eu connaissance de la collection de M. Dugast-Matifeux, unique pour l'Histoire de la Révolution dans l'Ouest ? M. Dugast, lui-même historien (et qui nous doit cette grande Histoire), n'en a pas moins ouvert le trésor de sa collection, de son érudition plus vaste encore, au nouveau venu qui esquisse l'épopée vendéenne, s'ingéniant à se voler lui-même, pour donner à un autre la fleur de tant de choses neuves, importantes, si laborieusement amassées. J'en suis heureux pour moi, mais j'en suis fier pour la nature humaine, pour la France que tant de gens dépriment aujourd'hui, pour la France patriote.

Page 362 *

Les *Mémoires* de Mercier Du Rocher établissent parfaitement l'indifférence commune des deux partis. Le département de la Vendée n'eut réponse ni de Monge, ni de Beurnonville, ni de Bouchotte, ni de la Convention.

Page 372 *

L'acte de décès de Meuris, que m'a communiqué M. Guéraud, de Nantes, le dit né à Tournai. M. Gachard, archiviste général de Belgique, et M. le secrétaire de la ville de Tournai, avaient mis une extrême obligeance à chercher pour moi son acte de naissance dans les registres de cette ville. Mais son acte de mariage, trouvé depuis à Nantes par M. Dugast-Matifeux, apprend qu'il n'était pas né à Tournai : *Amable-Joseph Meuris était né en 1760 sur la la paroisse de Russignies* (commune wallone du Brabant), *diocèce de Malines*; il était domicilié dans la paroisse *Saint-Georges de Tournai*, et il épousa en 1784, à Nantes, Marie-Ursule Belnau, fille d'un tailleur. D'après l'inscription de sa tombe (cimetière de la Bouteillerie), Meuris *servait* depuis trois ans cinq mois six jours (dans la Garde nationale, sans doute), lorsqu'il fut tué malheureusement le 14 Juillet 1793.

Page 373 *

J'ai cité une très belle chanson de Tournai sur sa victoire de 1477 dans mon *Histoire de France*. — Pour les chansons vendéennes (des deux partis), un employé de la Loire-Inférieure, voyer d'un chemin, si je ne me trompe, en a fait un recueil. Il serait fort à désirer qu'il le publiât.

Page 376 *

Lettre de d'Elbée, publiée par M. Fillon, *Entrée des Vendéens à Ancenis*.

Page 380 *

Je tiens ce fait de mon ami M. Souvestre, qui sait l'histoire de l'Ouest dans un étonnant détail. Plusieurs chapitres du *Sans-Culotte breton* sont de belles pages d'Histoire, admirablement exactes.

Page 382 *

Je veux dire, extrêmement inégale. — Il était très doux (c'est lui qui empêcha de fusiller les cent trente-deux Nantais), mais avec des accès de violence et d'exaltation. L'appréciation si judicieuse de la Terreur qu'on trouve sans nom d'auteur, à la page 495 de Guépin (*Histoire de Nantes*, 2ᵉ édition), est de O'Sullivan. L'éminent historien appartient lui-même à l'Histoire par son immortelle initiative au pont de Pirmil : c'est lui qui, le 30 juillet 1830, coupa ce pont, communication principale entre la Bretagne et la Vendée, et peut-être trancha le nœud de la guerre civile.

Page 384 *

Là fut tué le vaillant grand-père du vaillant et généreux M. Rocher, commissaire de la République dans cinq départements, en 1848, et si estimé de tous les partis. — Ces belles légendes de Nantes auraient mérité d'être dites par son Walter Scott, l'éloquent auteur du *Champ des Martyrs*, M. E. Ménard.

Page 385 *

Greffe de Nantes, registre intitulé *Dépôt de pièces et procédures*, 21 sept. 93, n° 181.

Page 397 *

C'est ce qu'il dit expressément dans son *rapport* aux Comités réunis, et c'est ce qu'il répète dans ses papiers manuscrits, que sa fille et son gendre, M. Alexandre Bodin, ont bien voulu me communiquer.

Page 405 *

Archives de la mairie de Nantes.

Page 408 *

Peu de jours après, sa veuve, chargée d'enfants, adresse une pétition aux autorités. Un garçon, formé par Meuris, faisait aller la pauvre petite boutique et soutenait la famille. Madame veuve Meuris demande qu'il soit exempté du service, ou, comme on le disait, *mis en réquisition* pour la boutique de Meuris. On passa à l'ordre du jour. (Collection de M. Chevaz.) Le bataillon Meuris, réduit à si peu d'hommes, avait eu pour récompense nationale une distribution de bas, chemises et souliers. On décida, peu après la mort de son chef, « qu'il serait incorporé dans un bataillon *mis à la disposition du ministre de la Guerre.* » C'était le congédier. Les hommes qui le composaient, dont plusieurs étaient pères de famille, ne devaient pas, d'après leur âge, aller à la frontière. Au moins, désiraient-ils, en se retirant, recouvrer leurs effets perdus à Nort dans cet héroïque combat. On leur répondit sèchement : « Que, placés là par le général, ils avaient combattu comme tout corps armé pour la République, et *non comme troupe nantaise*; qu'ils s'adressassent au commissaire des Guerres. » Mais celui-ci ne voulut voir en eux qu'un corps nantais. On rapporta alors l'arrêté honteux et ingrat, on leur donna espoir de recevoir indemnité ; on promit de délibérer sur ce qu'il convenait de laisser aux hommes de ce bataillon auxquels il ne resterait aucun vêtement, si on les dépouillait (de ce qui était à la Ville). — La société de Vincent-la-Montagne demandait que ces trente restés du bataillon eussent un supplément de solde de quinze sols ; leurs femmes, de dix ; et leurs enfants, de cinq. « La Loi, répondit-on, y est contraire. Renvoyé aux représentants. »

— Et, le même jour, on accordait douze mille francs d'indemnité à l'état-major de la Garde nationale. — Si mal traité, le bataillon Meuris se décida à se dissoudre. Auparavant, il eût voulu suspendre son drapeau aux voûtes de Saint-Pierre, la paroisse du ferblantier. On répondit que les églises ne servaient plus à ces usages. « Eh bien ! nous le mettrons, dirent-ils, à la société Vincent. » A quoi le procureur du département fit cette triste opposition : « Que ce drapeau, *payé des deniers des administrés*, n'appartenait qu'à eux, et ne pouvait être déposé qu'au département. » Le général Canclaux rougit pour l'Administration : il intervint, obtint que pour honorer la mémoire de Meuris, membre de cette société, le drapeau du bataillon y serait déposé, et que l'Administration en corps l'y accompagnerait. (*Archives du dép. de la Loire-Inférieure.*)

FIN DU TOME VII.

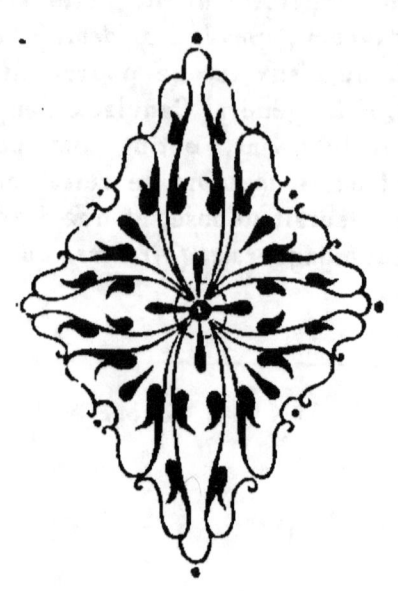

TABLE

TABLE

Pages

Préface de la Terreur   1

LIVRE X
(Suite)

Chapitre V.   La Vendée (mars 1793).   47
    VI.   Trahison de Dumouriez (mars-avril 1793) . .   80
    VII.   Comité de Salut public (avril 1793)   109
    VIII.   Tribunal révolutionnaire. — Maximum. — Réquisition (avril-mai 1793).   134

CHAPITRE IX. Le modérantisme. — Les Comités révolutionnaires (mai 1793). 156
X. Le 31 mai. — Impuissance de l'insurrection 187
XI. 2 juin. — Arrestation des Girondins . . . 229

LIVRE XI

CHAPITRE I. Paris et la Convention . 271
II. La Constitution de 1793. 299
III. Immobilité, ennui. — Second mariage de Danton (juin 1793). . 335
IV. Les Vendéens. — Leur appel à l'étranger (mars-juin 1793) 344
V. Siège de Nantes. . . . 359

LIVRE XII

		Pages
Chapitre I.	Efforts de pacification.— Missions des dantonistes, missions de Lindet (juin-juillet 1793) . .	390
II.	Mission de Philippeaux. — Mort de Meuris (juillet 1793)	399

Notes 413

Achevé d'imprimer

le trois septembre mil huit cent quatre-vingt-huit

PAR

ALPHONSE LEMERRE

(Aug. Springer, *conducteur*)

25, RUE DES GRANDS-AUGUSTINS

A PARIS

www.ingramcontent.com/pod-product-compliance
Lightning Source LLC
Chambersburg PA
CBHW071107230426
43666CB00009B/1864